藍學堂

學習・奇趣・輕鬆讀

心念的力量

運用大腦的期望效應，找到扭轉人生的開關。

大衛・羅布森——著
David Robson

何玉方——譯

The Expectation Effect:
How your mindset can transform your life

謹獻給

羅伯特

目錄

CONTENTS

心念的力量

推薦序／

實驗證明，預期效應真的有效！

文／謝伯讓

二〇一〇年，我在麻省理工學院（ＭＩＴ）的坎維西爾實驗室中做過一項研究，這項研究顯示出「心理預期」可能會對大腦的許多區域產生影響。

這個實驗一共有三個階段，第一階段中，我們先讓受試者觀看一張難以辨認的圖片（如本書28頁），接著在第二階段中，我們讓受試者觀看這張圖的真正樣貌（如本書46頁），最後的第三階段中，我們讓受試者再看一次最開始的那張圖片（如本書28頁）。這三個階段，我們都同時記錄下了受試者的大腦反應。

這個實驗有趣的地方在於，受試者在第一階段都看不懂圖片中的物體，但是當受試者在第二階段看懂了圖片的真相後，原本他們在第一階段中看不懂的圖，就可以輕而以舉地在第三階段中被看懂。

我們想要知道的是，當受試者在看第三階段的圖時，腦中究竟發生了什麼變化？雖然第一階段和第三階段的圖完全一樣，但兩者之間的一個巨大差異，就是受試者心中對於該圖片的「心理預期」已經改變。這樣的心理預期變化，是否會改變大腦對於該圖片的反應呢？

我們的腦造影結果發現，受試者在看第三階段的圖片時，大腦中有些區域的神經活動變得和在看第二階段圖片的神經活動很接近。這個結果告訴我們，**心理預期可能可以改變特定腦區的神經活動（例如初始視覺皮質），並因此影響我們的行為與認知**。

另一個視覺與大腦的實驗

二〇一四年，我們也在一位病人身上發現了類似的效應。這一位病人因為出血性的視神經病變，導致視野局部的視力喪失。有趣的是，在喪失視力後，如果這位病人聽到突如其來的聲響，有時會在原本看不見的視野中出現閃光幻覺。

我們透過腦造影的研究發現，當病人見到閃光幻覺時，初始視覺皮質一樣會有明顯的反應，我們推測這是因為當突然的聲響出現時，人們通常都會「預期」該聲響是來自某種物理事件，而當這樣的大腦預期訊號傳送至病人的視覺皮質時，由於他的視覺皮質在缺乏視覺刺激下而變得比較敏銳，所以就引發了異常神經活動並導致閃光錯覺。

上述這些由心理預期所導致的行為與認知變化，其實只是冰山一角。英國知名暢銷科普作家大衛．羅布森（David Robson）將在這本新書《心念的力量》中，透過紮實且豐富的科學實驗結果，告訴你各種有趣又實用的預期效果。對心理學科普及認知科學實用有興趣的讀者們，千萬不可錯過！

（本文作者為台大心理系副教授、《大腦簡史》作者）

推薦序／

掌握心念，做出最好的決定

文／海苔熊

有一陣子流行《祕密》以及「心想事成」相關的書籍，書中大意是，只要一直相信可以獲得幸福和成功，這些好事就會真的降臨在自己身上。你可能會疑惑：「只要每天想著『我會賺大錢』，錢就會自動從天上掉下來嗎？」

但看了《心念的力量》，我了解到，不能「只」想像賺大錢，而是思考「如果我是有錢人，有錢人會做哪些事？」如果還是無法相信自己會變有錢，建議先從「想像」開始。例如，本書第

9章〈釋放未開發的潛力〉提到美國雲杉小學老師將孩子視作資優生般看待、教學，而孩子也真的智力增長優於平均數的兩倍。

《心念的力量》舉了各種不同的實驗和例子，來說明「對事情、自己的期望，會影響後續的結果」。英國獲獎科學記者大衛．羅布森提到，重點並不在於「改變」事情的後果，而在於「影響」。例如，很多人都聽過經典「棉花糖實驗」，能夠延宕滿足、要求自己晚一點吃棉花糖的孩子，長大以後成功的機率較其他孩子來得高，但你我都很清楚，不可能只靠一顆棉花糖就決定成敗。

事實上，小信念只能夠影響一次的小決定。書裡舉了一個例子，當小孩看了「小女孩等待和堅持變得越來越堅強」的故事之後，七四％的小孩願意延後十三分鐘吃點心；相形之下，聽一般故事的孩子只有四五％願意延後吃點心。信念成功改變了孩子當下做的決定。

是什麼決定了你的人生？

那麼，你的人生是由什麼決定的呢？答案是，由很多「細小的決定」所決定！那什麼會「影響」你的決定呢？作者的答案是心念（期望）——換句話說，對未來的預期，會影響抉擇，可是抉擇並不保證效果。以上過程可能變成以下狀況：

期望（心念）—決定—結果—下次的期望……

早上打開Google地圖，發現高速公路塞車，你可能會選擇相對比較遠、但是比較快抵達的平面道路。又或許你這次特別繞路走平面道路，卻發現道路施工，到最後整趟路程比高速公路多了五分鐘。這次的經驗就會直接改變你下次的期待，甚至是行為：不要完全相信Google地圖，要隨時注意路況。

用自我暗示，來突破限制

人生之路永遠比通往公司之路困難許多，但也因為這樣，在每個交叉路口都可能調整信念，創造改變。舉例來說，我最近每天早上都會做正念冥想和瑜伽，其中重要概念叫做「自我同情」（self-compassion），說穿了就是善待自己。這裡的善待包含：

- 給自己一些激勵（self-affirmation）的信念，例如：我是有力量的、我可以住在平靜、自在裡面。
- 在不好的事情發生時，給自己一些安慰：是人都會出錯，有時候沒做好也沒關係、難過也沒關係、沒有辦法很快好起來也沒關係。

●用關心取代批判：打算責罵自己時，想想看這句話是否可以改用關心的方式來說，例如「你怎麼這麼沒用，進來都幾年了，還像菜鳥一樣！」可以改成「你還好嗎？最近狀況似乎不是很穩定，發生什麼事了？」給自己多一點點好奇，說不定好奇會帶領你到從未想過的地方。

你無法預言未來，但是可以把握現在。把握每一次可以重新做決定的機會、把握每一次可以調整信念和期待的機會、把握每一個生命交叉的路口。往後的日子不一定能夠一帆風順，但如果了解《心念的力量》提到的大腦期望效應，就能看見每一個山窮水盡的背後，總會柳暗花明。

（本文作者為心理學作家）

前言

心念的神奇力量

「心靈是個自主的地方，一念之間就可以把地獄變天堂、把天堂變地獄。」

——約翰．米爾頓（John Milton），《失樂園》（*Paradise Lost*）

人的預期心態就像呼吸的空氣一樣，無處不在，但我們卻很少意識到它們的存在。你可能假定自己身體健壯，或是容易生病；你可能認為自己天生瘦削，喜歡運動，或是很容易發胖；你可能相信生活中的壓力正在損害自身健康，一夜的睡眠不足會讓你隔天變得像行屍走肉。

這些假設看起來像是不可避免的客觀事實。但在《心念的力量》本書中，我想向你們展示這些信念本身是如何深刻地影響著個人的健康和福祉，而學習轉念重設對這些問題的預期心態，可能會對我們的健康、快樂和生產力發揮十分顯著的效應。

不相信我嗎？不妨思考一下哈佛大學（Harvard University）一項引人注目的研究。參與者是飯店的清潔人員，他們的工作通常是很耗費體力的，但卻又感覺與在健身房做的運動大不相同。為了改變清潔人員對自身健康的看法，研究人員向他們解釋，地板吸塵、換床單、或搬動傢俱一個星期所消耗的能量，很容易達到維持健康所需的運動量。一個月後，研究人員發現清潔人員的健康狀況有了明顯的改善，體重和血壓都有了顯著的變化。令人驚訝的是，儘管生活方式沒有任何改變，他們對自己的身體信念的轉變、和對工作的新期望，確實帶來了生理益處❶。

我們會發現諸如此類的「期望效應」如何影響自己是否容易生病、保持穩定體重的能力、以及短期和長期面對壓力和失眠的後果。正如以下故事所顯示，**期望的效應如此強大，甚至可以決定一個人的壽命長短。**

寮國苗族永遠逃不離的噩夢

從一九七〇年代末期，美國疾病管制中心開始接獲令人擔憂的報告指稱，近期有大量寮國移民在睡夢中死亡，幾乎都是男性，年齡介於二十多到四十多歲之間，大多來自共產主義政治運動巴特寮（Pathet Lao）勢力崛起後，受到迫害而逃離寮國的苗族（Hmong）。對於至親而言，唯一的警訊就是他們呼吸困難、間或喘氣、呻吟或哭泣的聲音，等到救援抵達時，人已經死了。

儘管盡了最大的努力，流行病學專家對於這種「突發性夜間猝死綜合病症」（Sudden Unexpected Nocturnal Death Syndrome，SUNDS），始終找不到很好的醫學解釋。驗屍報告顯示沒有中毒的跡象，他們的飲食和心理健康也沒有任何異常。然而，在最嚴重的時期，苗族青年男性的死亡率非常高，SUNDS 所造成的死亡人數超過了其他五大死因的總和。為什麼會有這麼多看似健康的成年人在睡夢中死去呢？

醫學人類學家雪莉・阿德勒（Shelley Adler）的調查最終解開了這個謎團。根據苗族傳統民間傳說，一種叫做 *dab tsog* 的邪魔會在夜間四處遊蕩，一旦找到下手對象時，便會附身使之癱瘓、並摀住他們的嘴直到窒息為止。

過去在寮國的山區，苗族人可以請薩滿祭師（shaman）製作一條保護項鍊，或是拿動物做祭品祈求祖先保佑，抵禦 *dab tsog* 邪魔。然而，如今這些人在美國，沒有祭師，再也無法進行祭祀祖先的儀式，也就代表他們失去免受邪魔侵害的保護。許多人改信了基督教，以便更加融入美國文化，完全忽視了傳統的儀式。

拋棄傳統的內疚感本身就是慢性壓力的來源，可能損害他們的整體健康，而到了晚上，才是對 *dab tsog* 的恐懼成真的時刻，令人不安的噩夢導致睡眠癱瘓的經歷，在這種情況下，大腦的意識很清楚，好像整個人完全清醒，但身體卻無法動彈。睡眠癱瘓本身並不危險——只影響八％人口[2]。然而，對於苗族移民來說，*dab tsog* 好像是來報復的。阿德勒總結說道，結果造成強烈的恐慌，可能加劇心律失常，導致心臟驟停[3]，隨著日益增加的死亡人數，苗族男子只會變得更加害怕，形成一種集體歇斯底里的反應，可能導致更多死亡。此一解釋如今被許多科學家所接受[4]。

當時報紙的報導描述這些人的「文化原始性」，說他們「停留在過去」，「受到迷信和神話的宰制」。但如今科學家們認為，我們所有人都容易受到與 *dab tsog* 一樣強大的信念所影響。你可能不相信惡魔，**但對於健康的想法、和對長期健康的期望，可能會對你的壽命產生實際的後果，包括患心臟病的風險，這就是期望效應的巨大力量。只有當我們對其影響力有所自覺，才能開始將之轉化成對我們的助益，以確保更長壽、更健康、更快樂的生活。**

科學與心靈之旅

這些挑釁的說法聽起來可能與許多新時代自助書籍的內容非常接近，像是朗達・拜恩（Rhonda Byrne）銷售三千萬冊的暢銷書《祕密》（*The Secret*）。拜恩提倡「吸引力法則」（law of attraction）的概念——例如，想像自己很富有將會為人生帶來更多的財富。這些概念純粹是偽科學，而本書中的研究結論都是基於可靠的實驗，發表在同儕審查的期刊上，全都可以透過公認的心理和生理機制來解釋，例如神經和免疫系統的作用。我們將會明白，個人的信念如何影響生活許多重要層面，完全不必透過超自然現象。

你可能也很納悶，在當今混亂的世界中，我們的思緒和想法如何能產生任何有意義的影響。撰寫本書之際，正逢新冠肺炎（Covid-19）全球肆虐期間，我們當中許多人都在為失去摯愛而悲傷、擔心自家的生計。我們還面臨著巨大的政治不確定性和動盪，許多人持續與龐大的結構性不平等對抗。面對這一切的阻礙，我們個人的期望和信念似乎不具任何力量。

認為光靠「積極思考」就可以消除所有的不快樂和焦慮，這是很傻的，而我也不會提出這種主張。（科學研究持續證明，一味拒絕面對困難現實，只會造成更糟糕的結果）。而我們隨後即將明白，對自身能力的信念有很多方式可以影響我們如何應對挑戰，並決定其對個人身心健康造成的損害。**儘管當前許多的危機都不是我們所能掌控的，但對困難局勢的反應，通常源自於預期心理——而了解此一事實能夠提高我們的韌性，並以最具建設性的方式因應所面臨的挑戰。**

很重要的是——這是我在全書中所強調的一點——這些章節中描述的期望效應都是針對特定的信念，而不是一般的樂觀或悲觀心態。**有了關於個人期望如何影響生活的科學知識，你可以學習重新建構、重新評估自己的想法，不必自我欺騙，也不需要變成一個過份樂觀的人才能獲益。**

我的經驗

我個人對於巨大期望效應的理解發生在七年前，在人生一片混亂的時期。

和許多人一樣，我以前也深受憂鬱症和焦慮症的折磨，而在我人生大部分的時間裡，我都設法承受襲捲而來的不快樂，直到安然度過。後來，經過一段時間強烈的壓力，我的情緒低潮開始越陷越深、越久，終至再也無法承受。

意識到這些症狀，我去看了家庭醫生，醫生給我開了一個療程的抗憂鬱藥，並提醒我會有一些常見的副作用，包括偏頭痛。果不其然，我的情緒似乎穩定了，但在剛開始的幾天裡，我也經歷了頭痛欲裂的感覺，就像是腦袋被冰鑿刺穿似的。疼痛如此劇烈，使我確信我的大腦正發生可怕的事情，這種痛苦怎麼可能不是某種警訊呢？

而我當時也開始在撰寫一篇科普文章，正是關於安慰劑效應（placebo effect，來自拉丁語 *I will heal*「我將治癒」）。誠如現在眾所周知的，無作用的糖衣藥片通常可以減輕症狀，單憑患者對其療效的期望而加速身體復原，這與血液循環、激素平衡和免疫反應的生理變化同時發生。

在我撰寫文章的時候，我發現許多服用安慰劑的人，不僅感受到他們所認定的藥物療效；也回報了藥物的副作用，從噁心、頭痛、以及有時危險的血壓下降導致暈厥。而越多的人聽說了這些副作用，人們回報副作用的可能性就越大，這些症狀被稱為反安慰劑效應（源自拉丁語 *I will harm*「我將傷害」），正如同安慰劑的反應，這些症狀不僅僅是「想像的」，還有可測量的生理變化結果——包括身體激素和神經遞質的顯著變化。

對於許多抗憂鬱藥來說，絕大多數的副作用可以用反安慰劑效應來解釋，而不是不可避免的反應。換句話說，我在服藥之後所感受到的可怕疼痛，完全是真實的——但這是我心理預期造成的結果，而不是藥物的實際化學作用。有了這個認知，痛苦很快就消失了。服用抗憂鬱藥（無副作用）幾個月之後，我的抑鬱和焦慮情緒有所緩解。知道許多戒斷症狀可能是由反安慰劑效應所引起的，這無疑也幫助我最終擺脫了藥物。

自此之後，我一直在密切關注內心意志塑造身體健康與福祉的能力、以及人的身體和心理能力的相關研究。藥物安慰劑和反安慰劑的效應只是其中的兩個例子，證明人的信念可以成為自我實現的預言，改變我們生活的好壞，這一點現在變得越來越明確。在科學文獻中，這些現象有許多不同的名稱，如「期望效應」（expectation effects）、「預期效應」（expectancy effects）、以索福克里斯（Sophocles）自我實現預言名劇為名的「伊底帕斯效應」（Oedipus effects）、和「意義反應」（meaning responses）。為了簡單起見，我採用第一個名稱「期望效應」，來描述因人的信念所造成的真實後果背後所有的科學現象。

對飯店清潔人員的研究只是這類尖端研究的一個例子，還有許多其他有趣的發現。所謂「多慮的好眠者」，亦即過度在乎自己每晚清醒和焦躁多久的人，白天更容易感到疲勞和注意力不集中，而「無怨言不良睡眠者」似乎能擺脫失眠的不良影響。為了第二天有良好的表現，我們要想像自己睡得很好。

壓力、智力也會因此改變

同時，對焦慮後果的意念，可以改變一個人對壓力的生理反應，影響其短期表現和長期的身心健康。積極和消極的自我實現預言也能夠決定記憶能力、面對繁重心智活動時的注意力和疲勞、以及解決問題的創造力。即使是一個人的智力——長期以來被認為是一種不變的特質——也可能隨著個人內心期望而提升或衰退。

這些發現使一些科學家質疑大腦的基本極限，認為每個人可能都有未開發的精神儲備能量，只要培養了正確的心態，就可以將之釋放出來。這對於工作和教育、以及面對新壓力的因應方式，都會產生直接的影響。

最令人興奮的研究結果是關於老化過程。與認為年歲漸長就等於衰老和失能的人相較之下，對晚年抱持積極態度的人比較不容易喪失聽力、變虛弱、生病、或是罹患阿茲海默症。說真的，保持心境年輕，人看起來就年輕。

正如哈佛大學對飯店清潔人員的研究證明，我們的期望並不是一成不變的。一旦認識到個人期望對生活的影響力，這項研究提供我們一些非常簡單的心理學技巧，可以應用來促進自己的身心健康，並充份釋放個人的智力潛能。借用此一領域最有影響力的研究者之一、史丹佛大學的艾莉亞．克魯姆（Alia Crum）的話來說：**「我們的大腦並不是被動的觀察者，只會單純地感知現實；大腦意念其實可以改變現實。換句話說，我們明天所經歷的現實，某種程度上是我們今天所持心態的產物」**[5]。

如何使用本書？

那麼，身體、大腦和文化何以如此有效地相互作用，進而產生這些自我實現的預言呢？支配我們身心健康的信念和期望是什麼？我們如何利用這些精彩的研究發現來造福自己呢？這些是本書要回答的核心問題。

我們將以革命性的新理論展開這段旅程，將大腦視為一種「預測機制」（prediction machine），解釋有意識和無意識的內心期望如何強力地影響人們對現實的感知——從北極探險家的奇怪幻覺、乃至於我們對疼痛和疾病的體驗。最重要的是，這種預測機制還可以改變身體的生理機能——引導我們探索醫學信念的力量，包括能夠加速手術後復原非常簡單的心理介入治療。我們將會發現，內心期望可以透過社會傳播相互感染，和最近許多由心理意識引起的健康危機，包括令人困惑的食物過敏案例上升，以及如何避免自己成為這些期望效應的受害者。

隨後，我們將跳脫醫學，探索內心期望對於日常健康福祉的影響力。我們將看到食品標籤如何改變身體處理營養物質的方式，直接影響腰圍變化；如何利用大腦意念來消除運動帶來的痛苦、不必依靠增強體能藥物就能提高運動表現；以及如何改變面對壓力時的身心反應。我們將了解印度等國家普遍盛行的文化信仰如何加強專注力和意志力。我們還將從世界上最高齡的騷莎有氧舞者身上學習到「超級人瑞」（super-agers）的祕密，憑著個人信念的強大力量減緩歲月摧殘——甚至是延遲個體細胞的老化。最後，我們將回頭檢視苗族，了解他們的故事如何幫助我們創造個人的自我實現預言。

在每一章的末尾，你也會看到利用期望效應增加個人優勢的技巧總結。這些方法在細節上會有所不同，但總體而言，透過反覆運用和練習，效果會更好。我鼓勵你以開放的心態看待這些方法，在自在的環境下測試這些原則，以期累積任何微小的好處。雖然你可能會很想直接吸收可利用的實用新聞，但是如果你了解這些成功背後的科學，這些期望效應往往會更有效。你對資訊的了解越深入，獲益就越多，因此，寫下你希望在生活中應用的具體方式，可能也會有所助益。你甚至可以透過 #expectationeffect 標籤在社交媒體上分享你的結果，或將其上傳到網站 www.expectationeffect.com，我將會定期更新。根據一些研究顯示，與他人分享期望效應——同時聽取別人的經驗——可以提高其影響力。

讓我把話說清楚，單憑一個人的大腦意志是無法創造奇蹟的——你不可能光靠想像一堆財富就變得很富有，也不可能透過積極想像治癒自己的絕症。但是，你內心的期望和信念能夠以其他許多令人驚訝和強大的方式影響生活——事實上，已經在影響了。如果你想學習如何將之轉化成為個人優勢，請繼續閱讀下去，你可能會驚訝於個人改變的潛力。

第1章 心念的運作方式

「我們看到的是大腦所預測的，而不是外界存在的」。

——以色列巴伊蘭大學（Bar Ilan University）神經學研究專家，摩西．巴爾（Moshe Bar）

就在聖誕節前的幾個晚上，無人機似乎無處不在，同時卻又無處可見。

這場鬧劇始於二〇一八年十二月十九日晚上九點，當時倫敦蓋威克機場（Gatwick Airport）的一名安全官員報告出現兩架無人駕駛飛機——一架繞著周邊圍牆飛行，另一架在機場內部。由於擔心可能發生的恐怖攻擊，機場跑道很快被關閉了。畢竟，距離曼徹斯特體育場（Manchester Arena）所發生的伊斯蘭主義者爆炸事件僅十九個月，也有報導指稱伊斯蘭國計畫利用商用無人機裝置炸藥。

隨後的三十個小時，混亂不斷升級，數十起進一步的目擊報告，使機場處於封鎖狀態。然而，儘管安全官員和警察盡了最大努力，還是無法找到這些無人機，它們似乎一被發現就立刻消失。更令人驚訝的是，無人機的操作員似乎找到避開軍方跟蹤和禁用系統的方法，儘管總共有一百七十件目擊報告，始終無法偵測到該地區的任何異常活動。這個消息很快傳遍了國際媒體，警告說其他國家也可能發生類似的襲擊。

到了十二月二十一日上午六點，威脅似乎終於解除了，機場重新開放營運。無論是恐怖份子還是惡作劇，襲擊的幕後黑手都達到了製造混亂的目的，打亂了十四萬名乘客的旅行，取消了一千多個航班。儘管提供了巨額懸賞，但警方始終無法找到罪魁禍首，也沒有任何照片提供襲擊的證據——導致一些人（包括警方成員）質疑究竟有沒有無人機[1]。即使在某一時刻機場附近有一架無人機，顯然絕大多數的目擊事件都是假的，隨之而來的混亂幾乎是毫無必要的。

有數十個不同來源的目擊報告，我們可以輕易地排除這是某種謊言或陰謀的可能性。反之，此一事件證明了期望效應強大到能夠改變感知，有時候還會創造出完全錯誤的假象。

根據越來越多的神經科學家的說法，**大腦是一種「預測機制」，當原始資訊觸及感官時，它會基於預期心態和過去的經驗，建構一個複雜的模擬世界**。對於大多數人來說，大多時候，這些模擬與客觀現實相吻合，但有時可能會偏離物理世界的實際狀況[2]。

對大腦預測機制的了解可以解釋一切，從幽靈幻影、到體育裁判嚴重錯誤的判罰——以及冬季天空中神祕出現根本不存在的無人機。它可以幫助我們理解為什麼啤酒的品牌名稱可以改變其味道，也說明了患有恐懼症的人為什麼會覺得世界看起來比實際情況更可怕。這個全新的大腦統一理論也將為本書中探討的所有期望效應奠定了基礎。

你所見的事物深受心念影響

對於大腦這個非凡的概念源起於十九世紀中葉德國博學家赫爾曼・馮・赫姆霍茲（Hermann von Helmholtz）。他在研究眼球的解剖結構時，發現光線照射到視網膜上的模式過於混亂，使我們無法識別周圍的事物。物體的距離和角度各不相同的3D立體世界，已被展平到兩個二維圓盤上，造成難以解釋的含糊和重疊輪廓。甚至同一物體也可能因不同的光源而反射出極不相同的顏色。例如，如果在黃昏時分在室內閱讀這本實體書，書頁會反射出較少的光，不若陽光直射下的深灰色頁面——但在這兩種情況下，書頁看起來都是明顯的白色。

赫姆霍茲認為，大腦會利用過去的經驗來整理視覺混亂，並透過一個他所謂的「無意識推理」（unconscious inference）的過程，對於所接收到的資訊盡可能做出最好的解釋。我們可能自認為看到的是一個未經過濾的世界，但視覺確實是在大腦「黑暗背景」中形成的，他認為這是基於大腦假設最有可能出現在眼前的東西[3]。

赫姆霍茲的光學理論影響了後印象派藝術家，如喬治・蘇拉特（Georges Seurat）等[4]。然而，直到一九九〇年代，這個概念才真正開始流行於神經科學領域——有跡象顯示大腦的預測會影響視覺處理的每個階段[5]。

在走進房間之前，大腦已建立許多可能存在的模擬情境，然後再與實際遇到的事物進行比對。有時候，這些預測可能需要重新調整，以更加擬合視網膜接收到的資訊；而有時候，大腦對其預測的信心可能非常強烈，以至於選擇忽略某些訊息，同時強調其他訊息。這個過程經過多次重複，大腦對場景做出了「最佳猜測」。正如以色列巴伊蘭大學（Bar Ilan University）神經學研究專家摩西．巴爾（Moshe Bar）所言：「**我們看到的是大腦所預測的，而不是外界存在的**」。

現在有大量的證據支持這個假設，甚至包括大腦的解剖結構。如果觀察大腦後方視覺皮層的線路，會發現從視網膜傳送出電信號的神經數量，遠遠超過從大腦其他區域提供預測的神經連接[6]，從它提供的資訊來看，眼睛是視覺中相對較小（但確實很重要）的部分，而你所看到的其餘部分，是在大腦內部「不知不覺」產生的。

透過測量大腦的電波活動，像巴爾這些神經科學家可以即時觀察大腦預測的效果。例如，他觀察到視覺處理最早階段的信號傳遞，從與形成期望有關的大腦額葉區，傳回視覺皮層，早在影像進入意識之前[7]。

有很多很好的理由可以解釋人類為什麼發展成以此方式看待世界。一方面，**利用預測來引導視覺有助於大腦減少實際需要處理的感官資訊量，以便能專注於最重要的細節**，亦即最令人驚訝、與當下模擬情境不符之事物。

正如赫姆霍茲最初指出的，大腦對預測的依賴也可以幫助我們處理不可思議的模糊之處[8]。如果你看看上面這個圖像，一張雖然品質很差、卻是真實的褪色照片，可能很難辨認出是什麼東西。

但是，如果我告訴你仔細找一頭乳牛——面對著你，大頭就在照片的左側——可能會「恍然大悟」，圖像突然之間變得有意義了。如果真是如此的話，你剛剛體驗了大腦的預測處理，重新調整其心智模型，利用額外的知識，將圖片轉化成有意義的東西。

或是，在下一頁的圖像，你看到了什麼？（繼續閱讀之前，請至少嘗試十秒鐘。）

如果你跟我一樣，會發現一開始很難弄清楚這到底是什麼。如果我說這是一隻很受歡迎的寵物呢？如果還是看不出來，請參考第46頁的原始圖像。現在，應該看得很清楚了：這是

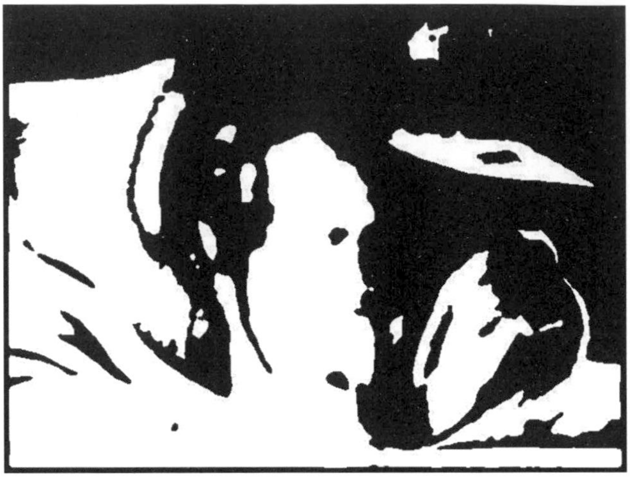

大腦更新的預測突然使混亂變得有意義了[9]。一旦看過原始圖像之後，你會幾乎不敢相信曾經為此圖片所困惑——這些最新預測的影響是持久的，即使在一年後重新回到這一頁，你也更有可能理解這張圖片，不再像是第一次所看到令人費解的黑白畫面了。

大腦會利用一切可能的情境訊息來完善其預測，並對所看到的東西產生直接的影響。（如果曾在寵物店或獸醫辦公室看過這張照片，更有可能第一眼就認出這是一隻狗）。就連一年當中的時節都能決定大腦會如何處理模棱兩可的意象。例如，兩位瑞士科學家站在蘇黎世動物園的入口處，詢問參與者在觀看一個極為模棱兩可的視覺假象時，看到了什麼：

十月份，大約九〇%的動物園遊客報告說看到一隻鳥向左邊看，而在復活節時，這個比例降至二〇%，絕大多數人認為這是一隻向右

看的兔子。在十歲以下的孩童當中，復活節兔子可能是一個特別重要的角色，該假期週末幾乎所有的孩童都說看到的是兔子。大腦的預測機制已經對模棱兩可的意象權衡了哪種潛在解釋最為相關，而季節成為決定性因素——對人們有意識的視覺體驗產生了實際的影響[10]。

我們現在知道，大腦期望「從上到下」的影響力不僅限於視覺，還會主宰著各種感官知覺，而且非常有效。假設在霧天開車：如果熟悉路線，以前的經驗將幫助大腦辨認出路標或其他車輛，進而免於發生意外事故。或者你想像一下，在電話線路不穩時，試圖聽清楚對方所說的話，如果已經熟悉說話者的口音和語調，將會容易許多，這都是多虧了大腦的預測機制。

透過預測我們的動作結果，每當身體部位有所接觸時，大腦可以減弱觸覺，因此我們不會每次雙腿一摩擦、或是手臂接觸到體側時，就嚇一大跳。（也正因如此，我們不會自己搔癢）。人類大腦內部模擬的錯誤也能夠說明為什麼截肢者仍經常感受到失去的肢體疼痛，因為大腦尚未完全更新身體的地圖，錯誤地預測手臂或肢體處於極度痛苦中。

在大腦對周圍世界的模擬中，無可避免地會出現一些小錯誤，看錯一個東西或聽錯一句話，很快就被糾正過來。然而，這些模擬有時可能會完全出錯，使人強烈認定現實世界中不存在事物出現在眼前的假象——比如在英國第二大機場上空飛行的無人機。

在針對此一可能性的一個精彩論證中，參與者被要求觀看隨機出現灰點的螢幕（就像類比電視失調時的「雪花」雜訊）。給了一點適當的暗示後，三四%試驗對象說可以看到人臉，即使其實只不過是隨機的視覺雜訊。對出現一張臉的預期心態導致大腦在一片灰色當中銳化某些像素圖案，使人們以驚人的頻率幻覺出有意義的影像。更重要的是，腦部掃描顯示大腦即時形成這些幻覺，在與面部感知普遍相關的區域，參與者顯現出高度新增的神經活動[11]，顯然，眼見無法為憑，而只要相信就能看見（believing is seeing）。

還有，只要相信就能聽見。荷蘭研究人員告訴一些學生，他們在白噪聲錄音中或許隱約可以聽到賓・克羅斯比（Bing Crosby）的「白色耶誕節」歌曲。儘管事實上並沒有任何音樂跡象，但近三分之一的參與者表示真的聽到了這首歌。對於將聽到的內容埋下的預期信念，使學生的大腦以不同的方式處理白噪音，強調了某些元素，同時將其他元素靜音，直到幻想聽到了克羅斯比的歌聲。有趣的是，一項後續研究發現，當我們感到壓力並攝入咖啡因時，這一類的幻聽更為常見，咖啡因被認為是一種輕度致幻物質，可能會使大腦更加堅信其預測⓬。

如果我們回想蓋威克機場的那些官員，不難想像對於即將發生恐怖攻擊的恐懼感，可能使人幻想冬日灰暗天空中看到無人機，空中許多曖昧不明的東西，如鳥類或直升機，都可能造成預測機制的錯誤解讀。報導的目擊事件越多，就會有越多人預期看到無人機的蹤影。如果科學家能夠一窺目擊者的大腦，很可能會觀察到與看到真實無人機之人完全相同的腦波活動⓭。

這種短暫的幻覺可能是由於預測機制在其他無數情況下造成的錯誤。例如，奇怪的幻象在極地探險家當中顯然很常見，這是因為一成不變的浩瀚空虛——亦即一些人所形容的「白色黑暗」——對預測機制的模擬造成嚴重破壞。

心有所念，所見即念

這種現象最令人難忘的例子之一是羅爾德．阿蒙森（Roald Amundsen）的南極探險。一九一一年十二月十三日，阿蒙森的團隊就在離極地不遠的地方，由於害怕羅伯特．法爾肯．史考特（Robert Falcon Scott）的競爭探險隊可能會擊敗他們先到達終點，他們在建立營地時，其中一個團隊成員斯瓦爾．黑里格．哈塞爾（Sverre Helge Hassel）喊道，他發現遠處有人在移動。很快地整個團隊都看到了。然而，當探險家們跑去查看時，立刻發現只不過是雪地上一堆他們自家的狗屎。探險家的意念將一堆糞便轉化成了自己擔心之事⓮。

許多所謂的超自然經歷可能也是透過類似過程產生的。例如，巴黎聖母院大教堂在二〇一九年四月十五日發生火災時，許多目擊者報告說火焰中看到耶穌的身影[15]，一些人認為這是上帝顯靈不認同此意外變故；另外有些人則認為祂是要試圖撫慰那些受到傷害的人。而科學家們則認為，正是目擊者潛在的信念促使他們的大腦從模糊的光影中建構出有意義的東西。每當有人聲稱看到鬼魂、或是在失調的收音機靜電干擾中聽到亡靈的聲音、或是在雲層中看到貓王的身影，都可能是預測機制的過度反應所造成的，這些現象都是大腦普遍理解世界的自然結果，當然，如果一個人已抱持著宗教或超自然信仰的話，發生的可能性更高。

運動員和裁判員最好記住在體育爭議中預測機制的影響。當一名網球運動員和裁判為一分爭執不休時，這反映出知覺體驗的嚴重歧異：一方「看見」球落在場內，另一方「看見」球落在場外。沒有任何一方是愚蠢或不誠實的——只是他們的大腦對周圍世界進行了不同的模擬，造成對事件完全不同的體驗，對每個人來說，這種知覺就像看到綠草或藍天一樣「真實」。特別是一個自信的球員，可能一心期望看到球落在對其有利的位置，因而影響他們的感知，並沒有刻意欺騙的意圖——心理學家稱此現象為**「一廂情願的看法」（wishful seeing）**[16]。

在蓋威克機場「襲擊」事件發生時，警方一直熱衷強調目擊者的可信度，但根據大腦預測機制的理論看來，可能根本沒有絕對客觀的觀察者。誠如神經學家阿尼爾．賽斯（Anil Seth）所言：「**我們並非只是被動地感知世界，還會主動創造世界**。我們對世界的體驗大多是由內而外，一如由外而內」[17]。大腦的期望錯綜複雜地交織於所經歷的一切當中。

這種內在主觀性的哲學意涵是很深遠的。而我們很快就會發現，大腦預測機制的理論對生活福祉也有巨大的影響——這些洞察遠遠超乎神祕的視覺幻影。為了理解何以如此，我們需要認識一位了不起的病患。

「我以前看不見，如今重見光明了」

一位名叫莎拉的年輕女子，她在十幾歲某天醒來的時候，幾乎完全失明。她的視力持續惡化了六個月之久；到現在，她只能看到某些光源周圍微弱的光芒——其他都是一片黑暗。眼科醫生也找不出她的眼睛有什麼問題，而知道這一點對其日常生活毫無幫助，她得小心翼翼數著每一步，在傢俱之間摸索前進。

經過多次檢查之後，莎拉被診斷為「神經系統功能性失調」（functional neurological disorder，FND），意指大腦和神經系統沒有任何結構損傷的跡象，但運作出現嚴重問題，其他的病例包括失聰、四肢失去知覺或運動能力、或是無法感覺疼痛，全都是發生在生理健康的人身上。這些症狀並不如你想像的那麼罕見：儘管大眾對此認識不多，但ＦＮＤ事實上是人們被轉診到神經科醫生的第二常見原因（僅次於偏頭痛和頭痛）[18]。西格蒙德・佛洛伊德（Sigmund Freud）認為這些症狀是克制壓力或創傷的結果。如今，許多神經學家認為，像莎拉這樣的ＦＮＤ可能是大腦預測錯誤的直接結果，某種程度上抑制了感官訊號的正常處理，使其不再有正確體驗。在莎拉的案例中，她的大腦有效地拉開百葉窗遮住了她的眼睛。

一開始，她對自己的病情源於「心理誘因」的說法表示懷疑；這似乎是很奇怪的診斷，因為她以前從未經歷過任何精神疾病，而且她面對自己突然失明一事展現了非凡的韌性。但她最終被轉介給愛丁堡大學的神經學專家、專門研究ＦＮＤ的喬恩．史東（Jon Stone）。在兩人最初的談話當中，他發現莎拉在失去視力之前，患有慢性偏頭痛，這似乎是由光線引起的，使她越來越長時間待在黑暗的房間裡，直到有一天早上醒來時完全看不見了。

史東提出，隨著她日益增強的「畏光症」（對光的恐懼）、和不斷地尋求黑暗之處，莎拉的大腦好像迷上了什麼都看不見的想法，儘管這種錯誤的期望可能是無意識產生的，史東希望透過不斷的鼓勵和討論能夠糾正這種錯誤。為了做到這一點，每當莎拉與他眼神接觸或模仿某些手勢時，他會明確指出，證明她的大腦在不知不覺中仍然能夠處理一些視覺資訊，他鼓勵她的家人在家裡也這樣做。

做為進一步的鼓勵，史東還採用了一種非侵入性的腦部刺激方式，在頭皮上放置電磁感應圈，刺激顱骨下方的神經元。增強視覺皮層的電活動可以激發明亮的閃光感覺，而無須透過眼睛接收。這種刺激方式直接證明了莎拉的大腦還是有視覺感知能力，同時喚起看到東西的感覺。

成功了。在第一次進行腦部刺激之後，莎拉回報說能夠更清楚看到手機螢幕的亮光；到了第三次療程，她開始看到彩色影像，這是打從失明以來首次看到的。進一步的進展是緩慢的，但在接受治療八個月之後，她某一天早上醒來發現自己的視力已經完全恢復。值得注意的是，她的慢性偏頭痛也停止了——兩週之內，她的症狀消失，且恢復到以前的生活方式[19]。

擴大感受的感官放大機

莎拉的經驗展現了預測機制強大的力量，同時更重要的是，證明了這些嚴重錯誤是有可能糾正的。值得慶幸的是，我們大多數人永遠不會經歷大腦失靈這麼重大的體驗，然而，在每天的生活當中，不太健康的預期心態會以許多微妙方式左右我們的感知，無論是好是壞。你可以將之描述為**「微錯覺」（micro-illusions），感知上微小的偏差會證實和擴大我們當下的感受**。

從我個人生活舉一個簡單的實例：我的公寓最近經歷了兩起竊盜未遂事件，侵入者試圖在我睡覺時強行破壞我家前門大鎖。事發之後那幾個月，不管是白天或黑夜，我的大腦都會將任何輕微的干擾轉化成門被打開的聲音，甚至連另一個房間裡印表機的啟動也像是鎖的咔噠聲，促使我急著去查看是否又有人闖入。這一切都源於預測機制過度強烈識別另一個威脅[20]。

隨著時間過去，還有更換了公寓門鎖之後，我不再幻想聽到有人闖入的聲音。但現在有強力的證據顯示，許多持久的焦慮和恐懼都伴隨著對環境潛在威脅長久曲解的感知，也許部分是由此造成的。例如，有懼高症的人被要求俯瞰一個八公尺高的陽台，並猜測離地面的距離。平均而言，他們的估計會比沒有懼高症的人要多了一．五公尺左右[21]，同樣的，患有蜘蛛恐懼症的人，總是認為蜘蛛比實際形體大得多、跑的速度也快得多——恐懼越強烈，幻覺就越明顯[22]，當一隻普通的蜘蛛在家中牆上出沒時，看起來都會像是恐怖的塔蘭托毒蛛。由大腦預測中的偏見引起的扭曲感知也會導致社交焦慮。與那些心境平靜的人相較之下，當人感到害羞、悲傷或緊張時，更容易認為照片的中性面孔看起來具有敵意[23]。更糟糕的是，這些（有意識或無意識的）預期拒絕使內心更加縈繞於似乎不太友善的面孔，同時忽略任何善意的微笑。

在一個精彩的實驗中，心理學家追蹤了一組大學生，觀察他們在學校放假期間觀看青少年影片時的眼球轉動。他們發現，一個人的社交成功會大大改變對於影片的體驗。在人生中自覺受人歡迎和喜愛的那些人，比較會觀看人們的點頭、聊天和微笑，而那些經歷孤獨寂寞的人，幾乎沒有注意到任何溫暖的跡象，反之，他們更可能關注不友善或拒絕的表達[24]，正如心理學家米奇·普林斯坦（Mitch Prinstein）所指出的：「就好像他們看了一部完全不同的電影——更加專注於別人幾乎沒有注意到的線索」[25]。你可能也經歷過這種情況，在特別困難的活動之前，比如公開演講：由於自己的恐懼感，台下觀眾似乎充滿了無聊或批判的面孔。或許一早醒來正好心情不好，就覺得那天早上每個通勤上班的人都顯得特別不友善。這些都是暫時的假象。然而，對許多人來說，敵意的期望可能從小時候就已經根深柢固，過去的拒絕對整個社交生活投下長久的陰影，因此從未真正體驗過周圍的善意表達。

在每一個例子中，扭曲的世界觀看來似乎是完全客觀的。**由於我們的情緒、大腦的預測、和實際的感官訊息之間相互作用，一個焦慮或抑鬱的人真的「看到」這個世界是更具威脅性的地方，就像蓋威克機場的目擊者「看到」無人機一樣。**這會產生真正的行為後果，造成你避開那些有助於你重新調整大腦預測的情況。如果自動手扶梯看起來好像比實際高度高得多，你就會發現自己很難踏出第一步；如果感覺周圍的人都皺著眉頭，你就不太可能和坐在身旁的人攀談。

怕蜘蛛嗎？那就給你更多蜘蛛！

所幸的是，你可以透過訓練來消除這些微錯覺[26]，事實上，**暴露療法（exposure therapy）——鼓勵人們直接面對他們的恐懼——或許可以透過重新調整人們的感知而發揮作用**。二〇一六年，德國一個研究團隊要求蜘蛛恐懼症的患者戴上虛擬實境頭盔，在充滿栩栩如生的蜘蛛影像的房間內遊走，目標很簡單：保持冷靜，不要逃避威脅。參與者對真實蜘蛛的恐懼不僅隨著實驗的療程而減少，他們對蜘蛛大小的估計也變得更趨近現實[27]。

你也可以利用所謂**「認知偏見修正」（cognitive bias modification）**的科技，直接針對扭曲的感知。例如，焦慮症患者可以玩簡單的電腦遊戲，在遊戲中他們會看到一系列面部表情——比如，隱藏在山間風景中的精靈，參與者的任務是要快速找到快樂的笑臉，而忽略較具敵意的表情。如果你有興趣親自嘗試，不妨考慮下載由紐約市立大學研究人員所開發的「個人禪宗」（Personal Zen）應用程式，在本文撰寫之際，該應用程式可在大多數智慧型手機上免費試用。其目的是重新調整大腦的視覺處理，使其不再強調場景中的威脅訊息。許多患者回報說這種治療有顯著的益處。即使是像個人禪宗這樣的單一課程，似乎也能對情感和行為帶來短期的改變——比如提高在公開演講中的表現——而更頻繁的訓練能帶來更持久的好處[28]。

簡單認識大腦固有的主觀性幫助了我應對情緒的低落。當我感到特別焦慮或沮喪時——我周圍的世界似乎證實了我的恐懼——我會試圖訴諸這個事實，亦即我的情緒、和伴隨的預期心態可能會使我的感知有所偏頗。有鑑於負面預期也會影響到注意力，我也會更刻意尋找十分明確的友善行為——基本上就是在現實生活城市中複製偏見修正的遊戲。

當然，這個策略並不是治療嚴重精神疾病的靈丹妙藥，但我發現它經常能夠制止我陷入負面思考的漩渦，而這種負面思考曾經加劇和延長我的情緒低落。這只是一個例子，**說明一旦我們對期望效應有所了解，就可以重新調整我們的預測，體驗一種更健康、更快樂的世界觀。**

麻省理工學院的「醋啤酒」

期望的強大效應在美食界尤其廣為人知，行銷人員和廚師長期以來一直利用大腦預測機制來增加人們對菜餚的享受[29]。

一九六〇年代以來，兩位美國科學家進行一項最早期的下行效應影響味覺的實驗，研究了人們對太空人食品的看法，例如巧克力口味的健康奶昔，當中富含蛋白質、碳水化合物和維他命。由於不知道這種飲料的來源，人們往往覺得它的味道相當不合胃口，根本比不上一般的巧克力牛奶。然而，當這種飲料被明確地貼上「太空食品」的標籤時，人們的欣賞度大幅提升了。這個奇特的名字讓大家聯想到尖端科學，提高了期望心態，因此，成了一種強大的口味增強劑[30]，我們現在知道，這是大腦由上而下資訊處理的直接結果，根據預期心態改變味覺。

最近，麻省理工學院的研究人員在該校具代表性的兩間酒吧 Muddy Charles 和 Thirsty Ear，對飲酒者進行一項簡單的味覺測試。參與者會得到一杯普通啤酒（Budweiser 或 Samuel Adams）和一杯新奇的「麻省理工啤酒」樣品。跟「太空食品」一樣，麻省理工學院的啤酒聽起來也很前衛、令人興奮——就好像它是經過先進科技製造出來的。然而，飲酒者不知道的是，它與普通品牌完全相同，只除了研究人員在每杯酒裡添加了幾滴香醋。

啤酒中添加醋的想法一開始聽起來可能並不討人喜歡，但酒吧顧客喜歡這種混合物，約六〇%的人表示強烈偏愛麻省理工學院釀造的啤酒，更勝於其他酒飲。知道添加醋一事並沒有改變這種偏好，只要是在品酒之後才知道的。然而，如果他們在品酒之前就知道「祕密成分」是什麼，情況就不是這樣了；與其他的樣品相比，只有約三〇%的人欣賞其獨特的風味組合。他們對啤酒風味經驗的期望足以使麻省理工學院釀造的受歡迎程度減半[31]。

你在品嚐一瓶昂貴的葡萄酒時，可能也有過類似的經驗。由於對品質有不同的期望，不管實際上喝的酒是什麼，看到更高的價格標籤可以導致風味顯著提升[32]。外觀的變化也會產生類似的影響。研究人員將白葡萄酒染成紅色，參與者表示注意到酒中更濃郁的香氣——帶點「梅子」、「巧克力」或「菸草」的味道，通常都與真正的紅葡萄酒相關。而預期心態的力量如此強大，甚至連葡萄酒專家都被這種味覺錯覺騙了[33]。

在大腦對食物反應的掃描當中，先入為主的觀念影響是顯而易見的。例如，當受試者被給予基本的鮮味味精，加上一句話詳細描述其「口感濃郁美味」，大腦在處理味覺愉悅的區域表現出更活躍的活動，超乎那些被告知吃的是「味精」或「煮沸的蔬菜水」的人[34]。

有時，完全相同的物質可以引起強烈的快樂或徹底的厭惡，這取決於一個人的期望。例如，異戊酸和丁酸的混合物會產生輕微的辛辣氣味，可以在兩種常見物質中找到：帕瑪森起司和嘔吐物。但是人的大腦會因為不同的標籤，而以非常不同的方式處理相同的香氣，造成我們不是垂涎欲滴，就是覺得噁心作嘔[35]。

這些感知期望效應與解讀第27至28頁上的影像並沒有太大區別——在各種情況下，標籤都是在幫助理解可能以多種方式解釋的模糊訊號。有鑑於這些研究發現，人們對食物的口味差異如此之大也就不足為奇了——根據各人的期望和聯想，人們可能產生完全不同的體驗。

如果第一次嘗試一種新食物，可以試試這些研究發現，透過事先閱讀餐點資料、了解別人喜歡這道菜的原因，等於是預設大腦對味覺訊號的感知，使你可以更充分地欣賞不熟悉的味道組合。如果正在旅行，面對平時完全不熟悉的食物，這一點特別重要。例如，以氣味刺鼻聞名的榴槤為例，如果聽到的是愛好者所描述的「榛果、杏子、焦糖香蕉和蛋奶凍的味道」，而不是一般與腐爛的肉相比擬，榴槤就不會那麼令人討厭了[36]。

舉辦晚宴時，也可以運用同樣的原則。或許無法透過意念或祈禱把水變成葡萄酒，但描述食物的方式可是會強烈影響自己和客人對食物的欣賞。因此，上菜時一定要用一些美味的言語來調味——口頭上的裝飾可能和實際的食材原料一樣重要。（第6章會談到期望效應對消化和新陳代謝的影響、以及減重的希望）。

雷朋墨鏡可以看得更遠、更清楚嗎？

利用預測機制，甚至可以提高眼睛和耳朵的整體敏銳度，更清楚地看到和聽到。如果覺得這似乎有點牽強，不妨參考看看太陽眼鏡或耳機的品牌如何影響人們的視覺和聽覺能力。二〇一〇年代初期，一個由以色列和美國研究人員組成的團隊要求參與者戴上一副墨鏡，然後在強光下讀出八十四個單字。每個人的墨鏡都是相同品質的，然而，被告知自己戴著雷朋墨鏡的人所犯的錯誤，大約是被告知戴著普通品牌墨鏡的人的一半，而且完成任務的速度更快，僅花了約六〇%的時間。

引人注目的是，研究人員利用頭戴式消噪耳機進行同等的聽覺實驗，發現了完全相同的結果。與認為自己佩戴的產品品質較低的參與者相比，自認為佩戴的是更具聲望的（3M）品牌的人能夠更清楚聽到建築噪音之下的單字清單，而事實上每個參與者都是配戴一樣的裝備[37]。

在這兩個實驗中，參與者對（據稱）高品質產品的信任，使他們相信自己將會看到和聽到更清楚的影像和聲音——而這正是他們所經歷的，儘管科技上並沒有實際的差異。認為他們的視覺和聽覺都會比使用其他品牌的更好，這一期望顯然改變了大腦的視覺和聽覺處理過程，使大腦更加努力地從眼睛和耳朵吸收的資訊中建構更豐富、更準確的模擬狀況。

這個發現與哈佛大學艾倫．蘭格（Ellen Langer）的一項研究相呼應。該研究發現，人們的信念會對遠距離視力產生顯著影響。參與者是麻省理工學院預備役軍官訓練團的學員。在進入飛行模擬器之前，他們首先進行了標準視力測試，做為其視力基礎。儘管是電腦模擬，他們還是被要求盡可能嚴肅看待這次演習：想像自己在真實的駕駛艙中，像真正的飛行員一樣做出反應。在隨後的模擬中，四架飛機從前方靠近，學員們被要求閱讀機翼上顯示的序號。他們並不知道這是另一個隱蔽的視力測試——機翼上的數字大小相當於標準視力表上最低的四排。

蘭格懷疑學員們會將駕駛飛機的經驗聯想到絕佳的視力，這反而會提高他們在模擬過程中的視力——這正是她發現的結果。總體而言，四〇％的受試者能夠正確讀出（機翼兩側）的文字，比他們在標準視力測試表中所能看到更小的字。相較於對照組，沒有經過完整的飛行模擬，只是單純讀取靜態圖片上機翼的數字，則沒有顯示任何視力改善。

為了證實這個效果，蘭格進行了第二次實驗，她要求參與者進行開合跳——告之這是一種可能提高視力的高能量運動。雖然這些動作不太可能在這麼短的時間內改變眼睛的光學系統，但這些參與者在隨後的視力測試中也表現得更好，都是因為於運動員有更清晰視力的信念。

為了得到最後的確認，蘭格簡單地顛倒了視力檢驗表的順序，將較小的字母置於頂部，較大的字母置於底部。她發現，與標準圖表相比，參與者更能夠閱讀較小的字母，這顯然是因為他們在過去幾年視力檢驗時建立了一種信念，亦即越上方的行數越容易辨識。

在蘭格的每一個實驗中，對更好的視力期望都提升了大腦的視覺處理，使其銳化視網膜上略微模糊的字母影像[38]。引人注目的是，當中有許多原本視力就很好的人，他們的視力提高到 20/20 以上，而即使是視力較差的人，也有了顯著的改善。

暫時先不要扔掉眼鏡或隱形眼鏡：這種信念的轉變幾乎肯定是無法彌補嚴重的視力缺陷（近視通常是由畸形眼球引起的，沒有證據顯示這種明顯永久性的結構變化是大腦的產物），但蘭格的研究結果證明，利用某些期望心態至少可以改善目前佩戴鏡片的視力，確保你盡可能敏銳地觀察世界。

在這本書中，**會發現我們往往對自己的能力判斷不佳，而透過簡單的心態轉變，很有可能超越自己的能力極限**。

妳的美景卻是我眼中的垃圾

在安娜伊斯·尼恩（Anaïs Nin）的《牛頭怪的誘惑》（*Seduction of the Minotaur*）自傳體小說中，她完美地描述了主角莉蓮和畫家傑伊不對稱的認知。

書中寫道：「對於傑伊的畫作對象與其實際畫作之間存在的巨大差異，莉蓮感到很困惑。他們一起沿著同一條塞納河畔行走，她所看到的是如絲般的灰色、蜿蜒和波光粼粼，他所畫的卻是一片晦暗，污濁的岸邊塞滿泥漿、一堆酒瓶軟木塞和雜草。」尼恩寫道，傑伊是一個「寫實主義者」，致力於盡可能客觀地描繪世界，但他的感知真的比莉蓮的更真實嗎？「**我們見到的不是事物本身，而是我們自己**」，莉蓮總結說道，這是尼恩書中的經典名言之一。

我們對預測機制的新理解揭示了這句話的深刻真理，跨越了人類經驗的廣度。在最極端的情況下，期望可以完全阻絕視力，正如在莎拉這樣的患者身上所看到的。在其他時候，期望會產生一些並非真實存在的感知。在日常生活中，先入為主的意念將改變眼前的一切，改變食物的味道、臉上的表情、或塞納河的景象。這些微妙的期望效應可能沒有極端幻覺那麼戲劇性，但正如所見的，影響的後果可能是巨大的，對日常生活形成惡性或良性循環。以尼恩的觀察為基礎：感受和思考將決定體驗，而體驗反過來又會影響感受和思考，這是一個永無止境的循環。

在後面的章節中，在進一步探索內心期望對個人身體健康的影響時，這些知識是很重要的。預測機制接收身體內部的許多輸入，包括對於器官損傷（或可能的損傷）做出反應並產生疼痛感的傷害感受器神經。**期望將影響這些訊號的處理——可以增強或降低——就像期望改變視覺、聽覺、嗅覺、味覺、和身體觸覺體驗一樣。有時，錯誤的預測甚至可能憑空製造出痛苦幻覺；或者也可能促成真正肉體創傷的痛苦神祕地消失。**

而更不可思議的是，大腦的模擬還可以產生可測量的生理變化。隨後我們將看到，個人主觀的期望可以成為身體的客觀現實——這要歸功於預測機制的強大力量。

加強心念運作的日常練習題

- 質疑自己所見所聞的客觀性。大腦對周圍世界的模擬通常是正確的，但是有時候也會出錯——謙卑承認此一事實可以幫助你辨識幻覺的發生。
- 如果你有恐懼症，請記住，大腦可能會誇大這種威脅感，使它看起來比好像實際情況更巨大、更可怕。暴露療法可以幫助你縮小這種感知偏差。
- 如果你有焦慮症，不妨考慮下載一款應用程式，如 Personal Zen，目的在於重新調整對環境中威脅感的注意力。
- 每當度過糟糕的一天時，試著想想看情緒、和由此產生的期望可能會使你對事件的看法產生偏差。有些情況很糟糕，這無庸置疑，而有些事更可能受到期望效應影響，學會區分兩者可以防止陷入過度消極的思維。
- 借助語言的力量提升感官體驗的享受，如用餐。我們對食物的描述方式會影響食物的味道，所以不妨想一想、或是尋找能讓自己和客人垂涎三尺的美味描述。

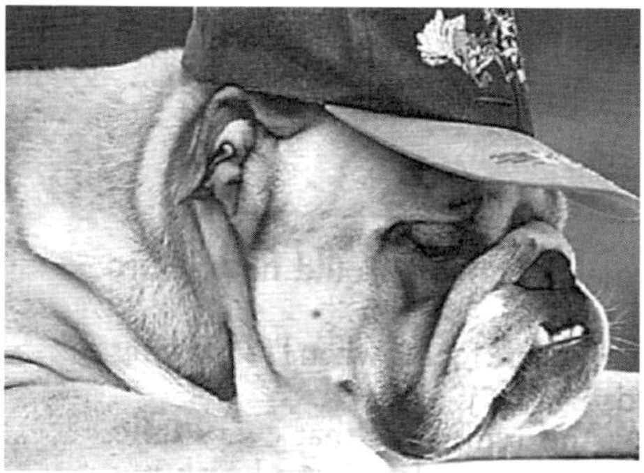

認出這隻鬥牛犬了嗎？正是第 28 頁高對比度圖像的原始照片。

第2章

心念藉著安慰劑施展魔法

「我所認識最成功的醫生之一向我保證，他開出的麵包片、染色水、和山核桃灰當藥物，遠多於所有其他醫藥的總合。」

——美國第三任總統，湯瑪斯・傑弗遜（Thomas Jefferson）

很少有科學觀點能像安慰劑效應和身心合一的潛能那樣，引起這麼大的騷動——或憤怒。從十八世紀現代醫學誕生以來，醫生們就敏銳地意識到，某些「偽」治療可以透過患者對療效的信念而緩解疾病。但這些假的治療方法能治好潛在問題嗎？即使奏效了，不誠實的本質難道沒有違背醫生的道德規範？

這些都是困擾著美國第三任總統湯瑪斯・傑弗遜（Thomas Jefferson）的重大問題。一八〇七年，他曾寫信，表達了他對一些醫生過度熱衷於施用普通藥物的擔憂——比如汞和鴉片——他擔心這些藥物往往弊大於利。他相信，若有醫療功效的幻覺，許多訴苦會得到更好的解決。

他寫道：「我所認識最成功的醫生之一向我保證，他開出的麵包片、染色水、和山核桃灰當藥物，遠多於所有其他醫藥的總合」。這種欺騙在道德上似乎是有問題的，但是比過度施用含潛在有毒物質、對患者沒有進一步改善的處方更可取。傑弗遜說，這是一個「善意的欺騙」（a pious fraud）❶。

然而，在接下來的幾十年裡，醫生們對信念的益處變得更加抱持懷疑態度。他們認為，安慰劑或許能帶來情緒上的安慰，但是以生物學理解為基礎的現代醫學對安慰劑藥丸和藥水並不感興趣。對一些執業醫師來說，安慰劑比較像是識別潛在的裝病者和慮病症患者的診斷工具：如果你從偽治療中得到緩解，你其實並沒有生病。到了二十世紀中葉，醫學期刊上的文章嘲笑安慰劑反應者為「不聰明」、「神經質」、「無知」和「不恰當」；《刺胳針》（*The Lancet*）將安慰劑效應本身描述為「卑鄙的欺騙」。為什麼會有人花時間研究這種愚蠢的現象呢？❷。

由於這種持續的懷疑態度，安慰劑科學研究花了很長時間才發展起來，而我們現在知道，**積極的期望可以帶來的不僅僅是情感上的安慰，也為許多身體疾病帶來真正的緩解，包括哮喘、帕金森氏症、心臟病和慢性疼痛**。更令人驚訝的是，這種治療通常透過與治療疾病的實際藥物相同的機制進行。身心合一是真實的，並且具有強大的潛力。

事實上，我們已經進化出這種非凡的自癒天賦，這一點已經夠不可思議了，而這種進化起源在科學家之間引起了很多爭論。還有其他難解之處，包括安慰劑效應隨著時間發展變得越來越強大的這個事實。假治療根據其定義代表「無作用」和化學「非活性」，怎麼可能突然增加療效呢？事實上，越來越多的證據顯示，人們即使知道自己在接受假治療，也會對安慰劑產生反應——此一發現似乎有違常理。

解決這些謎團的辦法在於充分理解大腦作為預測機制的作用，這激發了一些真正具有開創性的策略，以不帶任何欺騙的方式，利用積極信念的所有好處。安慰劑藥丸似乎只是包裝期望效應的一種方式，你可以用其他非常簡單的方法重新思考疾病、並加速最終的復原。隨著許多藥物的過量處方越來越令人擔憂，這些心理技巧的運用迫在眉睫。

自從傑弗遜頌揚麵包片、染色水的功效已經過了兩百多年，我們已可以充份利用身心合一的力量，而不需要透過任何善意欺騙或其他方式。

相信等於存在

對安慰劑效應的重新關注始於一位名叫亨利．畢闕（Henry Beecher）的美國麻醉師。第二次世界大戰結束時，他在義大利和法國服役，經常不得不治療傷勢嚴重的士兵——撕裂的肉體、粉碎的骨頭、以及頭部、胸部和腹部的彈片。然而，他困惑地觀察到，他的許多病患——約三二％——報告說根本沒有疼痛感，而另外四四％的病患只感到輕微或中度不適。有機會選擇時，四分之三的人甚至拒絕服用止痛藥。對畢闕來說，從戰場上獲救的解脫似乎創造了一種愉悅感，本身就足以讓他們對傷痛麻木。患者對自身疾病的解釋多少讓大腦和身體釋放出了自己自然的疼痛緩解，這種現象遠遠超乎當時的醫學理解。

畢闕的發現被證明是天賜良機，因為嗎啡的供應短缺，士兵們有時不得不在沒有止痛藥的情況下接受手術——不管他們喜歡與否。為了製造治療的假像，畢闕的護士有時會給病人注射生理食鹽水，同時讓病人相信所施打的正是止痛藥。士兵們對這種治療的反應往往出乎意料地好。事實上，畢闕估計安慰劑的有效性約為實際藥物的九〇%；甚至似乎降低了手術中未使用鎮靜劑和止痛法而可能導致心血管休克的致命風險[3]。

這些冒著生命危險為國家效命的士兵，絕非一般認定對安慰劑有反應的典型裝病者或神經質的人，你也不能說他們的戰爭創傷是某種想像出來的疾病。顯然，安慰劑效應比人們普遍認知的更廣泛、更有趣。畢闕對期望改善症狀的力量感到驚訝，但他更關注的是新療法測試的意義。活性藥物價格昂貴，而且很多都有不良的副作用——因此需要確保它們至少比糖衣藥片或生理鹽水注射更有效。

畢闕的研究最終導致安慰劑對照組臨床試驗的廣泛運用，在該試驗中，患者被隨機分配服用假藥（如糖衣藥片）或正在考慮的實際治療。在試驗結束之前，醫生和患者都不知道他們正在服用哪一種藥物，直到「解盲」為止。一旦收集了所有數據，科學家們就會比較接受安慰劑和實際治療的患者所經歷的效果。只有那些明顯超過安慰劑的治療方法才能獲得批准。

到了一九七〇年代，美國食品藥物管理局（FDA）接受了該方案，安慰劑對照組臨床試驗很快被公認為醫療管制的黃金標準。這對患者來說無疑是一大福音：不但確保他們得到證明有效的治療，也讓科學家得以在檢查藥物的安全性之後才提供給廣大民眾使用。

不幸的是，這種安排仍然將安慰劑反應視為一種麻煩；只要試驗藥物的療效優於假治療，安慰劑反應往往就被忽視，而不是被充分利用。但這些影響至少被記錄下來，提供了充足的數據給對於醫學上的期望效應感興趣的研究人員。在過去的幾十年裡，他們確實有了驚人的發現。

以畢闕在戰場上觀察到的強大止痛效果為例，這個發現在止痛藥的安慰劑對照組臨床試驗中一再重複出現。總體而言，安慰劑反應占了實際藥物所提供之止痛功效的五〇%。

正如在上一章中所看到的，這種疼痛緩解可能是主觀體驗轉變的結果，因為大腦預測機制重新調整了對痛苦的預期心態。然而，安慰劑反應似乎也模仿藥物本身發揮的作用，產生明顯相同的生理變化。例如，當人們服用安慰劑來代替嗎啡時，大腦開始產生天然的鴉片類物質，可以舒緩疼痛。為了證明這一點，科學家們實驗了以透過阻斷大腦鴉片類受體來治療嗎啡過量的化學藥物**納洛酮**（naloxone），在施用同時也加入一種安慰劑止痛藥。果不其然，納洛酮大幅降低了安慰劑的止痛效果，正如它能逆轉真正止痛藥物的作用一樣。如果疼痛緩解只是主觀意念，那麼這種反應是不可能的[4]。反之，大腦似乎有自己的「內在藥房」，允許它根據需要產生某些化學物質，如鴉片類物質。

在帕金森氏症的治療中也可以看到同樣驚人的益處。這種疾病是由於大腦缺乏**多巴胺**

（dopamine）這種神經遞質所引起的。除了與快樂和獎勵的感覺相關之外，多巴胺對於運動功能協調也是很重要的，正因如此，帕金森氏症患者經常出現無法控制的身體顫抖。治療這種疾病的藥物可以增加多巴胺的水平，或是作為神經遞質的替代物，刺激大腦中通常對其有反應的部分。這似乎是不可能透過無作用的糖衣藥片實現的。然而，各種試驗顯示，安慰劑治療可使帕金森氏症患者的症狀改善約二〇至三〇%[5]。再次證明，症狀改善的預期心態在某種程度上促使大腦挖掘自己的「內在藥房」，增加大腦供應天然的多巴胺[6]。

除了改變大腦的化學作用，安慰劑也能調節免疫系統。例如，過敏是因為身體將通常無害的物質誤認為是危險的病原體，過度強烈反應所引起的。某些藥物可以平息這種反應，而單憑預期心態也可以緩解。例如，人們出現皮膚過敏反應時，表面上抑制發炎的安慰劑治療，即使沒有活性成分，也可以減少發癢和腫脹面積[7]，同時，對於哮喘病患者，空的吸入器提供了沙美特羅藥物三〇%的療效[8]。

安慰劑效應甚至可以解釋某些手術形式的好處，像是動脈支架的安裝。這個過程包括將動脈插入一根導管滑至堵塞區域。到位之後，覆蓋著金屬絲網的一個小氣球被引下導管。然後將氣球充氣以擴張動脈，將金屬絲網（支架）留在原位以保持動脈壁打開。

在醫療緊急的情況下，如心臟病發作等，這種手術通常是必不可少的，安慰劑不太可能立即起作用。但支架也被用於舒緩心絞痛患者的血液循環，目的是減少持續的疼痛和不適，就這方面心理預期的作用可能更為重要。

此一事實直到最近才被發現，因為與藥物開發不同，醫生和科學家並不一定要為新手術進行安慰劑對照組試驗。反之，他們可以使用其他的對照模式，例如「常規治療」，這可能不會產生與新方式相同的心理預期。為了探究安慰劑效應是否可以解釋動脈支架的某些好處，來自英國各醫院的心臟病專家團隊將兩百三十名患者分為兩組，其中一半接受完整手術，另一半接受「假」手術，亦即導管被引導進出動脈，卻沒有裝置支架（與安慰劑對照組藥物試驗一樣，所有患者都被告知他們可能不會有實際支架植入，而研究小組盡全力減少手術的後遺症）。

研究小組在《刺胳針》醫學期刊發表了他們的結果，發現兩組患者在手術後都能夠進行更大的體力活動（透過在跑步機上的表現來衡量），而與假手術相比，支架的益處太小，被認為不具有統計上的顯著差異[9]。不用說，此一發現在心臟病學家當中引起了許多爭議，而後續進行的研究需要在醫學指南改變之前複製驗證此一結果。然而，有鑑於這項精心對照的研究，支架治療心絞痛的大部分益處，顯然可能來自患者對改善的期望，而不是來自心臟管道的物理變化。

在某些情況下，安慰劑治療甚至可能成為救星。在一項關於β受體阻滯劑（beta-blockers）的試驗中，經常服用安慰劑的參與者在研究期間死亡的可能性，是那些不太按時吃藥的參與者的一半。顯然，如果兩種藥物的服用率都一樣高，安慰劑的效果不如活性藥物，然而，所謂的「安慰劑依從者」還是比隨意服用藥物（無論是活性藥物或假藥）的人活得更久[10]。

如今，許多其他研究已經證明所謂「安慰劑依從者」的預期壽命更長，因此很難將其視為某種統計上的僥倖[11]。一種解釋是，高度依從性只是反映了一般更健康的生活方式。然而，即使控制了同樣可以預測死亡可能性的各種變量，比如一個人的收入、教育程度、是否抽菸、飲酒或暴飲暴食，這種差異仍然存在。這就留下了一個明顯的可能性，亦即定期服用藥丸本身有助於保持身體更健康，這要歸功於服用潛在藥物能讓身體更健康的心理期望[12]。

安慰劑是那麼的奇妙

我們對安慰劑的各種反應究竟如何造成、以及為什麼有這些反應，這是一個激烈爭辯的問題，但許多研究人員認為，這種類型的期望效應至少有兩個來源，第一個是一般的治療反應，讓身體適應眼前威脅的一種進化反應。例如，我們一旦受傷時，需要感到疼痛，以避免對身體造成進一步傷害，這會使我們在行動時更加謹慎。然而，如果我們是處於安全狀態，正因受傷而接受治療，疼痛的存在作用就減少了，因此我們可以舒緩疼痛的感覺。同樣的道理，炎症對於處理與病原體的直接接觸十分重要，但它可以阻止其他治療損傷的作用。因此，當免疫系統感覺到身體已經逐漸康復時，控制炎症是有益的。任何能夠減少對疾病的恐懼和焦慮的東西——包括你正在接受醫療護理的感覺——都可能產生這種普遍的治療反應，這種反應本身是很強大的。畢闕的士兵們似乎有著類似的經歷——光是脫離戰場就減輕了他們的痛苦——而對於任何人在任何時候接受治療，這種情況也都會發生。根據此一理論，安慰劑是可以觸發這種護理反應的有力象徵。

很重要的是，大腦預測機制也會透過一個制約的學習過程，根據特定的經驗對其行動進行微調。例如，如果你正在服用安慰劑止痛藥，預期它是嗎啡，那麼，如果你過去曾經服用過嗎啡，大腦鴉片類物質的釋放就會強烈得多。同樣的，如果有人曾經服用過帕金森氏症藥物，安慰劑引發的多巴胺釋放將更加強烈，而如果有人服用過相關的免疫抑制劑，減少移植排斥反應的安慰劑也會更加有效。在每一種情況下，大腦都會啟動系統，根據先前的記憶和聯想，最有效地利用身體的資源[13]。

透過正確的訊息傳遞，訴求於正確的體驗，任何東西都有可能變成安慰劑。哥倫比亞大學和史丹佛大學的研究人員甚至成功地說服學生，一瓶普通的礦泉水是含有一〇〇 mg 咖啡因的能量飲料，他們的血壓也做出相應的反應[14]。甚至不需要實際存在才能體驗這些好處，瑞士的一個研究小組已經證明，**在虛擬實境環境中提供的安慰劑，可以減輕現實生活中肢體的疼痛**[15]。

然而，一般而言，預測機制依賴許多不同的線索來確定其心理預期，利用了在生活其他領域中所學習到的大量關聯，這代表某些形式的安慰劑總是會比其他形式的更有效[16]，這些因素可能是很膚淺的，如大小或劑型，許多人認為越大越好，因此，如果在服藥時，大的藥片可能比小的藥片產生更大的反應，或是覺得膠囊似乎比藥片更有效。我們也會受到價格的影響。例如，針對帕金森氏症的治療，與標記為「昂貴」的相同注射劑相比，標記為「便宜」的安慰劑益處減半[17]。

基於類似的原因，藥物的行銷可能會有極大的影響；在巧妙設計的 Nurofen 安慰劑包裝中，上面顯示「有針對性的止痛功效」等資訊，比被標記為仿制藥、自有品牌 Ibuprofen 的藥片有效得多。在一項研究中，Nurofen 安慰劑的療效非常強，與活性止痛藥的功效不相上下[18]。這點並不令人驚訝：我們經常看到 Nurofen，也聽說過它的止痛功效，因此我們對它的效果沒有太多懷疑，而仿製藥可能會令人覺得陌生、而且品質較低。

廣泛而言，注射往往比口服藥物的效果更強，而外科手術也更勝於牽涉複雜化學反應的治療方式，也許是因為更容易理解並看到其運作過程。我們也會受到療法的新舊所影響；如果一種藥物或醫療器材剛剛獲得批准，並引起大眾興奮，你可能會感到更大的安慰劑效應，超乎三十年前首次出現的治療方式[19]。最後同樣重要的一點是，你和醫護人員之間的關係。如果他們看起來很有愛心和能力，安慰劑效應會更加有效[20]。

預測機制以不可思議的全面方式，更新大腦的模擬，利用任何可能強化復原期望的線索來協調身體的反應。如今毫無疑問的，心理期望能夠也確實塑造我們的現實世界。

當然，最重要的問題是，我們能否負責任地利用這些期望效應。傑弗遜可能認為假治療是一種善意的欺騙，但對患者撒謊違背了醫生的道德準則，這意味著在綜合醫療中故意使用安慰劑反應長期以來似乎是不可能的——至少在官方層面是如此。（事實上，安慰劑的使用可能並不罕見：英國一二%的執業醫生報告說，他們在職業生涯中至少提供過一次生理食鹽水或糖衣藥片[21]。）

如果這種欺騙是不必要的呢？如果我們能知道自己接受的是所謂的假治療，而身體還變更好了呢？這聽起來可能有點矛盾，然而，正如我們即將要看到的，**對安慰劑效應的了解本身就可以引發治癒反應——為患者提供心理工具來治療自己。**

為何美國的安慰劑特別有效？

事實上，這種無欺騙治療反應的跡象可能一直隱藏在醫學文獻中，只是一直沒有人想到要去查看，直到製藥公司開始尋找新的治療方法遇到障礙。

在臨床試驗誕生後的幾十年裡，藥物發現經歷了一段黃金時代，大量實驗針對各種疾病揭示了新的有效治療方法，這使得大型製藥公司比大型石油公司更有利可圖。然而，到了二十一世紀，科學家們開始注意到，他們許多臨床試驗失敗的比率越來越高。失敗來得如此之快、如此頻繁，以至於一些醫學研究機構甚至擔心自己未來的財務狀況[22]。

透過密集的資料探勘，科學家們終於找到了答案。這些試驗都經過完美設計，但試驗中安慰劑組的人似乎從藥片中得到了越來越多的療效，因此變得難以找出實際藥物的益處，提出可證明的、統計上顯著的差異[23]。例如，如果檢視一九九〇年代的止痛藥測試，活性藥物的表現往往優於安慰劑二七％左右。到了二〇一三年，這個優勢下降到只有九％。最重要的是，這幾乎完全是由於假治療的效力增加所造成的。與開始時相比，假治療在結束時增加了約二〇％的疼痛緩解，而活性藥物沒有看到類似的上升（顯然，它們已經達到了可能的止痛效果上限）。

如果它們是在參加比賽，真正的藥物很早就開始了，只是讓一個不太有希望的落後者莫名其妙地縮小了領先優勢。使這個謎團更加複雜的是，**安慰劑功效不可思議的暴增似乎集中在美國，**而歐洲的試驗基本上沒有受到影響[24]。

怎麼會這樣呢？一個可能的解釋來自美國針對消費者的促銷廣告。電視廣告的不斷重複，可能提高人們對任何正在考慮的藥物益處的期望。這些強化的期望可能會誇大服用安慰劑藥丸的人所感受到的舒緩——例如，增強大腦內源性止痛藥的釋放，致使非安慰劑組服用活性藥物的額外益處黯然失色。沒有針對消費者廣告的國家，也就不會有這種不斷強化的積極期望，代表安慰劑反應的規模保持較為穩定的局面。

然而，還有一種更有趣的可能性：由於大眾對安慰劑反應本身有了更深入的了解，安慰劑藥丸的效力因而增強。這個理論來自加州大學聖地牙哥分校的蓋瑞．貝奈特（Gary Bennett），他是一個研究團隊的成員，該團隊展示了在疼痛治療中提升的安慰劑效應。他指出，在二十世紀中葉，大多數人對安慰劑知之甚少，對安慰劑的看法也有點模糊。如果你正在進行臨床試驗，擔心自己服用的是安慰劑藥丸，那麼你改善的希望可能並不高。但近期人們對安慰劑及其產生真正生理效應的能力感興趣，已經改變了此一觀念，預期的潛在力量最近受到大篇幅的媒體報導。如今，服用安慰劑似乎不再那麼沒吸引力了，因為許多人都期望得到一些真正的舒緩，不管是否服用實際的藥物[25]，而且，多虧了已經成為現實的身心合一，安慰劑藥丸的效力提高到了實際藥物難以競爭的程度。

貝奈特懷疑媒體對於安慰劑效應的報導在英語國家可能特別普遍，這說明了為什麼安慰劑效力的增強在美國試驗中特別顯著，但在歐洲卻沒有。為了驗證這個想法，他檢查了英語、法語、德語、義大利語、和西班牙語龐大的數位化文本語料庫。正如他所假設的，近幾十年來，「安慰劑」一詞的使用在英語國家急遽上升，而在其他國家幾乎沒有新增。重要的是，這種日益增長的認識不僅限於學術文獻，也可以在報紙、流行雜誌和電視廣播的腳本中看到——這些都是資訊最有可能傳達給一般大眾的管道。（可惜的是，針對止痛藥試驗的分析沒有提供必要的數據，來檢視安慰劑反應在英國和美國是否有新增，否則將能為貝奈特的假設提供進一步的證據。）

知道正服用的是安慰劑更有效

「安慰劑」一詞本身就可以引起安慰劑效應，這個想法聽起來很荒謬。自十八世紀以來，安慰劑效應的整個概念都集中在這個前提，亦即人們必須相信他們正在接受「真正的」治療，才會有任何明顯的益處。傑弗遜寫道，這是一種完全不得已的「善意的欺騙」。畢闕本人表示，「只要受試者並不知道這是安慰劑，它是由什麼製成、或是用量多少並不重要」[26]。然而，各種突破性的研究表明，許多人即使清楚知道正在服用的是非活性藥物，還是會對安慰劑產生反應。根據貝奈特的假設，這在安慰劑效應已經廣為人知的地區最為常見，然而，如今有大量的證據顯示，**「公開標示」的安慰劑在其他地區也同樣有效，前提是科學家有給參與者一個明確的解釋，說明大腦是一種預測機制，有能力影響身體的反應**[27]。

以葡萄牙里斯本一家公立醫院的健康心理學家克勞迪婭・卡瓦洛（Cláudia Carvalho）主持的治療慢性背痛患者的試驗為例，在二〇一六年首次發表該試驗的成果時，在全球科學界引起了漣滴。她給患者一個裝有橙色明膠膠囊的瓶子，上面清楚地標明「安慰劑藥丸，每天服用兩次」。卡瓦洛解釋說，這些藥丸雖然不含任何活性成分，但還是可以透過制約等過程對身體產生強大的影響，然後，她給受試者看了一段短片來鞏固這個觀點。為了避免使他們的情緒更加緊張，她也特別強調一個事實，也就是他們不必一直保持樂觀的情緒，才能使安慰劑產生效果（對於長期疼痛的人來說，這是不切實際的期望）；只要定期服用這些藥丸就是治療成功的關鍵。

三週後，影響十分明顯，受試者在評估「一般」和「最大」的疼痛指數時，評分下降了三〇%，這種大幅度的改善，是在繼續正常治療、沒有服用公開標示安慰劑的對照組患者中所沒有看到的。另一份單獨的問卷調查還透露了他們的日常活動也有顯著改善，例如離開家、或從事比較耗費體力的活動。總體而言，**公開標示安慰劑的益處達到了「臨床意義」的標準門檻——症狀減少三〇%**——這是一般期望的積極治療[28]。

更令人驚訝的是，卡瓦洛在二〇二〇年發表了一篇後續論文，顯示這些益處在最初的試驗結束後，已經持續了五年。關於安慰劑反應的知識似乎一直存在於參與者身上，提高了他們因應病情的整體能力[29]。卡瓦洛的發現與我書中採訪的許多科學家的觀察結果相呼應——實驗參與者經常發現，了解期望效應為他們帶來巨大力量，其長期益處遠遠超出了最初的試驗。

如今，公開標示的安慰劑已被證明能成功治療許多其他疾病，包括偏頭痛、腸躁症、抑鬱症、注意力不足過動症、和更年期熱潮紅[30]，甚至有助於緩解花粉熱患者的眼睛灼熱、喉嚨痛、流鼻涕和皮膚搔癢等症狀[31]。然而，正是這種安慰劑的止痛效果不斷引起大眾的興趣，因為它們提供一種可能的方法，以減少鴉片類物質成癮的風險[32]。

根據美國疾病管制與預防中心（CDC）的數據，在一九九九年至二〇一九年期間，四十五萬名美國人死於鴉片類物質過量，當中有許多人是因為服用處方藥而上癮的[33]。公開標示的安慰劑可以減少人們對這些藥物的依賴，期望的力量有助於大腦天然的鎮痛劑慢慢取代藥物，讓患者減少實際鴉片類藥物的劑量。這似乎目標遠大，但我們對安慰劑效應的了解可以提供一些微妙的策略，大大地提高成功的機會。例如，**一開始可以先將實際藥物配上一種強烈、令人難忘的氣味，以增強身體每次服用到氣味相似的安慰劑藥片時的反應**。

哈佛醫學院萊昂・莫拉萊斯-克薩達（Leon Morales Quezada）近期領導的一項研究就是這麼做的。參與者都正在接受重傷後的復健治療，比如脊髓損傷。連續三天，他們服用強效鴉片類藥物，再加上清楚標示的安慰劑藥片，同時被要求聞一聞帶有強烈豆蔻油氣味的棉花棒——之後，他們被鼓勵盡可能放棄真正的藥物。

結果令人難以置信，超乎研究人員最強烈的期望。他們原本預計安慰劑藥片最多可能減少參與者鴉片類藥物的服用劑量約三分之一。而事實上，患者減少了六六%的攝取量，卻沒有新增疼痛或不適感[34]。公開標示的安慰劑使他們能夠在沒有額外痛苦的情況下，徹底減少這些可能會上癮的藥片劑量。

現在的目標是建立規模更大、範圍更廣的試驗，希望最終能夠讓參與者完全戒掉藥物。有趣的是，莫拉萊斯・克薩達告訴我，有一位患者使用同樣的方法，在短短三天內成功擺脫了鴉片類藥物。當然，需要更多的證據，而不是單一的案例研究。然而，就目前而言，他的研究結果提供了另一個令人興奮的觀點，即安慰劑反應在減少痛苦方面的潛在用途，不再有以前困擾醫生的道德問題。**安慰劑一詞的力量，可能是希望發明新藥的製藥公司的毀滅者，但對於許多希望避免上癮風險、或克服其鐵腕控制的患者來說，可能是一個巨大的福音。**

殷勤問候也是安慰劑

幾年前，醫療心理學家約翰尼斯．拉弗頓（Johannes Laferton）收到從前一位病人寄來的明信片，這是任何醫生讀到都會感到很興奮的訊息。她寫道：「正如我所承諾的，我在義大利向你和你友善的同事致上最誠心的問候。你們太會鼓勵人了，手術前，我沒想到能夠在這麼美好的地方度假，我現在感覺好極了」。

就在三個月前，這位六十七歲的患者接受了心臟繞道手術。不用說，歷經五到六個小時的手術對患者來說，往往是很痛苦的，許多人在手術之後好幾個月還繼續忍受全身行動不便。拉弗頓是溫弗里德．里夫（Winfried Rief）在德國馬爾堡（Marburg）實驗室的成員，他們希望透過身心合一，在沒有安慰劑藥丸的情況下，讓復原過程更容易，並使手術達到最佳的效益。

這項研究被稱為 Psy-Heart，包括兩次面對面的會議和三次簡短的電話交談，旨在提高患者對即將發生之事的期望。在這些對話中，**心理學家會詳細解釋手術過程，並描述有助於緩解冠狀**

動脈心臟病的方法——這些討論在一般的會診中可能會被省略，但卻有助於建立患者對手術益處的信念。然後，他們會鼓勵患者制定個人的「康復行動計畫」，列出一些樂觀、但合理的手術結果。（對於那位寄明信片給拉弗頓的六十七歲患者來說，這個過程從小事逐步發展，例如園藝、到社交活動、以及和朋友一起旅行）。他們還接受了觀想訓練，想像手術後六個月的生活[35]。

馬爾堡研究人員設立了第二組參與者作為對比，他們與接受新介入治療的患者有完全等量的療程，獲得的是比較一般的情感支持，而沒有明確討論對治療的期望。這種控制機制設定了一個很高的門檻，因為體驗同理心和社交聯繫本身可以觸發治療反應。至於第二個比較點，研究小組則是針對那些完全沒有得到任何額外幫助、只是單純接受一般心臟繞道手術患者的療程，觀察他們的進展情況。

這三組患者的直接差異，可以從住院的時間看出端倪。平均而言，期望值提高的患者比接受標準醫療護理的患者提前約四・七天出院，而接受社交支持的患者則介於兩者之間[36]。如果考慮到手術後醫院護理的成本時，光是這項優勢就應該使介入治療成為醫療服務一個有吸引力的主張，省下的費用可以輕易超過心理學家（每位患者大約三小時）的時間花費。

在手術後的幾個月裡，好處持續累積。當被問及身體不適如何影響到家庭生活、娛樂、性行為和睡眠品質時，受到鼓勵產生積極期望的患者往往恢復最快。研究報告也指出，在六個月的隨訪期結束時，與接受情感支持或接受標準護理的參與者相比，他們重返工作崗位的能力更高[37]。

最重要的是，這些改善不僅只是自我報告，似乎也反應在各組之間的客觀生理差異。例如，研究小組測量了促炎性細胞因子的指數，如白血球介素－6（IL-6）。除了產生一般的疾病感受之外，這些分子也會對血管造成損害，可能降低手術的益處，並增加進一步的心臟病風險。正如拉弗頓及其同事所希望的，期望值提高的患者在六個月的隨訪中往往表現出較低的IL－6指數。

病患的改善可能是行為和身心變化共同促成的——也許是透過某種「良性循環」。期望值的提高和相關的生理反應有助於他們的體力活動，也因而強化了康復的積極信念，促成更進一步的改善，加速他們回歸到更快樂、更健康的生活。

我們應該如何解釋這些發現呢？Psy Heart顯然建立在安慰劑效應的研究基礎之上，似乎透過一種非常相似的機制在發揮作用，但表明了可以完全不用欺騙或假的治療，反而是讓參與者利用理性分析重新設定大腦預測機制的預期結果，以解決毫無根據的疑慮、並對治療的益處提出一個現實的願景。這種方法或許更吸引對重新思考個人觀點的可能性持開放態度、但不願使用公開標示安慰劑的患者（這可能讓他們覺得太過做作或虛假）[38]。

令人欣慰的是，將這種期望效應納入到許多其他醫療過程，或許是有可能的。在協助設計Psy-Heart試驗後，紐西蘭的基思．皮特里（Keith Petrie）及其同事最近研究了積極的期望是否能幫助需要接受靜脈注射鐵劑的貧血患者。在受試患者連接到輸液之前，先給他們看了一張圖表，顯示本身血紅素濃度的預期變化，以及這將增強他們身體能量供應的原因。四週之後，研究人員給參與者一份標準問卷，旨在測量他們日常生活中的能量水平，包括疲勞對其記憶、注意力、和體力活動的潛在影響。果不其然，研究人員發現，**對治療抱有更高期望的患者之疲勞程度明顯低**

於對照組（只談論一些可以改善整體健康的實際措施，如飲食和運動）。關於治療機制的簡短對話，透過改變患者對治療的理解和對成功的期望，大大地強化了治療的效果[39]。

有時候，簡單的一句話可能會改變一切。畢竟，醫生看到病人的病情慢慢地自然恢復是很常見的。在這些情況下，沒有必要進行積極的治療，**但醫生仍然可以用他們所說的話加速復原過程**。由史丹佛大學凱莉・萊博維茨（Kari Leibowitz）所領導的一項最新研究中，首先在參與者皮膚上引起輕微過敏反應，導致刺激性搔癢。然後，參與者在實驗室待了大約二十分鐘。研究人員對於其中一些人只是簡單地檢查了皮膚反應的狀態，沒有做太多評論；對於其他人則明確描述了皮疹和刺激何以很快就會消失。這些保證變成了自我實現的預言，緩解了參與者的症狀，使他們比對照組恢復得更快[40]。

你可能會希望這種醫病交流在醫學上已經很普遍了。然而，萊博維茨指出，病人有時候認為看醫生是浪費時間，除非有開了藥方證實他們的病情。她的研究證明，無處方的就診確實有其價值，因為談話可以減少患者的不適，而無須任何藥物治療。萊博維茨的發現讓人想起了另一項引人注目的研究報告，**如果醫生在互動中表現出更令人放心和同情的態度，並強調感染很快就會消失，患者會從普通感冒中恢復得更快，包括鼻部發炎減輕**[41]（平均而言，他們比起醫生未提供安全感的那些患者，提早一天康復。有鑑於感冒很少持續一週以上，這是很重大的變化）。醫生說的話本身就具有「生物活性作用」，是任何治療的基本要素。

很重要的是，這些令人興奮的新療法都沒有涉及灌輸虛假的希望。每個研究計畫都只是利用既存的事實，來幫助患者理解治療過程及其預後推估，同時以最積極的方式描述病況進展。這是我們將在本書其餘章節中反覆看到的方法。論及身心合一，知識真的就是力量。

二任美國總統紛紛撐到美國國慶日才去世

回顧過去，湯瑪斯．傑弗遜在一八〇七年首次描述使用安慰療法來防止鴉片等活性藥物的處方過量，我們不禁要想，如果當時的研究人員更加關注他所注意到的效應，如今的醫學會取得怎樣的進展。他可能認為這是「善意的欺騙」，但我們現在看到了，**在沒有任何欺騙的情況下，也能防止鴉片類藥物的濫用，提高患者期望的誠實策略可以、也應該是所有實證醫學的基本要素。**

傑弗遜本人沒有再寫關於安慰劑的文章。然而，探索身心合一的研究人員之所以對他感興趣，還有另一個原因，也就是他去世的確切日期。這位總統的健康狀況在一八二五年開始惡化，出現了一系列腸道和泌尿系統疾病。到一八二六年六月，他完全臥床不起，高燒難耐，但他一直活到七月四日，也就是《獨立宣言》簽署五十週年。

令人驚訝的是，傑弗遜的前任總統約翰．亞當斯（John Adams）於一八二六年同一天去世。由於對於對手去世的消息並不知情，他臨終前著名的遺言顯然是：「湯瑪斯．傑弗遜還活著」。

美國第二任和第三任總統在這個具里程碑意義的時刻去世，僅僅是巧合嗎？還是有更有趣的因素呢？約翰．亞當斯的兒子約翰．昆西（John Quincy）是當時在任的總統，他將兩位總統的死亡時間稱之為「看得見、感覺得到的神恩表達」。科學家們一般不相信所謂神的介入，所以尋找了其他答案，認為死亡的時間可能是由心身效應（psychosomatic effect）所造成的。也許，在兩位前總統晚年的時候，經歷了一種強烈的求生意志，想要撐到他們幫助建立這個國家的重要週年紀念日——一旦撐到了那一天，便立刻撒手人寰。

這聽起來或許很不可思議，但誠如我們將在下一章中所發現的，預測機制有黑暗的一面，這意味在許多其他重要的後果中，我們的思想和感受確實可以決定一個人的死亡時間。

心念藉著安慰劑施展魔法的日常練習題

- 如果聽說安慰劑可以解釋部分的醫療效果，請不要驚慌！記住，生物學效應仍然是有意義的，即使它們產生於心理預期。
- 如果有醫療方案選擇，請記住可能影響安慰劑成分大小的因素。在其他條件相同的情況下，較大的藥片比較小的藥片更有效，但膠囊會更好。
- 同樣的，如果可以選擇醫護人員，試著選擇一個你覺得有同情心、有愛心的人。他們的態度可能會改變你對治療的反應方式。
- 試著從你的醫護人員那裡、或是其他可靠的來源，深入了解你的治療方式、以及可能帶來的益處。這些知識可以加強治療的效果。

● 根據這些訊息，試著想像自己復原的情況，不妨為自己制定恢復健康計畫，這麼做會大大提升病況改善的機會。

● 如果可能，與其他從相同治療中獲益、並願意分享經驗的患者會面。這些對話有助於改變你對治療及成功的期望。

● 考慮購買公開標示的安慰劑（可從某些線上零售商店購買）。在沒有醫療專家建議的情況下，千萬不要用它來代替實際的藥物，但可以與你現有的治療方法一起服用，可能會增強療效。

● 最重要的是，要切合實際，但樂觀看待身心合一能夠實現的目標。

第3章

負面印記是自己的設定

當我們相信身體受到威脅時，就會出現反安慰劑效應。這種預期心理會改變生理狀況，因此，光是一想到有症狀或疾病就足以讓人生病。

瀏覽美國心理協會的字典，你會發現一個神祕的「指骨症候群」（bone pointing）的條目。這個詞指的是澳大利亞中部紅沙丘附近土著社會的傳統。根據二十世紀中期人類學家訪問這些族群的說法，薩滿祭師可以透過用人骨或袋鼠的骨頭指向作惡者，吟誦咒語來進行致命的懲罰。被詛咒的受害者幾乎立刻就會變得沮喪。當詛咒生效時，身體會變虛弱，幾天之內就會完全倒下。據一位薩滿祭師說，是一支「思想之矛」從內心致人於死[1]。

類似的「巫毒死亡」報導在世界各地都有[2]，正如我們在美國苗族移民身上所看到的突發性夜間猝死綜合病症，報導這些現象的人往往認為「科學」社會中的人不會受到致命期望的影響。（美國心理協會仍將之列為「文化依存症候群」culture-bound syndrome，是特定族群獨有的，而不是人類普遍存在的疾病）。

悲觀的想像會造成傷害

然而，歷史和醫學文獻卻有不同的說法[3]。以來自田納西州納什維爾無人不知的案例為例，一名男子在一九七〇年代被診斷出患有食道癌。外科醫生成功地切除了腫瘤，但進一步的掃描顯示身體癌細胞已經擴散到了肝臟。他被告知幸運的話最多只能活到那年的聖誕節。最後，他活了下來，與家人一起慶祝節日，但勉強撐到一月初就去世了。

這名男子的命運似乎又是另一個死於可怕疾病的悲劇，只除了驗屍報告顯示最初的診斷是錯誤的：他的肝臟上有一個腫瘤，但其實很小，可以手術切除，並不足以致命。有可能是他厄運纏身的想法造成了自己的死亡嗎？這是他的醫生克利夫頓·梅多爾（Clifton Meador）的結論，他將此一誤診稱之為「倒霉」[4]。對這個可憐人來說，對癌症的恐懼似乎激起了非常類似超自然詛咒的反應。

澳大利亞腫瘤學家米爾頓（G.W. Milton）在診斷皮膚癌患者時，得出了類似的結論。他寫道，有一小部分患者意識到即將死亡是一種非常可怕的打擊，以至於他們完全無法接受，在惡性腫瘤發展到足以致死之前，自己就先死亡了[5]。他了解原住民的傳統，聲稱「自覺死亡」只是原住民社會描述的「指骨症候群」的另一個例子。

許多科學家現在相信，這些軼事代表了期望效應的一種極端版本，被稱之為反安慰劑效應[6]。正如我們在前言中了解到的，*placebo* 安慰劑的意思是「我將治癒」，而 *nocebo* 反安慰劑的意思是「我將傷害」——**當我們相信身體受到威脅時，就會出現反安慰劑效應。透過預測機制的作用，這種預期心理會改變我們的生理狀況，因此，光是一想到有症狀或疾病就足以讓我們生病。**

心理預期的死亡可能是最極端的例子，但反安慰劑效應的確造成了我們日常生活中其他各種痛苦。它可能加劇過敏、偏頭痛、背痛和腦震盪的症狀。事實上，每當我們身體不適時，反安慰劑效應會使我們的病情惡化。消極的期望也會導致用於治療疾病的藥物產生令人討厭的副作用——這也是人們停止用藥的主要原因。

值得慶幸的是，對於大腦作為預測機制的新認識，為我們提供了創新的方法來減輕這些影響，消除我們自作自受的詛咒。結合上一章所探討的觀念重塑（reframing）技巧，這些方法應該能夠有效緩解各種疼痛和不適。

有害的思想正在傷害你的健康

與安慰劑反應一樣，負面預期的潛在力量早在現代醫學發展初期就已為人所知，甚至早在反安慰劑效應被命名之前。

外科醫生約翰．諾蘭．麥肯齊（John Noland Mackenzie）是最早研究醫學中負面期望效應的先驅之一。一八八〇年代，他在巴爾的摩眼耳喉慈善醫院（Baltimore's Eye, Ear and Throat Charity Hospital）工作時，受委託檢查一名三十二歲患有嚴重哮喘和花粉熱的女性。她一接觸到花粉時，就會不斷流鼻水、流眼淚、喉嚨搔癢得很厲害，嚴重到她會忍不住想「用指甲把皮抓破」；在最糟糕的情況下，她會接二連三狂打噴嚏。這些症狀讓她非常不舒服，整個夏天都得在床上度過。而且，她絕對不能在家裡養花，即使看到遠處一片乾草地，也足以讓她的症狀突然發作。

麥肯齊並沒有說明是什麼引發他的懷疑，但針對這位女士的描述，他懷疑並不是花粉引起她這些症狀。為了驗證他的假設，他買了一朵「手工非常精緻、幾乎可以假亂真」的人造玫瑰花。在病人到來之前，他仔細擦拭每片葉子和花瓣，去除任何可能引起發作的花粉粒。

病人到的時候健康狀況出人意料地好，經過初步檢查和輕鬆交談後，麥肯齊不經意地從螢幕後方露出人造玫瑰花。他所展示的還不是真正的鮮花，就引起了她這麼痛苦的反應：聲音變得沙啞、嚴重鼻塞、噴嚏也一直打個不停——這些都是在她一看到物體一分鐘之內發作的。麥肯齊仔細檢查這名女病患，發現她的鼻子和喉嚨明顯發炎，而且紅腫——這些症狀肯定不是她假裝出來的。麥肯齊從這個特殊案例中得出結論，「概念聯想」似乎和實際的花粉粒一樣具有影響力。

不用說，患者發現其實是假的玫瑰花時感到很驚訝，還必須仔細檢查過後，才能完全相信這不是真正的花。雖然她一開始並不相信，但意識到這一點之後，她的病情在無須進一步治療的情況下得到了圓滿的結局。她之後再去醫院時，鼻子還嗅著一大束真正的玫瑰花，連一個噴嚏也沒有打[7]。

在隨後的幾十年裡，一些同樣有獨創性的研究逐漸揭示了消極思想的力量。然而，一直到一九六〇和七〇年代臨床試驗的興起，這些負面期望效應的研究才開始與安慰劑研究出現交集。科學家發現，人們對糖衣藥片的信念既能治癒現有症狀，也能產生新的有害副作用，模擬對真實藥物的不良反應——通常是同時發生的。

事實上，我們在上一章中提到的戰地醫生和麻醉師亨利・畢闕在一九五五年發表了關於「強效安慰劑」具影響力的論文，就注意到了這種可能性。他報告說，根據現有的一些實驗，服用安慰劑藥丸的患者通常會出現噁心、頭痛、口乾舌燥、嗜睡和疲勞等症狀，都是人們在服用實際藥物時可能回報的各種副作用。在一項焦慮藥物的試驗中，安慰劑組的一名受試者甚至全身出現了皮疹，直到停止服用非活性藥物後才消失；另一位報告說出現嚴重心悸；第三位在服藥後十分鐘內出現嚴重腹瀉[8]。

六十多年後，我們知道這種令人擔憂的現象普遍存在。來自牛津、卡地夫和倫敦的一組研究人員最近分析了一千兩百多個安慰劑對照組臨床試驗的數據，他們發現，在平均試驗中，大約有一半服用安慰劑藥丸的人報告了至少一項「不良副作用」。在五%的病例中，這些反應非常嚴重，使參與者完全停止了治療[9]。其中一些症狀可能是誤判，不舒服的來源與安慰劑藥丸完全無關，但是有大量的症狀似乎是源於醫生和製藥公司對某些副作用的警告——暗示某種高度特定的期望效應。

以二〇〇七年所發表的針對專門治療男性攝護腺肥大的藥物非那雄胺（finasteride）的一項調查為例。眾所周知，此一藥物會導致勃起功能障礙和性欲減退，這種副作用在傳單和健康網站上都有顯著的報導[10]。為了探究這些訊息是否會加劇男性的沮喪情緒，佛羅倫斯大學的一個研究小組進行了一項為期一年的試驗，其中一半的參與者被特別警告這些可能的副作用，而另一半則沒有。他們發現，明確的警告會使男性勃起功能障礙的患病率增加約為一〇%至三〇%——改變生活品質的症狀新增了三倍，都是由一則訊息引起的[11]。在服用阿斯匹靈緩解心絞痛的患者身上，也可以看到完全相同的模式。如果受試者被警告這會造成腸胃刺激，他們因為噁心和消化不良加劇而中斷治療的可能性，增加了六倍[12]。

反安慰劑效應對於疼痛的反應似乎特別強烈。你在接受簡單的醫療程序時，可能也經歷過這種情況。醫生或護士在注射或抽血前多常警告「可能會有點痛」？這句話或許是出於善意，想要讓患者對疼痛有心理準備。事實上，這句簡單的話會讓疼痛感更有可能發生。例如，在一項研究中，接受硬膜外麻醉（epidural）的女性被告知「妳會感覺像被大蜜蜂叮螫；這是整個過程中最糟糕的部分」，她們回報的不適感要強烈許多，遠勝於另一組相信整個手術過程會平順舒適的患者[13]。當有人接收到疼痛預警時，你可以觀察到脊髓和腦幹信號傳導的顯著差異，如果參與者只是刻意誇大痛苦想引人同情的話，絕不可能看到這種變化的[14]。

反安慰劑效應可能非常強烈，以至於壓過了活性藥物的潛在積極功效。如果參與者被告知使用鎮痛膏後預期面對更高的敏感性，可能使他們感到更疼痛，而同時出現的血壓升高狀況，似乎也反應著他們的痛苦。同樣的，如果人們被告知肌肉鬆弛劑其實是一種興奮劑，可能會讓人感覺更緊張[15]。

為何會產生這些反應？

預測機制究竟是如何產生這些效應的，這正是持續在探索的問題，但在許多案例中，似乎都是安慰劑反應的對立面——像我們在上一章所見到的所有生理變化的邪惡鏡像。例如，積極的期望可以觸發天然多巴胺和鴉片類物質的釋放，而消極的期望則會使這些神經遞質失去作用[16]，更糟糕的是，對疼痛的負面預期可能會觸發化學物質的釋放，比如促進疼痛訊號傳遞的激素膽囊收縮素（CCK），大大地增強身體的不適感[17]——這就好比是將我們的神經連接到公共廣播系統，確保痛苦的訊息主導一切。基於對疾病的預期，預測機制還將以某種方式主導神經、免疫、循環和消化系統，可能造成發炎、血壓變化、噁心和嘔吐、以及釋放進一步增加壓力的荷爾蒙。

由於預測機制利用大腦的記憶來規畫反應，你經歷反安慰劑副作用的機會，將取決於個人的

歷史。如果你對一種藥物曾有不良反應，那就更有可能在另一種治療中經歷同樣的副作用，即使是透過完全不同的機制發揮作用——即使是一種安慰劑藥丸[18]。這種情況類似於將疾病聯想到某些食物的常見經驗。如果你吃了某道菜之後碰巧腸胃不適，那麼多年以後，一想到這道菜就會讓你感到噁心——**這要歸功於過度保護的預測機制讓你為下一次的衝擊做好準備**。

正如我們在安慰劑反應中所看到的，人們對疾病的預期、及由此產生的症狀體驗，也可能受到表面因素的影響。例如，一般人可能會比較少體驗到知名藥物的副作用（不像是非專利處方藥），這或許是因為藥廠巧妙的行銷增強了患者對藥物的信任[19]。

葛蘭素史克製藥公司（GlaxoSmithKline）在二〇〇〇年代末期發現，即使是藥物外觀微小的改變也可能造成大幅增加的不良反應，這個事實使公司付出了巨大的代價。幾十年來，許多紐西蘭人一直在使用一種名為 Eltroxin 的甲狀腺激素替代藥物，三十年間僅有十四件不良事件的投訴。然而，在二〇〇七年，葛蘭素史克決定將藥品的生產轉移到另一家新工廠，因此有必要改變藥物配方，也使得藥物外觀（從黃色到白色）和味道略有改變，然而活性成分是完全一樣的：製藥公司只是單純改變了整體藥物的結合成分，而大量的測試也顯示藥物的吸收和代謝速度並未有所改變，患者應該是能夠繼續服用，甚至不會注意到有差別。

不幸的是，這些令人安心的資訊並未及時傳達給患者知道，許多人認為外觀的改變是成本降低和生產效率變差的跡象。藥房開始銷售新藥物之後，有關頭痛、皮疹、眼睛發癢、視力模糊、和噁心等全新副作用的申訴開始大量湧入。不用說，此事很快就引起當地媒體的關注，開始大肆報導。在十八個月內，該公司收到了一千四百件新的副作用報告——比起從前每隔幾年才收到一件，增加了大約兩千倍[20]。經過了好幾個月，恐懼才逐漸平息下來，副作用的回報數量恢復到以前的水準[21]。為免大家認為紐西蘭人特別容易受到這種反安慰劑效應的影響，幾年之後，牽涉到同一種藥物的重新配製，一場非常類似的健康恐慌也席捲了法國[22]。

如果你目前沒有在服用任何藥物，你或許會認為自己不會受到負面期望效應的影響，但還是有許多其他方式，可能使你的健康受到類似反安慰劑效應的影響。我們都有不同的「疾病信念」，這些想法改變了我們對身體感覺的理解，可能會對許多常見疾病產生重要後果。神經科學家吉娜·里彭（Gina Rippon）認為，經前症候群的體驗可能會受到預期心理的影響。在一項研究中，參與者被提供關於她們月經週期狀態假的反饋，事實證明，假訊息比實際的荷爾蒙狀態更能預測她們報告的症狀[23]。

暈動病（Motion sickness，如暈車、暈船、暈機等）也表現出類似的模式；對許多人來說，在行車過程中帶來的噁心不適，是預期心理所引起的，並非車輛的實際運動；而改變人們對自己容易為暈眩所苦的信念，可以奇蹟般地解決腸胃不適的問題[24]。頸部扭傷、背痛和輕度腦震盪等揮之不去的損傷症狀，也是如此：有確切的證據表明，**負面預期心理會延長人們的痛苦**[25]。

例如，一項針對輕度創傷性腦損傷的研究發現，測量人們對未來癒後的信念，可以成功預測八〇%的病例發生腦震盪症候群的風險。事實上，患者的信念經證明比受撞擊時症狀嚴重程度更能成為判定後遺症的指標[26]。如果你認為後遺症會持續很長一段時間、而且非自己所能控制，那麼在其他條件相同的情況下，這些症狀很可能會持續下去。（當然，這不該成為對這些傷害放任不管的理由——反安慰劑效應會惡化並延長症狀的事實，絲毫沒有減少腦震盪本身的問題）。

疾病信念往往因國家而異——此一事實可以解釋人們症狀當中某些令人費解的地理差異。針對北美和東歐輕度腦部損傷的比較發現，加拿大人的腦震盪後遺症（如頭暈或疲勞）的持續時間，比希臘人或立陶宛人同類損傷的症狀多了好幾個月，這種差異似乎反映了各國人民的潛在預期心理[27]。

反安慰劑的反應可能被誤認為是慮病症，但這是對科學的嚴重誤解。在許多情況下，人們的症狀都是從身體觸發因素開始的，接著會因為反安慰劑效應而增強和延長。而某些情況可能純粹是心理因素引起的，但這並不代表症狀就不會那麼嚴重。正如一個世紀前麥肯齊的哮喘病患所展現的，許多精密的實驗也證實了這一點，**對疾病的預期本身可以造成身體明顯的變化，就像實際病原體的影響一樣「真實」。殘酷的事實是，反安慰劑效應是人類大腦無法避免的結果。任何時候只要感到身體不適，思想都會影響身體的症狀，如果忽視這個事實，就得自己承擔風險。**

當你認為自己會死，那你離天堂也不遠了

那些「自覺死亡」的案例怎麼解釋呢？預期死亡真的可能嗎？在過去幾年裡，有醫生記錄了一些反安慰劑效應的極端案例，肯定讓人相信有此可能。雖然這些戲劇性的病例很罕見，但它們

揭示了（目前尚未獲得公認的）精彩見解：它可能是嚴重影響許多人心血管疾病的風險因素。

讓我們先來看看二〇〇七年明尼蘇達州醫生所報告的A先生案例。由於最近才剛分手，受到了嚴重打擊，A先生報名參加了一種新型抗抑鬱藥的臨床試驗，希望這種新療法能夠緩解他的絕望感。起初，他覺得這些藥丸很有效，幫助他改善了情緒。然而，這種益處並沒有持續多久，在試驗的第二個月，他決定結束這一切，把剩下的二十九顆膠囊全部吞下。他很快就後悔做了這件傻事，請鄰居開車送他去傑克遜當地醫院的急診室，他到了醫院時對醫護人員說，「救救我，我把所有的藥丸都吞下去了」，話一說完就倒下了。

醫生檢查時，A先生的臉色蒼白、昏昏欲睡、渾身發抖、血壓低得令人擔憂，他們很快給他打了點滴。在接下來的四個小時裡，病情並沒有好轉。然而，他的體內似乎沒有相關毒素的跡象，因此醫療團隊找來臨床試驗醫生，確認了A先生從未服用過活性藥物。根據他的生理跡象顯示，他吞下幾乎過量的安慰劑藥丸[28]，幸運的是，得知這個消息後，他的身體完全康復了。

二〇一六年有個同樣引人注目的案例，在格來斯瓦德（Greifswald）的一名德國婦女接受一項針灸試驗，以減輕剖腹產期間和之後的疼痛。為了確保受試者知情同意，她被告知針灸可能會有導致「血管迷走神經反應」的小風險，如頭暈或暈厥，或是在極端情況下導致「心血管衰竭」。治療開始後不久，患者開始大量出汗、手腳冰冷、血壓驟降到危險的地步、心跳只有每分鐘二十三下。由於擔心這些變化，研究小組立即給她打了點滴，並將她轉送到產房，直到她狀況恢復得夠好，可以進行剖腹產手術（要是血壓持續下降，很可能使患者和嬰兒處於危險之中）。

不用說，針灸是不太可能引起血壓驟降的危險，而患者甚至沒有得到真正的治療，她是在對照組中，針灸師只是在她身上貼了膠帶[29]。

壓力荷爾蒙作祟

不知何故，預測機制似乎擾亂了身體的重要功能，直到崩潰的地步。對一些人來說，這種破壞真的可能導致死亡。有很多因素可能造成這種狀況，根據理論，這種快速的生理衰退可能是由於**壓力荷爾蒙兒茶酚胺（catecholamines）**過高所引起的，它會毒害心臟，而且似乎會在強烈壓力下釋放，如果不加以控制，濃度過高可能導致過早死亡[30]。當然，對於患有心臟病的人來說，更有可能發生這種結果——而反應如果夠強烈，甚至可能造成健康狀況良好的人死亡。

恐懼的期望可能會對一個人的死亡率產生漸進和突然的影響。以麻塞諸塞州弗雷明翰（Framingham）一項舉世聞名的研究為例，該研究自一九四八年以來追蹤了數千名成年人的健康狀況。在一九六〇年代中期，研究人員詢問一部分女性參與者，與同齡的人相比，自己患心臟病的可能性是「更高」、「一樣高」、還是「更低」。研究人員發現，回答「可能性更高」的女性，在二十年內發生致命性心臟驟停的可能性是其他參與者的三．七倍。很重要的是，這些女性在任何心血管疾病的跡象出現之前，就已經形成、並表達了這種預期的恐懼；考慮到她們當時的健康狀況，這些恐懼似乎毫無事實依據[31]。

懷疑論者可能想知道參與者之間的行為差異，是否可以解釋這種增加的死亡風險。毫無疑問，生活方式可能造成一定的影響，即使研究人員考慮了許多其他對心臟有損的健康因素，包括參與者的身體質量指數（BMI）、膽固醇指數、抽煙習慣、或報告的孤獨程度，但新增的風險仍然有待仔細研究。因此，許多研究人員認為，她們本身的負面期望已經產生了生理上的反安慰劑效應、壓力荷爾蒙濃度上升、和慢性發炎症狀，長期危害她們的健康，並直接導致最終的死亡。不難想像，**如果你認為自己患心臟病的風險更高，可能會每天都充斥厄運的想法，只要一感覺身體不適，都會被解讀為病情惡化的跡象——這些想法最終會成為自我實現的預言**。

這種反安慰劑效應緩慢惡化的可能性，與最近的另一項研究相吻合，該研究針對的是已經患有冠狀動脈疾病的人。在患者發病後不久，要求他們評估對一些陳述的同意程度，諸如「我懷疑自己的心臟病是否還有可能完全康復」、或「我還是可以活得很健康長壽」等。不管他們最初病情有多嚴重，相較於對康復機會抱持樂觀態度的人，那些心態悲觀的患者在接下來的十年中死亡的可能性就越大[32]。再次證明，那些對健康抱有負面期望的參與者，可能不太會積極照顧自己的身體——這是本研究無法完全控制的一個因素——但研究人員同時也注意到某些患者有明顯的壓力，這可能導致了較高的死亡率。

畢竟，我們知道**其他種類的高度情緒緊張會造成死亡率上升**。例如，相較於近期未失去至親的人，配偶最近一個月內才剛去世的人，心臟病發作或中風的可能性大約是前者的兩倍[33]。令人驚訝的是，許多「自覺死亡」的受害者——包括美國的苗族移民、原住民的指骨受害者、和G.W.

米爾頓的癌症患者——在思考自己即將面對的死亡過程中，似乎都經歷了類似的悲傷情緒。

自己選擇死期

對預測機制的理解也可以解釋為什麼人們往往在個人重要的日子死亡——例如，回想一八二六年七月四日湯瑪斯・傑弗遜和約翰・亞當斯的死亡。雖然這種巧合看起來很驚人，但各種研究表明，全年的死亡風險並不是均勻分佈的。一項針對三千多萬美國人死亡記錄的分析發現，人們在重大事件發生時或之後死亡的可能性，遠高於重大事件發生之前。例如，他們發現，在生日那天死亡的可能性比前兩天高四%。（可悲的是，此一現象在兒童的身上似乎更為明顯，他們想必比成年人更重視這件事，也更渴望活著過生日）。

如今已有許多其他國家呈現類似的模式，數據似乎排除了其他可能的解釋，諸如增加的自殺或車禍事故。在墨西哥，在重要的日子裡安詳地死去甚至被認為是一種「美麗的死亡」（*muerte hermosa*）。在這些情況下，身體已經生病了，但似乎能夠堅持到事件發生，一結束之後，對死亡的預期會使身體急劇衰退。支持這種假設的一項分析發現，元旦過後的死亡人數都會顯著上升——這是每年都如此的驚人現象——與其他年份相比，二〇〇〇年一月一日元旦過後特別明顯。不難理解，人們的心裡非常重視所謂的千禧年慶祝活動，自然會產生一種強烈的願望，希望經歷千年難得一見的事件[34]。

對於亞當斯和傑弗遜來說，美國獨立五十週年紀念肯定是一個重要的里程碑。令人驚訝的是，第五任總統詹姆斯．門羅（James Monroe）也是在五年後的同一天去世。正如《紐約晚報》當時所報導的：「四位貢獻卓越光榮辭世的總統當中，有三位在國慶日那天逝世（如果可以自行選擇的話，所有其他總統或許也會選擇在這一天結束自己的生涯」[35]。絕對沒有理由認為他們的死亡時間是刻意的選擇，但卻很可能是不自覺的，反映出預測機制對人們的命運影響深遠，甚至直到嚥下最後一口氣[36]。

該如何誠實解說病情？

所以，「預期死亡」確實是有可能的，對疾病的恐懼和焦慮甚至可能導致心臟病，影響的人數驚人。但是，千萬要記住這一點，那些不那麼極端、比較平常的反安慰劑效應還是會對人的日常健康和福祉造成重大的影響。例如，我在服用抗抑鬱藥時所經歷的頭痛，真的令人難以忍受，那種不舒服雖然不致於致命，但要是我沒有發現這種副作用可能是心理因素所引起的，我或許會停止最終證明很有效的藥物治療[37]。想一想反安慰劑效應的普遍性、及其所引起的不適時，找到終止其強大影響力的方法，將會是醫學上驚人的進步。問題是，怎麼做呢？

這既是現實問題，也是道德困境。眾所周知，醫生誓言「力求有效、更求無害」（first, do no harm），而他們也有義務在治療之前獲得患者的知情同意。這些指令可以用在不同的目的。

醫生該如何做才能誠實地解釋醫療風險，而不會無意中引發反安慰劑效應呢？在過去幾年中，我很高興看到許多科學家已經在研究因應這些矛盾需求可能的解決方案。

其中一種選擇是「**個人化知情同意**」，醫療人員讓病患自行決定他們想不想聽到相對罕見的風險、還是希望醫生隱瞞此類訊息。這種選擇使患者仍能夠掌握本身治療狀況，而且可能更合乎道德，避免了自動提供資訊可能帶來的負面期望效應[38]。

說話的藝術

每個患者都有不同的偏好。有些人可能會認為，被蒙在鼓裡最能使他們保持積極樂觀，正如前文所見的，這可能使結果大不相同。不過，我懷疑自己的恐懼往往會比事實更糟糕，因此我寧願被告知相關訊息，這樣我的預期至少是基於客觀的事實。所幸，對於像我這種寧可知道實情的患者來說，透過利用一種所謂的「觀念重塑」策略，改變訊息本身的呈現方式，可以大幅地減少反安慰劑效應。**大量的心理學研究證明，人們對於同一個數據的反應往往非常不同，這取決於對數據的表達方式。**對廣告和行銷主管來說，建構框架（framing）已經是眾所周知、也經過充分研究的一種策略——正因如此，食品標籤貼的是「九五％無脂肪」而不是「五％脂肪」，儘管這兩個詞都表達了同樣的意思。看來同樣的技巧也可以用來減少反安慰劑的副作用。

以澳大利亞新南威爾斯大學的一項研究為例。在該研究中，學生們以為他們報名參加的是一種抗焦慮藥物（benzodiazepine）的試驗，而實際上服用的是一種對身體沒有直接化學作用的安慰劑藥丸。依照標準程序，學生被告知一些預期的益處，如肌肉放鬆和心率降低，以及一些可能的副作用，包括頭痛、噁心、頭暈和嗜睡。

在某些情況下，資訊表達是負面的，著重於會感到身體不適的人數，例如：可能的副作用包括嗜睡。每一百人當中，大約有二十七人會感到嗜睡。在其他情況下，資訊的表達比較正面，著重於一直沒有副作用的人數，例如：可能的副作用包括嗜睡。然而，每一百人當中有七十三人不會感到嗜睡。

儘管這兩句話等於是傳達了相同的統計數據，但正面資訊組的人在服藥之後報告的短期副作用較少[39]。每當我們生病面對病情相關資訊時，都應該質疑是否可以更積極地重塑觀念。**思考最壞的情況並不會讓你做好準備——只會加速最壞情況的發生**。

同樣重要的是，我們可以學習重新評估自己確實經歷的症狀。記住，反安慰劑效應會加劇藥物直接引起的副作用。在這種情況下，假裝不適感不存在是沒有意義的，但是醫生還是可以改變患者對症狀的解讀方式、以及症狀所代表的意義，以盡量減少長期的不適，這對患者的健康可能是影響深遠的。

積極的觀念重塑有助於治療效果

在史丹佛大學的心靈與身體實驗室（Mind & Body Lab）一項非凡的實驗中，研究人員協助治療了一群對花生嚴重過敏的兒童和青少年。這些患者都在接受「口服免疫治療」（oral immunotherapy），包括在六個月內逐步讓身體接觸較大劑量的花生蛋白。如果一切順利，患者對過敏原的敏感度應該越來越低，直到最終可以吃一整顆花生而不會出現嚴重反應；但治療本身有時會引起不舒服的感覺，如蕁麻疹、口腔搔癢、鼻塞和胃痛。這些副作用除了會立即引起不適外，還常常讓人感覺像是全身過敏反應的開始，導致對治療的焦慮感增加、和相對較高的退出率。事實上，副作用通常是相當輕微的，絕不是危險過度反應的開始，而是免疫系統對刺激做出反應的跡象，這是脫敏治療過程中很重要的一步。

研究人員想知道，對此一事實的了解是否會改變患者對這些副作用的態度，而態度的改變是否可以改善患者對整體治療本身的體驗呢？為了找出答案，他們設計了一個資訊方案，旨在透過提供患者書面宣導手冊，並與受過培訓的衛生專業人員進行長時間討論，以改變患者在整個治療過程中的心態。在這些會面中，研究人員將副作用與運動員訓練後的肌肉酸痛做了類比——雖然會很不舒服，但是表明內在力量的增強。在此期間，患者接受了加強理解的訓練，比如給未來的自己寫封信，提醒自己解讀副作用的新方法。

一個對照組也參加了類似的會面，主要集中在討論處理副作用的方法，例如在飯後服用蛋白質劑量、多喝水、或服用抗組織胺藥物。雖然這些討論包含許多實用的建議，但總是將這些症狀表達成不忍受的不幸後果，而不是治療發揮作用的積極信號。為了安全起見，這兩組受試者也被教導如何識別任何危及生命的症狀，隨時可以和專家們討論任何嚴重的問題。（如果你自己患有過敏症，請不要在沒有醫療監督的情況下嘗試自創的免疫療法）。

患者的焦慮情緒發生了重大的變化，積極的觀念重塑顯然大大降低了患者對治療的擔憂，隨著患者逐步服用更大劑量的過敏原，最後到真正的花生這段期間，這種積極的心態也減少了實際副作用的回報。很重要的是，觀念重塑的好處不僅體現在患者的主觀體驗上，也反映在成功治療的生理衡量標準。

在治療開始和結束時，對患者進行驗血，使研究人員能夠檢測攝入花生蛋白後身體產生的一種抗體，稱為 IgG4。如果存在適當濃度的 IgG4，似乎可以抑制其他可能導致嚴重過敏的免疫反應[40]。在研究開始時，兩組在血液檢測中都顯示出極少量的 IgG4，然而，到了最後，積極介入治療組的兒童和青少年產生的 IgG4 濃度，比對照組高出許多，減少了他們在試驗的過程中所經歷的症狀。

一如所有的期望效應，公認的生理機制可以解釋信念改變所帶來的身體變化。例如，長期的擔憂會引發輕微的發炎，似乎會破壞免疫系統的適應能力。一旦他們吸收了積極的訊息，介入治療組的參與者或許因此擺脫這種生理障礙，使身體能更有效地因應新增的花生蛋白劑量[41]。

除了作為身心合一行為反應的具體例證之外，花生過敏研究也為我們提供了一種完美示範，亦即所謂的「重新評估」（reappraisal）的過程，**針對負面的事件尋找積極正面的解讀**。正如我們即將要看到的，每當我們受傷或生病時，都可以自行應用這種技巧。

杞人憂天思維讓你吃苦

讓我們先來評估你目前如何看待疼痛或不適。想像一下，你此刻正在為偏頭痛、背部不適、或者手臂骨折所苦。如果你像我一樣，可能會自然陷入「杞人憂天」的思維陷阱，在這種思維中，一有症狀就會引發更糟糕的預期心理。

心理學家要求患者針對以下陳述，以0（從不）到4（總是）的等級進行評分，藉此衡量杞人憂天的程度：

當我感到疼痛時……

- 我總是一直擔心疼痛是否會結束
- 糟透了，我覺得自己永遠不會好了
- 我開始害怕疼痛會加劇
- 我似乎無法忘記自己的痛苦
- 我一直想著其他痛苦的事情

● 我懷疑是否會發生嚴重的事情

每一種說法都反映了不同類型的杞人憂天思維；共同創造出一種自我延續的反安慰劑效應[42]。例如，該量表可以清楚預測人們在手術後的不適感、和必須住院多長時間[43]。杞人憂天的傾向似乎也會促成嚴重的偏頭痛和頭痛，以及慢性關節和肌肉疼痛患者的症狀[44]。

有鑑於我們所了解的預期心理對痛苦的作用，科學家盧安娜·科洛卡（Luana Colloca）和貝絲·達納爾（Beth Darnall）甚至認為杞人憂天思維「就像是在火上添油似的」[45]，將造成更進一步的傷害（雖然在危險時刻或許是有用的警告），然後將之不斷放大，沒有任何益處。

這些疼痛是真的嗎？

採取「緩解疼痛的心態」有助於打破這種惡性循環。比方說，可以教導患者認清疼痛的本質，包括可能加劇身體不適的心理過程、以及人的心態可能對症狀產生重大影響的事實[46]。一旦開始學會識別杞人憂天的想法，就會被教導重新思考焦慮感的事實依據，例如，雖然疼痛可能是危險的訊號，但疼痛感的強度並不一定反映實際的組織損傷。（比方說，偏頭痛可能令人痛苦，但很少是嚴重的神經系統問題所造成的）。同樣的，如果你覺得痛苦好像永無止境，那麼提醒自己之前所熬過的痛苦，或許會有所幫助。如果你開始聯想到突然發作的某些觸發因素（如重要的工作會議），那麼不妨問問自己，這種關聯是否真如你想像的那麼無可避免[47]。

每個人都可能有自己的方式杞人憂天，但原則上，當你發現在沉思個人健康狀況時，不妨自問以下幾個問題：「這種想法是消極的、令人擔憂的，還是積極的、令人欣慰的，還是中立的？支持和反對這種想法的佐證是什麼？有沒有更令人愉快的方式來思考這個問題？」[48]。最後，你可以試著記住一些鼓勵的話，比如「痛苦是我自己想像出來的」、「感覺很真實，卻是暫時性的」，這些話可以消除一般的焦慮感，並強調大腦紓解壓力的能力[49]。

就像任何技巧一樣，重新評估需要不斷練習，但許多的研究表明，學會應用這項技巧為患者帶來了驚人的好處。超過一半的慢性疼痛患者報告說，運用這種技巧時，他們的症狀至少減輕了三〇%，許多患者的症狀改善高達七〇%；重新評估也減少了偏頭痛患者發作的天數[50]，這些療法也有助於緩解一時的不適，例如被烤箱燙傷[51]。值得注意的是，**這些心理療法促成大腦發生一些持久的變化，包括被認為可以處理負面思維的區域縮小，就好像經過重新評估的人關閉了疼痛放大器似的。**

到目前為止，這個領域大部分的研究都集中在疼痛障礙上，但這項技巧可能有助於緩解其他不舒服的情況。杞人憂天的想法被認為會加重哮喘的症狀，而運用重新評估同樣也可能使症狀減輕——例如，如果你提醒自己，你的身體正在確保你有足夠的氧氣供應[52]。也有一些跡象顯示，重新評估可以降低普通感冒的嚴重程度[53]，如果你把症狀看成是自己身體正在與病毒適當對抗，可能會減輕你的不適。

透過安撫長期疾病帶來的焦慮和減少充滿厄運的想法，重新評估甚至可能有益於人的心臟健康。一項研究發現，心臟衰竭後的認知行為療法（包括減少杞人憂天思維最佳方法的課程）成功地降低了疾病惡化的風險[54]。當然，我們還需要針對大量的患者進行更多的研究，以確認此一發現，並完善這些療法，但反安慰劑效應對人們整體健康的重要性是無可否認的，而最重要的是，這些負面期望效應該是可以消除的。

我們迫切需要這種理解，因為如今有許多證據顯示，一些反安慰劑效應可能具有傳染性。正如我們將在下一章中發現的，人與人之間負面期望的傳播導致了許多現代健康恐慌。與人類學家和歷史學家研究「自覺死亡」的結論相反，已開發國家的人可能比以往任何時候都更容易受到暗示的影響——我們需要盡一切可能來抵抗這種非常現代的詛咒。

改變負面印記的日常練習題

- 當你被警告藥物可能出現的副作用時，試著找出在藥物試驗中安慰劑組是否也觀察到同樣的症狀（你的醫生或許可以提供這些資訊，通常也可以在官方網站上找到這些統計數據，如 www.CDC.gov）。如果是的話，副作用很有可能是由反安慰劑效應造成的。
- 更嚴格檢視副作用風險的代表數據，並練習觀念重塑。比方說，如果你被告知「有一〇%的機率會產生副作用」，那麼不妨著重於「九〇%的患者不會出現副作用」的這個事實。

● 如果你確實出現了副作用，試著質疑是否可能是藥物在發揮療效的跡象。如此一來，不僅可以消除你的焦慮，還可以提高治療的效果。

● 利用第83頁的量表評估自己是否很容易「對疼痛杞人憂天」。如果是這樣的話，試著注意自己什麼時候開始擔心這些症狀。提高自我警覺這是打破惡性循環的第一步。

● 當你發現自己陷入杞人憂天的思考模式時，問問自己這些想法是否有良好的事實依據；如果沒有，想辦法更積極地重新詮釋這種情況。

● 記住你對反安慰劑效應的理解，並盡可能強化這些知識。一些研究發現，給自己寫一封信描述你所知道的事情，是有幫助的；有些則建議你可以在社交媒體上發布文章，分享個人的想法。

第4章
為何會出現集體歇斯底里現象？

在第一批病例出現的前幾天，《含糖草莓》劇中的主要角色被一種致命的病毒感染，儘管節目中的疾病完全是虛構的，但這種「病毒」莫名其妙地從小螢幕跳到少數觀眾身上，造成了真實的身體症狀。

二〇〇六年五月，葡萄牙被神祕的疾病爆發所困擾，這種疾病似乎只發作在青少年身上，出現了頭暈、呼吸困難和皮疹等症狀。幾天之內，全國約有三百名學生受到影響。根據一些專家的說法，病毒或某種中毒似乎是最有可能的病原體；其他人認為這可能是對某種毛蟲或教室灰塵的過敏反應。然而，這些解釋似乎都沒有真正令人信服，正如一位健康專家所說：「我不知道有什麼病原體這麼有選擇性，只會攻擊兒童」。

調查最終顯示，受歡迎的青少年肥皂劇《含糖草莓》（*Morangos com Acucar*）是罪魁禍首。在第一批病例出現的前幾天，劇中的主要角色被一種致命的病毒感染，出現了非常相似的症狀，儘管節目中的疾病完全是虛構的，但這種「病毒」莫名其妙地從小螢幕跳到少數觀眾身上，造成了真實的身體症狀。這些孩子隨後又傳染給其他同學，導致病例倍速增長。葡萄牙成年人不太可能是這種通俗鬧劇的忠實觀眾，也不會深入青少年的社交網路，因此不太可能患上這種疾病❶。

科學家稱這種沒有物理媒介的爆發為「**集體歇斯底里現象**」，或「群體心因性疾病」（mass psychogenic illness）。（心身疾病 *psychosomatic* 是指人的心理狀態使現有的症狀惡化，而心因性 psychogenic 則代表其根源本身完全是心理因素）。其他值得注意的例子包括中世紀的「舞蹈瘟疫」神祕現象，以及 YouTube 用戶中出現莫名、不由自主的面部抽搐❷。這些經歷對相關的人來說是非常痛苦的，但過去的評論者常常將這些情況視為「虛構想像」、故意欺騙、或是精神缺陷的結果，與大多數的「正常人」沒什麼關係。就像「巫毒死亡」的案例一樣，我們假設這些都是罕見的現象，很少發生在一般人身上。

《含糖草莓》的爆發告訴我們，在健康人群中觸發心理因素症狀是多麼容易的一件事。在這個案例中，很快就找出了原因，青少年也恢復了健康，然而最新的研究表明，這種社會感染過程正在助長傳播、擴大反安慰劑效應至數百萬人。受到波及的不僅僅是易受影響的青少年；根據研究證明，任何人都很容易受到心因性疾病社會傳播的影響。事實上，你很有可能自己「陷入了」期望效應而毫無自覺——**只有學會認清這些跡象，我們才能保護自己免於受到再次「感染」**。

你笑，所以我也微笑了

要理解反安慰劑效應在人與人之間傳播的方式，我們首先必須審視一般社會傳染的起源。這是透過預測機制的一個重要元素所產生，亦即**「鏡像系統」（mirror system）**，使我們將他人的身體和心理狀態建構到個人世界模擬中❸。

故事始於義大利帕爾馬大學（University of Parma）一隻猴子和花生的實驗。一九九〇年代初期，賈科莫・里佐拉蒂（Giacomo Rizzolatti）的神經科學家團隊一直在研究導致有目的動作的神經元活動——例如，指示手拿起霜淇淋筒的訊息。為此，他們在一隻獼猴的大腦上安裝了一個感測器，並記錄它抓取玩具或將食物送到嘴裡時的神經元電活動。經過多次的試驗，研究人員發現，每個動作都引起不同的腦細胞群發光，顯然各別的神經編碼（neural code）代表了不同的意圖。作為破解大腦「神經編碼」重要的一步，這絕對是一項重大的發現。

然而，他們無意間發現，即使猴子的身體處於靜止狀態，當它看到研究人員抓著它的花生或玩具時，大腦也會突然活躍起來。更引人注目的是，讀數顯示了一種異常相似的電活動模式，如同猴子本身抓取物體時所表現的❹。大腦似乎在反射它所看到的東西，然後重新創造經驗本身，促使研究小組將這些細胞描述為**「鏡像神經元」（mirror neurons）**。他們聲稱，這個過程使我們不必經過有意識地思考，就能夠立即了解另一個人在做什麼❺。

根據後來在猴子和人類身上進行的研究，發現大腦的鏡像系統對感覺和行為都有反應。當我們看到別人表達某種情緒時，大腦在涉及情緒處理、以及相關情感表達的區域顯示出高度的活動——就好像我們自己也親身體驗一樣。

重要的是，這種內部鏡像會導致明顯的物理模仿[6]，根據皮膚的電反應記錄顯示，當你看到別人微笑時，你自己的臉頰肌肉會開始輕微抽動；如果他們皺眉，你眉毛上的肌肉也會跟著皺起；如果他們抿著嘴，露出厭惡或疼痛的表情，你會忍不住有點畏縮——這一切都是因為這個鏡像系統的自主活動。我們說話的語調和速度也會轉而趨近談話對象的聲音，就連瞳孔也會擴張或收縮，以配合我們正在觀看的對象[7]。

因此，另一個人的存在甚至可以不知不覺地改變我們的身體和心理。這些身體效應顯然是有目的的，新增了我們對他人感受的理解[8]。在驗證此想法的一個精彩實驗中，研究人員招募了接受肉毒桿菌注射的整容手術患者，在其面部肌肉暫時麻痺時，要求他們描述在各種照片中人們所表現的感受。結果發現，相較於注射了「皮膚填充物」但不影響面部肌肉的參與者，注射肉毒桿菌的患者更難識別情緒。**參與者需要身體鏡像來充分理解照片中人物的感受；少了身體鏡像，他們的情緒處理就被擾亂了**[9]。

同理心從表情的感受開始

當然，人類不僅僅是透過面部表情進行溝通；我們還有文字和符號，也能刺激大腦的鏡像系統。如果你聽到「微笑」這個詞，你會體驗到情緒處理區域的一絲活動，甚至可能會體驗到面部肌肉本身的小動作，就好像你真的快要露出笑容似的。就像我們直接模仿別人的面部表情一樣，會讓我們本身感受到一絲影響，就算沒有客觀理由感到更快樂[10]。

因此，里佐拉蒂的團隊——和他們的猴子——在偶然之間發現了**同理心的神經基礎，能夠解釋情感如何透過某種傳染力在人與人之間巧妙地傳遞**，他們後來寫道，「當人們說『我對你的痛苦感同身受』來表達理解和同理心時，可能都沒有意識到這個說法是多麼真實」[11]。

當然，大多時候，我們只會對他人的感受產生微弱的反映。當我們看到彩票中獎者的照片時，不會感到極度狂喜；而看到有人哭泣時，也不會感到極度痛苦；他們的表情只會調節我們已經感受到的。但是，如果我們和某人相處了很長時間，或是與不同的人進行多次互動，而這些人都表現出相似的情緒特徵，那麼即使是很小的影響也會累積起來。

為了說明一個人的情感能傳播多遠，想像一下你和一個對自己生活十分滿意、態度非常積極的人做朋友，你可能會為他們感到有點高興，但他們的喜悅真的也能為你的生活帶來長久的快樂感嗎？根據弗雷明翰心臟研究一項詳細的縱向調查，答案是肯定的。由於你經常與他們互動，你在生活滿意度調查中獲得高分的可能性將增加一五％——儘管你目前的情況並沒有什麼改變。

你朋友的朋友呢？同一項研究發現，他們的幸福感會傳遞給你的朋友，而你的朋友會將幸福感傳遞給你，在未來幾個月裡，你感到快樂的機率會新增約一〇％。你此時對生活的滿意度甚至會受到朋友的朋友的影響，他們會使你的幸福感提高六％。這些人你幾乎肯定從未見過，也許甚至不知道他們的存在，然而，他們透過一連串的互動影響著你的幸福[12]。

鏡像系統的發現、以及更普遍的社交傳染程度，對我們的心理健康有重要的影響，揭示了人們的健康幸福程度大多取決於個人的社交圈同心圓，同時也闡明在集體歇斯底里期間某些症狀在群體中傳播的方式。例如，當我們身處一群極度關注生化武器威脅的人群中時，每個人都會開始放大其他人的恐懼——製造出一種迴響，讓每個人都陷入恐慌狀態[13]。更重要的是，我們過度活躍的大腦移情作用，可能會開始模擬另一個人所報告的疼痛、噁心或暈眩等感覺。如果幸運的話，這種影響或許不足以對身體健康產生重大的衝擊。但是，如果本身已經處於好像快要生病的狀況，那麼鏡像系統的模擬可能會進入預測機制的計算，因而產生或誇大反安慰劑效應。我們與身體不適的人互動越多、看到他們的痛苦、談論他們的症狀，自己的感覺就會越糟糕。

英國赫爾大學（University of Hull）的心理學家朱莉安娜．馬佐尼（Giuliana Mazzoni）是最早揭示這個過程有多強大的人之一。她邀請一小群的參與者參加「個人對環境物質反應的研究」。參與者兩人一組，被要求吸入一種可疑的毒素，據報導該毒素會引起頭痛、噁心、皮膚搔癢和嗜睡等症狀。然而，真正的受試者並不知道所吸入的其實只是乾淨的空氣，試驗中的「搭檔」實際上是演員，他們被告知在吸入氣體時故意假裝症狀。這項觀察結果令人震驚，與沒有看到副作用的受試者相比，看到搭檔身體不適的人報告自己出現更嚴重的症狀[14]。

馬佐尼的研究結果首次發表於二〇〇〇年末，如今已有大量其他研究證明，類似反安慰劑效應的症狀可以透過社會傳染在人與人之間蔓延。一項模仿藥物試驗的研究發現，在看到偽裝參與者出現的假症狀後，服用無害藥丸的受試者出現噁心、頭暈和頭痛等症狀高出了十一倍[15]。另一項研究檢視常到診所捐血的人。一般人在捐完血後感到暈眩或頭昏的情況是很常見的，但如果捐血者才剛看到另一位捐血者快要昏倒的樣子，這些症狀發生的可能性高出兩倍[16]。

這些社會傳染效應具有高度的特殊性：在觀察過程中所傳播和加劇的，是他人特定的症狀，而不是一般的不適感。這些症狀的出現超出典型的反安慰劑效應，不像是可能從沒有表現症狀的人那裡得到的書面或口頭警告[17]。

預測機制能保護你不受傷害

顯然，你對這些效應的敏感度似乎反映了本身的移情能力、和在必要時抑制這些情緒的能力。有一項同理心的標準衡量測驗要求人們對一些陳述進行評分，諸如「我經常被所見之事所感動」、「當我看到一部好電影時，會很輕易地融入於主角的處境當中」、和「當我看到有人情況緊急，需要幫助時，我會六神無主」等。在這類問題上得分比較高的人，或許是因為有反應更強的鏡像系統，更容易陷入他人的疾病症狀，致使自己也出現相同的症狀；如果別人表現出緩解跡象，他們也更有可能感覺更好[18]。

關於預期心理傳播最顯著的證據，來自於義大利都靈大學（University of Turin）的法布里齊奧．貝奈德蒂（Fabrizio Benedetti）。貝奈德蒂一直是安慰劑和反安慰劑效應、及其對人體健康作用的研究核心。而他也正好在高原羅莎研究機構（Plateau Rosa）調查海拔對健康的影響。此機構位於海拔三千五百米的阿爾卑斯山西北部一座雪山上。該地點全年開放供滑雪之用，提供一個理想的非臨床環境，以測試疾病預期心理在群體中傳播的方式。

這項相關研究著重於許多登山者和滑雪者所反應的「高海拔頭痛」，此症狀被認為是高空空氣稀薄造成的影響。毫無疑問，生理學確實在此現象中發揮直接作用：例如，為了因應低氧氣，人體的血管會擴張，因而增加了大腦毛細血管的壓力。反安慰劑效應應該會大大增加不適感，而貝奈德蒂想探索社會傳染是否會在人與人之間蔓延、並放大負面的期望效應。為此，他邀請了當地醫學院和護理學校的一百二十一名學生，參與三小時的旅程，前往他的高海拔實驗室（可透過三班接續的纜車到達）。學生們都是上同一門課的，彼此相互認識。貝奈德蒂的研究小組沒有單獨警告每個人海拔高度的潛在影響，而是選擇了一名學生作為「觸發點」，讓他有頭痛的心理預期。這名學生看了一張解釋風險的傳單、以及一名患者躺在床上表情痛苦猙獰的影片（這種畫面很可能引起移情作用）。隨後，他們被要求在旅行前兩天打電話給研究人員，以確認攜帶正確劑量的阿斯匹靈。

貝奈德蒂的團隊並沒有請這位學生傳遞資訊，但是這個「觸發點」碰巧向幾個朋友提到了這件事，他們隨後也告知自己所認識的人。到了實際旅行時，關於潛在風險的消息已經傳到另外三十五個人耳中，他們全都打電話到研究中心徵求有關阿斯匹靈劑量的建議。

這對他們在訪問期間的健康影響是驚人的。貝奈德蒂對那群學生進行調查時，已有心理準備的學生當中，有八六%經歷了高海拔頭痛，而沒有從同學那裡聽說過這種風險的學生，僅五三%。更重要的是，與觸發點接觸過的人，頭痛的平均強度也要大得多。利用到達高海拔實驗室後所採集的唾液樣本，貝奈德蒂發現，這些差異甚至反映在參與者的大腦化學反應中，顯示他們對許多已知會因空氣稀薄而發生的變化反應過度。例如，與觸發點交談過的參與者，表現出更高濃度的前列腺素分子，這被認為是引起血管擴張、造成高海拔頭痛的原因。

貝奈德蒂靈機一動，讓學生們報告自己是如何得知頭痛一事、以及從那以後還跟誰討論過這件事，使他能夠繪製出整個群體的傳播途徑。他發現，他們討論症狀的次數越多，頭痛就越嚴重，前列腺素的濃度也越高。每一次互動都加深了他們的焦慮，造成頭更痛的結果，神經化學發生真正的變化[19]。貝奈德蒂告訴我，「**心理預期從何而來似乎並不重要，可能是由醫生或同儕引發的；但預期越高，造成的影響就越大**」。

雖然聽起來好像有違直覺，像這樣的傳染性期望效應也可以有所幫助——特別是在身體傳播疾病風險很高的情況下。想像一下自己生活在一個蜱蟲或瘧疾蚊蟲充斥的危險地區。如果你看到附近有人在抓癢，或者聽到他們在談論搔癢，你的大腦會提高皮膚的敏感性，因此讓你更有可能檢測到昆蟲的存在、並在它們傳播疾病之前將之清除。同樣的，如果你和一群人在吃東西，而其中一人生病了，「感染」對方的反胃可能會令你覺得不舒服，但卻可以制止你繼續食用一種潛在危險的病原體。畢竟，人類是社會動物，而**預測機制只是利用一切可能的線索，為潛在的疾病或傷害做好準備。**

大多數時候，預測機制都運作地非常好。然而，在某些情況下，它可能引發完全沒有物理來源的大規模疾病爆發。

傳染的三大定律：壓力、接觸程度、環境

既然我們已經了解個體反映彼此身體症狀的運作機制，就可以解開許多醫學謎團——並確定更可能導致集體歇斯底里的確切條件。

如果我們回到二〇〇六年的葡萄牙，不難想像《含糖草莓》的觀眾或許過於投入這部戲劇，以致於他們的大腦鏡像系統再現了劇中角色的疾病感受。一旦少數的青少年開始出現身體症狀，這些疾病表現可能感染了其他同學的思想，進而再傳染給其他人，有些案例還導致住院和學校關閉。在當局開始指出可能的原因之後，例如有毒粉塵或危險毛蟲的存在，這些病例依然成倍新增，直到他們最終找出真正的心因性起源。

歷史上許多關於集體歇斯底里的報導，背後可能都存在著類似的過程。在前科學時代，這些疾病爆發的形式包括劇烈痙攣、暈厥、甚至一連串舞蹈狂躁，在中世紀和現代早期的歐洲折磨著整個城鎮和村莊。在大西洋彼岸，集體歇斯底里的爆發甚至可能造成一六九二年的塞勒姆審巫案（Salem witch trials）。關於邪魔附身的報導始於貝蒂・帕里斯（Betty Parris）和艾比蓋兒・威廉姆斯（Abigail Williams）這兩位堂姐妹，她們出現抽搐性癲癇症狀，幾天之內就蔓延到鎮上其

他少女身上。一些現代醫生認為，這種發作可能是由某種真菌感染了居民的莊稼造成麥角中毒（ergotism）所引起的，但其他人認為，這些報導具有集體歇斯底里的所有特徵。當然，也有可能是一個導致另一個——也許帕里斯或威廉姆斯患有某種身體器官疾病，但症狀隨後透過傳染性的期望效應傳播給其他人[20]。

在十九和二十世紀，這些事件變得更加罕見。集體歇斯底里更常以找不出物理原因的中毒形式出現。其中最值得注意的案例是南卡羅來納州斯帕坦堡（Spartanburg）一家工廠的工人，他們在一九六二年開始出現噁心、抽筋、身體虛弱、頭暈和極度疲勞等症狀。謠言很快開始流傳，說是從英國運來的一批紡織品中有一隻有毒的昆蟲。幾週之內，大約六十名工人都生病了。來自傳染病中心的專家仔細檢查整個工廠，尋找罪魁禍首。他們發現了黑螞蟻、家蠅、小蟲子、甲蟲、和蟎蟲，都不可能造成這種疾病。最後，他們將疫情爆發追溯到一名二十二歲的女孩，她告訴朋友她認為自己被咬了，她隨即暈倒，之後所有其他病例都是透過社會傳染產生的。

社會學家採訪這些員工之後發現，有兩個因素可以預測哪些特定員工會成為疾病的受害者。第一個是他們最近經歷的壓力：婚姻出狀況或有家庭問題的員工比那些情況穩定的員工更容易受到影響。第二個是他們與其他受害者的接觸程度：如果本身認識另一位患者、與他們的互動頻繁，則更有可能患病[21]。

這些可以被視為傳染的前兩條定律。最後第三點與環境有關：是否存在一種可能的威脅，會提高人們對疾病的總體預期心理。磨坊工人似乎不太可能長期擔心英國昆蟲的風險，然而，在某些氣候條件下，人們心裡一直都在恐懼即將發生的疾病，這使得症狀的傳播更為可能。

動盪時期的集體歇斯底里

這或許可以解釋為什麼在政治動盪或戰爭時期，集體歇斯底里似乎特別常見。例如，在一九八三年，約旦河西岸地區（West Bank）一所巴勒斯坦女子學校的學生和教職員，聞到一股臭雞蛋的氣味，開始出現視力模糊和呼吸困難等症狀。隨著疫情消息的傳播，該地區近千名學生患病。最後，流行病學家終於從最初爆發疫情的學校追查到一間破舊失修的廁所，散發出令人不快的氣味，女孩們稱之為有毒氣體。離廁所越近的教室，學生在第一天報告症狀的可能性就越大。在下課休息時間，這些女孩和朋友們討論了危險性，朋友們也和自己的朋友討論此事——就像貝奈德蒂高海拔頭痛反應研究中的學生一樣。人們對疾病的預期很快就傳遍了全校，隨著報導越來越廣為人知，也蔓延到整個地區的其他機構[22]。

美國在九一一恐怖攻擊事件後也經歷了類似的疫情。在二〇〇一年底和二〇〇二年，人們普遍擔心伊斯蘭主義者會發動進一步襲擊，包括生物戰的可能性。事件始於印第安納州小學生出現皮疹的通報，並蔓延到維吉尼亞州北部，然後是賓州、俄勒岡州、和麻塞諸塞州。奇怪的是，這些症狀似乎與孩子們的日常活動有關：皮疹在學校會變得比較嚴重，而一回到家之後就慢慢消退下來。不用說，疫情引起了孩童父母極大的焦慮，但科學家未能確定武器或任何其他環境因素。

他們考慮過殺蟲劑的使用、建築物內的黴菌、甚至是對製作教科書的化學物質的過敏反應等因素——但沒有一種解釋經得起仔細的審查[23]。

透過社會傳染所傳播的期望效應，或許能夠解釋派駐古巴的美國外交官和情報人員首次通報的「哈瓦那症候群」(Havana syndrome)。在二〇一六年最後幾天，一名駐哈瓦那的中情局特工去了美國大使館，通報出現暈眩、耳痛、耳鳴、和頭昏等奇怪的症狀。最詭異的地方是造成他不舒服的明顯來源：在家裡，他很清楚地感覺到，有一種強烈刺耳的噪音如影隨形跟著他，從一個房間到另一個房間，當他打開前門時，聲音才消失。

他所經歷之事很快就被傳播開來，有更多的同事也出面表示，在過去幾個月也注意到同樣奇怪的症狀。對這種聲音的描述各不相同，從極高的音調（「水壺燒開的尖銳聲響」）到「令人困惑的感覺，像是車窗半開的情況下駕車似的」[24]。一些人報告說，在夜間感覺受到強烈震動、或被「壓力」驚醒；有一些人什麼也沒聽到，但仍然感到迷茫、困惑、和暈眩。顯然，這令人感到非常不舒服，伴隨類似腦震盪的症狀，導致美國政府宣布有人正在使用聲學武器來恐嚇其外交官和情報人員。

這種擔憂很快蔓延到其他國家的外交官身上，加拿大使館人員回報非常相似的症狀，還有流鼻血和失眠。隨後，其他距離哈瓦那數千英里的國家，也發生了類似性質的襲擊：疫情爆發後，美國國務院從駐北京大使館、上海和廣州領事館撤離了工作人員。

聲學科學家一直找不出任何可能的方式，使聲波能夠在遠距離和足夠強度下傳播，進而對人腦造成重大損害。的確，根據一段據說是折磨使館人員的聲音錄音分析，聲波其實是蟬鳴的聲音。關於這些症狀的最終原因，科學界仍存在激烈的爭論，一些科學家認為這可能是某種武器發射聚焦無線電波的結果。然而，其他人則相信這種疾病是由心理引起的。哈瓦那症候群的症狀與已知由有害預期心理引起的許多症狀，顯然有著驚人的相似性，而異國生活壓力很大、緊密聯繫的僑民社區，則提供了促使心理症狀在人與人之間傳播的最佳環境。

正如我們在塞勒姆審巫案中看到的，心身疾病的潛在作用並不排除環境因素。一些目前還不清楚的生理因素可能在一小群人中引發疾病，其症狀隨後透過觀察和預期心理，再傳播給許多與原始威脅沒有直接接觸的人[25]。

在我看來，最有趣的是人們對這種可能性的反應，還有他們似乎對人的預期心理造成疾病的力量知之甚少。一位參與初步診斷的醫生當時說，「想要靠自己假裝這一切的症狀，你必須去研究、練習，成為有史以來最完美的演員，並說服一位又一位的專家」[26]。參議員馬可・盧比歐（Marco Rubio）主持一場關於疫情的特別聽證會，也是採取了類似的立場，將集體歇斯底里描述為「只是一群慮病症患者，編造了這些事」[27]。正如大量關於期望效應的科學研究所證明的，這與事實大相徑庭。集體歇斯底里並非虛假、或幻想出來的，而是我們敏感的社會意識和預測機制驚人的防患未然能力自然產生的結果。

對未知的恐懼引發有害的想法

雖然到目前為止所討論的集體歇斯底里，都是令人極其不安的事件，但也都只影響到孤立社群中有限數量的人。一旦身體的危險消除，許多患者的症狀開始減輕。然而，其他疫情並沒有那麼容易平息——大多都是因為傳統和社交媒體的傳播。

這些健康恐慌可能始於一般的反安慰劑效應，由於對未知的恐懼、甚至來自健康專家合理的警告所引起的，隨後在身邊認識的人之間傳遞。一旦病例達到了臨界質量，紀錄片、線上文章、和社交媒體貼文就會將新聞傳播到世界各地——通常會用高度情緒化的第一人稱敘述，讓大腦的鏡像系統發揮作用。結果就造成更多人出現症狀，在短時間內，一個相對罕見的事件可能開始影響數千人，甚至數百萬人。

讓我們首先來看看**新技術的引進所造成的「科技恐慌」**。人們通常都很害怕創新，會有一種焦慮感，促成有害期望效應的擴散，進而造成症狀的傳播，先是透過直接的社會互動，隨後透過媒體報導。早在一八八九年，《英國醫學期刊》（*British Medical Journal*）就報導了「聽覺超壓」（aural over-pressure）病例急劇上升，導致耳朵持續嗡嗡作響、「暈眩」、「神經過於興奮」、和「神經痛」。什麼是罪魁禍首呢？正是亞歷山大・格拉漢姆・貝爾（Alexander Graham Bell）新發明的電話[28]。類似的疫情也伴隨著電報、無線電、和電腦螢幕顯示器的興起，這些設備如今很少被認為是嚴重的健康風險[29]。

近來，無線通訊技術的興起，暴露於 Wi-Fi 或5G的訊號，導致出現頭痛、呼吸困難、失眠、疲勞、耳鳴、乾眼症、和記憶問題等症狀報告。雖然這似乎是一個利基問題，但「電敏感性」已經影響了相當多的人——從瑞典人口的一．五％（約十五萬人）到英國的四％（約二百六十萬人）[30]，這些患者認為，長期暴露在電磁場中會破壞神經元之間的訊號傳遞，長久之下可能會導致細胞損傷。然而實驗室研究證明，我們在家庭或辦公室中所經歷的低劑量輻射，肯定不足以造成任何傷害。

為了查明是否可能是心理因素造成的，倫敦國王學院（King's College London）的詹姆斯．魯賓（James Rubin）邀請了六十位「電敏感」的參與者進行實驗。他給每個參與者一個頭帶，一隻耳朵上方附有手機天線。在一些試驗中，天線會發出訊號；而其他的則沒有。在五十分鐘的時段內，參與者被要求記錄下自己感受到的任何症狀。如果電敏感性是由電磁場的物理效應引起的，那麼相較於假的試驗，接受真實暴露的人應該會出現更多的回報症狀。結果，在控制條件下的受試者（儘管沒有電磁波發射），其實反而更有可能報告頭痛等問題。這完全不符合副作用是因為電磁本身引起的生物反應的這個觀點[31]，魯賓告訴我，「我毫不懷疑人們確實感受到身體症狀」，但這些症狀是心理預期和社會傳播的結果，而不是因為輻射。

魯賓的研究發表於二〇〇六年，後來的實驗證明，以前很健康、從未經歷過電敏感性的人，在看到描述「危險性」危言聳聽的影片之後，更有可能報告症狀[32]。很重要的是，這些線上資訊通常包括直接分享個人疾病的片段——而正如我們之前所見的，看到和聽到別人的症狀更有可能引發反安慰劑效應。

接種疫苗的心理反應

同樣常見的是對疫苗接種的心理反應，而這對全球衛生來說問題更大。例如，許多接受流感疫苗接種的人報告說，他們出現了發燒、頭痛和肌肉疼痛等症狀；有些人甚至聲稱，打了疫苗之後反而會得到嚴重流感。（根據最近的調查，有大約四三%的美國公民認為情況確實如此[33]）。

事實上，這比電敏感性的案例要更複雜一些。流感疫苗有多種形式，但任何透過注射的流感疫苗都含有去除活性的病毒、或是從病毒中提取的單一蛋白質。在這兩種情況下，改變後的病毒或其蛋白質都無法在人體內複製——這代表疫苗根本無法造成感染，這是不可能的事。對於注射疫苗，臨床試驗證明，接受安慰劑的患者與接受疫苗的患者一樣，可能出現流感症狀[34]。根據美國疾病管制與預防中心的說法，唯一的區別是，真正的疫苗更可能使手臂的注射部位感到疼痛[35]。

某些透過鼻噴霧劑的流感疫苗，情況更為複雜。它包含一種「減弱」病毒，毒性已被削弱，但仍有潛在活性。由於病毒毒性已降低，因此無法造成嚴重的流感，但有一些證據顯示，在接下來的幾天裡可能出現一些輕微症狀，如流鼻涕和輕度發燒。即便如此，試驗表明，這種直接的生物作用只能解釋少數病例，而許多人的症狀（特別是疲勞或頭痛），可能是心理因素造成[36]。

在任何一種情況下，醫生的警告可能會導致一些症狀，如果你知道有親戚或朋友也感到不適，或是看到社交媒體貼文抱怨副作用，那麼體驗這些症狀的機會就會大得多。這種社會傳播的後果有時可能是戲劇性的。二〇〇九年豬流感爆發期間，四十六名台灣中學生在接種疫苗後，因病情嚴重被送往醫院，但醫生發現他們的症狀純粹是心理因素造成的[37]。

這類集體歇斯底里擾亂了許多其他疫苗接種計畫，包括二〇一四年哥倫比亞HPV疫苗接種期間爆發的疫情。事件始於玻利瓦爾省埃爾卡門（El Carmen de Bolivar）的幾個女學生，她們在接種疫苗後報告出現嚴重症狀。不久之後，這些女孩失去意識、不斷抽搐的影片被上傳到YouTube上，並在大眾媒體上報導——造成接下來幾週之內又多了六百起病例[38]。調查再一次顯示，這些症狀純粹是心理因素造成的，而此一事件對該接種計畫帶來了災難性後果，在接下來的幾年裡，疫苗接種率大幅下降。

在他汀類藥物（statins）的副作用中，可以看到非常相似的模式。這些藥物被廣泛用於降低血液膽固醇，以防止動脈堵塞、減少心臟病和中風的風險，也有強力的證據表明這種藥可以顯著延長患者的壽命。然而，在二〇一〇年初，患者開始擔心藥物可能引起的副作用，包括慢性肌肉疼痛[39]。這些擔憂被眾多媒體報導，他們採訪了患者描述自身的痛苦，並發佈了忍受極度痛苦的照片——正是這種內容會開始啟動大腦的鏡像神經元系統[40]。結果，數千人開始報告出現症狀、並停止服藥。

然而，安慰劑對照組試驗顯示，服用他汀類藥物的人副作用的發生率，幾乎與服用非活性藥物的人一樣高[41]（根據美國心臟協會 American Heart Association 的一項審查，兩者差距不到一％[42]）。然而，人們的恐懼一直難以平息，而病例的快速新增更證實了，個別患者的報告在媒體和社交網絡的推波助瀾之下，可以使相對罕見的事件迅速變成集體歇斯底里現象。

針對十三個不同國家的一項比較發現，一個地區線上負面報導的可及性，與出現副作用的患者比例是成正比的。最常見他汀類藥物負面報導的美國和英國，報告肌肉疼痛的患者比例約為一〇％到一二％，而在瑞典或日本，約佔二％左右，更為接近安慰劑對照試驗預測的比例[43]。

大腦的過度反應造成過敏

也許最普遍的期望效應與某些食物不耐症（food intolerance）案例增加有關，這在歐洲和美國變得越來越普遍。想想一些與麩質（gluten）相關的消化問題，麩質是在小麥、黑麥和大麥中發現的蛋白質。大約一％的人被認為患有乳糜瀉（腹腔疾病）[44]，這是由於免疫系統過度反應，將飲食麩質誤認為是一種危險的病原體所造成的[45]，由此對腸道造成的損傷會削弱身體吸收營養的能力，並可能導致貧血和其他缺陷。另有一％的成年人可能會受到小麥過敏的影響，除麩質外，穀物中其他的蛋白質也會引發過度的免疫反應，導致出現嘔吐和搔癢等即時症狀[46]。

然而，第三組報告了一個不太容易定義的「麩質敏感性」。患有這種症狀的人沒有表現出乳糜瀉對腸道的損害，或是對小麥過敏釋放抗體的特徵，但他們仍然出現腹痛、腹脹、腹瀉和頭痛症狀[47]。最新的研究表明，人的預期心理往往是造成這種不適的原因。例如，在盲法試驗中，疑似病例患者被要求連續幾週在飲食中剔除所有麩質，之後再請他們食用可能含或不含麩質蛋白質的麵包或鬆餅等產品。最近一項結合十種不同研究結果的綜合分析發現，一六％對麩質過敏的人，對麩質有反應，但對安慰劑沒有反應，而更大比例的人（約四〇％）對兩組食物的反應相當，這代表預期心理對他們的症狀起了很大的作用[48]。（重要的是，當中許多研究都排除了可能含有FODMAP碳水化合物這些也被視為症狀潛在原因的安慰劑食品）。

每個人的情況都必須單獨評估——但根據這些結果，反安慰劑效應是造成出現大量患者的潛在原因。描述小麥危害健康的生活雜誌和網站的氾濫，再加上由這些報導引發的晚餐話題焦點——迅速加強了對這些食物負面預期的傳播。二〇一〇年中期，英國出現麩質敏感性的人數在三年內增長了二五〇％，上升到總人口的三分之一左右——這種驚人的增長極不可能來自任何物理因素[49]，其他地區的數據很少，然而這種趨勢似乎也在許多國家流行起來[50]。

專家說法能斬斷錯誤預期

這些例子只是期望效應透過社會傳染擴散或放大的一些方式。目前影響世界衛生，但無疑還有更多。最近，有害信念的生理效應或許可以解釋一些人在新冠肺炎大流行期間戴口罩的反應——有相當多的人認為口罩讓他們呼吸急促、還會造成偏頭痛。大多數口罩是由相對輕薄的織物製成的，應該不至於會阻礙呼吸，然而，對窒息的負面預期透過社會傳播不斷放大，可能導致這些症狀的出現。

在聽了家人描述這些經歷後，我最初也感受到頭痛和呼吸急促的症狀。我的敏感性並不令人驚訝；我在同理心衡量測驗中（第75頁）得到了相當高的分數，這種測驗被認為能反映大腦鏡像神經元的反應性。然而，多虧我對反安慰劑效應的了解，我才能夠質疑這些症狀的起源，我很快在網路上發現了一段影片，一位心臟病專家戴著外科口罩做運動，但他的血氧濃度卻沒有顯示任何下降跡象。這個示範足以重新校準我的大腦預測機制，不舒服的感覺很快就消失了——為我提供了另一個例子，說明我們有能力重新定義和解釋自身的感覺。

每當我們有一項新技術、醫療程序、或改變飲食習慣時，對於這種創新的不熟悉就會產生不信任和恐懼，進而導致有害的預期心理，感染人群。衛生當局面臨的挑戰是，區分實際的身體風險和因預期造成的結果，並因人而異解決人們的需求；忽視任何一方面都會給患者帶來極大的傷害。**在許多病例中，一旦消除了生理威脅的可能性，並更新患者大腦的預測機制，他們的症狀確實會慢慢減輕，然而，只有在患者信任提供資訊的專家時，才有可能發揮作用。**如果專家們不小心謹慎地傳達資訊，患者可能會對心因性的解釋不屑一顧，甚至可能會認為醫學界試圖掩蓋事實，這不僅會加劇他們本身的痛苦，還會增強他們將疾病預期傳遞給其他人的機會。

讓更多人認識集體歇斯底里現象

正因如此，我們迫切需要大大提高公眾對期望效應的意識。幸運的是，如今已有證據顯示，教導人們了解反安慰劑效應及其威力，有助於保護他們免受未來精神病原體的侵害。例如，紐西蘭奧克蘭大學（University of Auckland）的基思．皮特里和菲奧娜．克萊頓（Fiona Crichton）就記錄了「風電場症候群」(wind turbine syndrome) 的興起，這是一種集體歇斯底里的症狀，由於對風電場風機產生的低「次聲」噪音的恐懼，而引起令人極度不舒服的症狀，包括頭痛、耳痛、耳鳴、噁心、頭暈、心悸、體內顫動、關節疼痛、視力模糊、胃部不適和短期記憶問題——但深入研究的結果表明，無論次聲波實際存在與否，這些症狀都是由人們的預期心理和社會傳播症狀所引起的[51]。然而，皮特里和克萊頓發現，對反安慰劑效應、以及預期心理引發身體症狀的威力提供明確的解釋，可以讓人們對此症「免疫」[52]。為了防止不必要的痛苦，像這類可能是心因性質的健康相關問題，應納入公共衛生資訊當中[53]。

在個人層面上，在思考潛在的新健康恐慌時，更敏銳一些。請注意，個人的病況雖然引人注目，但並不能提供真實危險性的有力證據，而且人們報告的症狀可能出於許多因素。檢查媒體報導是否基於可靠的科學研究，並尋找有無接觸過假定威脅兩組人的症狀比較。（就像安慰劑對照組藥物試驗一樣，任何良好的研究最好都應該包括某種「假暴露」，以測試預期心理是否起了作用）。如果這些受試者之間沒有差異，你可能不需要擔心：症狀主要是心理預期的產物。即使存在差異，也要注意絕對風險是高還是低。對於許多健康恐慌——如他汀類藥物不耐受——純粹生物副作用還是非常罕見。（如果你對個人健康有嚴重疑慮，最好還是找醫生諮詢）。

隨著人們越來越意識到預期心理引發症狀的力量，我們需要拋開心理和心身疾病相關的污名。畢竟，社會在推動抑鬱和焦慮等精神疾病的對話方面，取得了重大進展。然而，令人費解的是，人們對可能在大腦出現進而影響身體的現象，顯得毫不擔心。根據我採訪的一位專家表示，很遺憾這種污名化在醫療專業人員中非常普遍，他們可能會向患者傳達其蔑視之情。

事實上，我們都容易受到期望效應的影響，而造成身體不適。對此事實的認知，和常見的感染、骨折或臨床憂鬱症一樣，沒什麼好丟臉的。心因性和心身症狀是大腦驚人的預測機制自然的結果，認識其心理、社會、以及文化根源，對於在後續章節中繼續探索期望對我們的運動、飲食、壓力和睡眠的影響，是很重要的。

避免集體歇斯底里現象的日常練習題

- 注意身邊的人、以及身體可能透過大腦鏡像神經元系統，開始模仿他們身心狀態的方式。
- 牢記可能導致集體歇斯底里症狀的特殊情況，如高度政治焦慮時期、新技術的引進、和採用新的醫療方法。儘量不要把「不熟悉」和「危險」聯想在一起。

- 在思考身邊的病例時，記住巧合的可能因素（例如，疫苗好像造成朋友生病，但他們可能在注射前就感染了）。
- 對於所閱讀的健康報導進行批判性思考。尋找可靠的科學來源，並試著查找那些已接觸和未接觸過病源的患者相關數據。千萬不要聽信奇聞軼事或個人故事，不管聽起來多麼有說服力。
- 如果因潛在的心因性疾病而感到不適，請盡早尋求醫療建議，但是對於個人症狀受期望效應影響的可能性，持開放態度。一旦信念變得根深柢固，可能就會很難消除這些影響力。
- 在思考自己或他人的問題時，避免污名化的語言。污名只會讓人更難質疑那些可能導致疾病或加重症狀的信念。

第5章 心念能讓你更敏捷、更強壯、更健康

「我總是說，我不是靠雙腿在跑，而是靠我的意志力和頭腦。讓人跑得更久遠的是他們的頭腦。如果你的頭腦冷靜、注意力集中，那麼全身都會受到良好控制。」

——二十一世紀最偉大的馬拉松運動員，埃利烏德．基普喬格（Eliud Kipchoge）

一九九七年七月十八日環法自行車賽第十二賽段，法國費斯蒂納隊（Festina）的理查．維朗克（Richard Virenque）正在聖埃蒂安（Saint-Étienne）準備個人計時賽。維朗克的專長是崎嶇的山地賽段，而不是計時賽，但他聽說有一種新藥能使他精力充沛因應五十五公里的賽程，因此他請物理治療師威利．沃特（Willy Voet）去購買「魔藥」。該團隊對提高運動表現的藥物並不陌生，因此沃特最初的反對意見是很務實的，而不是道德因素；他擔心在比賽中途嘗試一種全新的

藥物會引起不良反應破壞了維朗克的機會。然而，經過一番說服，他同意與推出新藥的後勤人員會面，很快就取得了一小罐神祕的白色液體，並被告知在賽事開始前將之注射到維朗克的臀部。

在比賽當天，沃特忠實地提供注射服務，結果令人驚歎。在比賽大部分的時間裡，維朗克與他的勁敵揚・烏爾里希（Jan Ullrich）展開一場勢均力敵的競賽。儘管這位德國人最終以一小時十六分二十四秒的成績獲勝，但維朗克只落後他三分四秒，表現比他自己想像的要好得多，他後來告訴沃特說，「天哪，我感覺好極了！這玩意兒真是太神奇了」。沃特說，「這是他一生表現最棒的一次計時賽」。

維朗克並不知道他打的魔藥沒有活性成分。在注射前，沃特將神祕的白色藥物換成葡萄糖溶液。信心的提升，再加上觀眾的歡呼聲，是維朗克發揮最佳狀態所需要的一切。至少這一次，他沒有違反任何規則。

沃特後來在自傳中寫道，「自信是無可替代的。對理查來說，沒有比公眾更有效的藥物了。在他的血管周圍注射幾針理查加油，熱情的歡呼可以提高他的疼痛忍受度，大力崇拜會讓他感覺自己所向無敵。那才是理查需要的動力」❶。

心態決定了身體的極限

像這種戲劇性表現提升的故事，在體育運動中司空見慣。你可以連續幾年日復一日地訓練自己的身體，但最終還是個人心態決定了身體的極限。

中長跑田徑選手帕沃・努爾米（Paavo Nurmi，1897-1973）曾九次獲得奧運會金牌，綽號為「芬蘭飛人」（Flying Finn），他說：「**意志力就是一切。肌肉不過就是橡皮筋，我之所以有所成就，都是因為我的意志力**」。羅傑・班尼斯特（Roger Bannister）也是如此，他在一九五四年成為第一位在四分鐘內跑完一英里的人。他在自傳中寫道，「**是大腦決定了運動系統能被提升的極限**」[2]。這也是二十一世紀最偉大的馬拉松運動員、肯亞人埃利烏德・基普喬格的哲學。他解釋說：「我總是說，我不是靠雙腿在跑，而是靠我的意志力和頭腦。讓人跑得更久遠的是他們的頭腦。如果你的頭腦冷靜、注意力集中，那麼全身都會受到良好控制」[3]。在撰寫本文之際，基普喬格已經參加過十五場馬拉松比賽，贏得了十三場，並保持著二小時一分三十九秒的世界紀錄[4]。

雖然這種觀點在體育界的傳說中很普遍，但體育科學家花了一世紀的時間才了解人的意志對身體表現的真正影響。然而，隨著人們對醫療安慰劑的興趣激增，研究人員現在正積極調查健康和運動方面的期望效應。其研究核心是關於大腦在調節人體能量消耗、和產生緊張與疲勞的身體感覺方面新的運作功能。**預測機制會估計在不造成傷害的情況下身體能堅持多久，當它認為身體達到極限時，會對我們的表現踩下剎車，產生一種「撞牆」的感覺—無論是在五公里跑到一半時、還是鐵人三項全能賽快到終點的時候。**

這些發現可能有助於職業運動員贏得世界紀錄，但對於那些懶得做運動、生活型態不太健康的人來說，更為重要。只要有了正確的心態，即使是成天看電視的人也可以從運動中獲得更多益處，減少痛苦。

意志力的影響大於體力

就像對安慰劑和反安慰劑的研究一樣，我們對運動的新理解也是一直斷斷續續，這是從十九世紀末義大利生理學家安傑洛・莫索（Angelo Mosso）的研究開始的。他在都靈大學的一項詳細實驗中，將小砝碼附加在參與者的中指上，請他們不斷移動手指直到累了為止，而莫索則用「測力計」記錄肌肉收縮的強度。（手指彎曲可能看起來像是微不足道的練習，但莫索可以精確地控制和測量肌肉運動，因此對這個實驗是很有用的）。

你可能已預料到了，參與者一開始很有力，但隨著時間過去，肌肉感到疲勞，運動也變得越來越困難，而之前的運動會讓他們才沒做幾下就開始感到疲勞了。然而，最重要的是，莫索發現，純粹的智力任務——例如講課、或是大學考試評分——也可能導致其肌肉力量更快速下降。基於這一點和其他許多實驗，他得出結論說，**我們的疲勞感來自兩個不同的因素，一個是大腦的「意志」耗竭產生的「心理過程」，另一個是肌肉本身化學「毒素」的累積**。他在個人精彩的著作《疲勞》（*La Fatica*）一書中寫道，「**大腦的疲勞會降低肌肉的力量**」。他表示，如果我們想要提高耐力，就需要訓練大腦和身體，這兩者緊密相關[5]。

如果科學史的發展是公正的，莫索將因其在生理學和神經科學的研究得到大眾認可，而體育科學家也會繼續研究影響身體力量和耐力的諸多心理因素。然而，莫索於一九一〇年去世，後來的科學家幾乎只關注肌肉本身的生物化學變化。開普敦大學（University of Cape Town）的生理學家提摩西・諾克斯（Timothy Noakes）告訴我，「他基本上已經被歷史遺忘了」。

根據普遍的理論，當身體肌肉以分子糖原形式儲存在組織中的能量耗盡時，再加上有毒副產品的累積（如乳酸），使纖維更難收縮，肌肉會感到疲勞，進而減慢身體的運動。（根據此一理論，由於乳酸也是發酵的產物，身體肌肉基本上像是被「醃製」了）。如果我們的心臟無法在身體周圍泵送足夠的燃料和氧氣來補充供給，而肌肉得費力運作，沒有足夠的時間將乳酸轉化為糖原，這對於長時間或劇烈的運動尤其成為問題。

其他因素——如脫水和體溫——也被認為是決定身體極限的因素，而大腦則較少受到重視。運動員應該盡其所能調整自己的速度，以避免過早耗盡所有精力，如果逼得太緊，就會「碰到瓶頸」，心理上覺得再也無法補充更多的肌肉纖維、或減少身體疲憊感。如果一位運動員表現得比另一位更好，那只是因為他們的身體能夠更有效地生產能量、而沒有生成太多的有毒副產品，這都多虧了平時的訓練、以及幸運遺傳到的好基因。

這種對於疲勞的生物化學解釋已經存在了幾十年——你可能已經在學校的生物課上學過。然而，在過去幾年中，出現了一系列令人費解的研究發現，該理論的基礎開始瓦解。值得注意的是，科學家努力嘗試，卻找不到證據，能證明大多數運動員都在發揮潛能極限，一如生物化學理論所預測的。例如，運動員在疲勞時並沒有表現出停滯或下降，他們的心輸出量和攝氧量似乎夠高，應該可以維持更長時間的運動，但他們還是碰到瓶頸了。

一般公認的理論更有問題的地方，在於觀察肌肉活動的那些研究。透過將電極連接到受試者的手臂和腿部，研究人員發現在長時間、或高強度運動中，似乎只有五〇%到六〇%的肌肉纖維在發揮作用。如果肌肉纖維的生物化學變化是導致身體疲勞的唯一原因，那麼在我們筋疲力盡之前，應該會看到更多的肌肉纖維被吸收來分擔負荷——但事實似乎並非如此[6]。諾克斯告訴我說，「這是對普遍的理論一個明顯的反證」。雖然有大量證據表明乳酸會在運動過程中累積，但很難證明它會以過去所認為的方式使肌肉變弱和疲勞——一些研究顯示，它其實可以改善肌肉在極度運動過程中的活動[7]。有鑑於這些發現，實在很難精確找出任何身體變化，能針對瞬間疲勞提出令人信服的解釋。

更不用說運動員和教練長久以來注意到的驚人心理效應了。嚴密的實驗已經證實，與單獨的訓練相比，運動員在面對面比賽中的表現總是比較好。他們似乎利用了某種隱藏的儲備精力，只有在特定情況下才會被啟動，如果疲勞只是糖原耗盡和乳酸累積的結果，這一點就很難解釋清楚[8]。

你不是身體累，你只是心累

也許最大的問題是，生物化學理論無法解釋莫索所注意到的、近期又被複製實驗的一個難解的事實：**光是耗費心力的工作也可能嚴重影響後來的體能表現**。二〇〇九年，班戈大學（Bangor University）的研究人員發現，騎單車的人在經過一項旨在加重其記憶力和注意力負擔的九十分鐘極度疲勞測試後，體力下降一五%[9]。誠然，大腦會消耗葡萄糖，但如果疲勞感只是因為肌肉本身的消耗，那麼純粹的智力活動似乎不太可能對身體疲勞產生這麼大的影響。

這些謎團導致越來越多的體育科學家，如諾克斯，回歸到一種「心理生物學」的疲勞理論，該理論正如莫索一個世紀前所提出的，完全接受大腦在決定人身體極限方面的作用[10]。他們認為，大腦利用其先前的經驗、生理感受（比如身體的核心體溫、當前的情緒、和精神壓力）、以及對剩餘任務的預測，來仔細判斷還能做多少運動、以及運動強度。這些計算將決定要用到多少肌肉纖維、和身體所能負荷的運動強度，如果大腦感覺到有過度勞累的危險，就會停止運動、抑制發送到肌肉的訊號、並產生全身的疲勞感，使我們越來越難以堅持下去[11]。雖然這種疲勞感在短期內是不舒服的，但有助於保存一些日後所需的能量，以免造成身體受到傷害。

大腦對於我們能否達到目標的估計，通常是非常保守的，就進化而言，這是有道理的：除非我們面臨著生死攸關的威脅，一般最好還是謹慎行事，以避免潛在的傷害。但這些預測需要夠靈活，以適應不斷變化的環境，也就是說，**通常可以透過小小的心理動力釋放一些隱藏的儲備能量**。以紐西蘭梅西大學（Massey University）修・莫頓（R. Hugh Morton）的一項研究為例。在二〇〇〇年末，他讓一群騎單車的人進行三次相同的騎行，請他們盡可能使勁地騎幾分鐘，直到筋疲力盡為止。在其中一個試驗，參與者的計時是完全準確的；而其他人的計時則是不穩定的，不是騎得快了一〇％，就是慢了一〇％。如果大腦的預測對人的疲勞感沒有影響，那麼時間上的差異對耐力應該不會造成影響。事實上，與時間精確的人相比，騎得緩慢的人，耐力增加了一八％，而騎得很快的人，耐力則下降了二％左右。這種不穩定的時間感知，讓參與者的大腦估計他們比實際付出的努力更多、或更少，並依此調整疲憊的感覺[12]。

讓騎單車的人在顯示其目前速度與之前表現的虛擬賽道上與自己競爭，可以看到類似的好處。參與者並不知道對手其實是他們之前表現的化身，已被程式設計為超越個人的最佳速度，透過重新設定他們所能達成的目標期望，而讓運動員超越自己以前的極限[13]。

由於預測機制會利用身體的反饋不斷更新其預測，因此也可以透過改變對這些內部訊號的解釋來提高效能。例如，運動員通常發現在炎熱的時候運動更困難，因為大腦會產生疲憊感，以避免身體過熱——但這是可以操控的。在炎熱潮濕環境中騎單車的英國人，如果被告知其核心體溫略低於實際體溫，他們的耐力會顯著增強[14]。同樣的，據二〇一九年的一項研究，透過耳機向騎單車的人虛報心率讀數過高，這些反饋促使其大腦高估身體的勞累程度，因而更快產生更強烈的疲勞感[15]。

我們對於疲勞在心理生物學理論方面的理解仍在增長，對其神經起源的興趣也日益濃厚。在受試者運動時將電極連接到頭皮上，研究人員已經開始定位大腦中涉及處理對運動期望和產生疲憊感的區域。這一切的中心位於額頭後面的前額葉皮層（prefrontal cortex），利用當下運動的事實知識、以前的經驗、和來自全身的感官訊號，來預測剩餘的生理能量和運動的後果，然後再將這些預測結果傳輸到負責規劃運動的運動皮層（motor cortex），進而調節控制身體的能量輸出，並在可能造成身體傷害時阻止我們繼續運動下去[16]。

如果莫索還在世看到這項研究，可能會認為這些區域是「意志」的所在地。但是，如果將之與安慰劑和反安慰劑效應中涉及的神經區域進行比較，你會發現它們都是同一個預測機制的組成部分，大大地控制著我們的現實世界。

安慰劑在運動中的運用

這種疲勞的新理論正確地將大腦視為身體活動的控制機制，幫助我們理解安慰劑療法在運動中的影響。如果仔細想想維朗克在一九九七年環法自行車計時賽中的驚人表現，注射「魔藥」增強了他對個人成就的信念，他的大腦預測可以將更多的身體資源投入到比賽中，而不會有受傷的風險，使身體的肌肉在比賽時更努力運作。事實上注射的只是糖水並不重要：由於它對預測機制的影響，還是提升了維朗克能夠消耗的能量。這種魔藥或許是「無活性的」，但是對運動表現的影響而言，絕非毫無作用。維朗克的信念和注射的儀式感使該藥物充滿了力量。

精心控制的研究證明，大部分廣告的運動補充劑都可以透過增強一個人對自身能力的感知來提高運動成績，而不受任何生理上直接的影響[17]。例如，咖啡因長期以來一直被認為是可以提高許多運動表現的肌肉興奮劑，但其實主要都是我們對其作用的期望效果。在一項研究中，學生舉重運動員被注射一種苦味液體，同時引導他們相信那是含有高濃度的咖啡因，而事實上，雖然該液體並不含咖啡因，他們的伸展次數還是比之前的極限提升了約一〇%[18]。同時，相信所注射的是不含咖啡因的人，其表現提升的幅度要小得多[19]。

禁藥的一些好處（包括同化類固醇 anabolic steroids、和促紅血球生成素 erythropoietin），背後甚至可能隱藏著期望效應。在三千公尺田徑比賽中，受試的運動員以為自己注射的是類似促紅血球生成素的物質，不知道其實只是無作用的生理食鹽水，他們的表現比個人之前的最佳成績快了一．五%——有鑑於奧運會比賽排名往往取決於幾分之一秒的時間差異，這是個微小但顯著的優勢，可輕易讓他們在激烈的競賽中佔優勢。換句話說，如果像維朗克這樣的運動員能透過其他方式改變對自身的期望，或許就不需要服用危及職業生涯的興奮劑了[20]。

教練給運動選手服用安慰劑，讓他們以為是禁藥，這在道德上似乎是可疑的做法。但一些科學家擔心，有些教練可能對興奮劑的規定找到更聰明的變通辦法。例如，透過在訓練期間使用禁藥，然後慢慢改變劑量，直到藥物完全被惰性物質替代，以藉此增強安慰劑的效果。運動選手將抱持對個人表現的高度期望和巨大的身體優勢參加比賽，同時安全通過藥物測試。雖然運動選手在比賽中沒有真正服用禁藥，這種做法算是嗎？根據當今的比賽規則，這麼做可能是合法的，但似乎不太合乎道德。

「不能」運動，還是「不想」運動？

這種「意志力勝於肌肉」的新理解對職業運動選手來說可能很重要，但對不定期運動的人來說更為相關。許多人對自己的健康抱著負面的期望，很難努力做運動保持身體——而不活動對他們的健康和壽命的影響，比錯失奧運會獎牌更嚴重。例如，如果你在學校體育課上有過不好的經歷，到了成年時期可能就會一直認為自己是「沒有運動細胞」的人。或許，你以前比較健康，但現在快要步入中年了，體重開始增加，你可能會認為，要讓身體恢復到以前的健康狀態，會是很辛苦的一件事。或是你最近才受傷或生病，對自己恢復健康的能力失去了信心。

根據疲勞的心理生物學新觀點，這些期望都可能改變你主觀的疲勞感覺和客觀的表現，使你的運動比實際上困難得多。然而是否能夠透過重新調整對自身能力的認知來避免這些困難呢？

其中一項最嚴格的研究探索參與者的「**最大攝氧量**」（maximum aerobic capacity），這是**對人身體健康的標準衡量**。參與者被要求站在跑步機上，以漸增的速度跑步，而研究人員同時測量他們吸入的氧氣量，直到他們精疲力盡為止。最大攝氧量（也稱為VO_2max）是**這段時間三十秒內的氧氣消耗量高峰值，反映肺部和心臟能夠向肌肉輸送能量的能力。你的最大攝氧量越高，在運動中的耐力就越好。**

為了解積極反饋是否會改變這種基本的健康衡量，拉斯維加斯內華達大學（University of Nevada）的傑夫·蒙特斯（Jeff Montes）和加布莉艾拉·沃爾夫（Gabriela Wulf）召募一組參與者接受兩次最大攝氧量測試。雖然第一次測試的測量精確，但參與者得到的是錯誤的反饋。在一次閒聊中，有些人被告知他們的表現比小組中大多數其他成員都要好，而另一些人則完全不知道自己的讀數。幾天之內，他們進行第二次最大攝氧量測試。那些心理預期增強的人得分顯著提高，而對照組的人實際上表現稍差。總體而言，兩組之間的差異約為七％。換句話說，根據有氧能力的標準測試，**人的健康程度會隨著自我的認定而有所變化**[21]。

除了增強攝氧能力外，提高這種期望也可以提升跑步者運動的效率。在這項實驗中，參與者被要求在跑步機上以固定的、而非逐漸增強的速度跑十分鐘。研究人員發現，提高參與者對自身能力的期望值，會使運動期間的耗氧量顯著降低，這代表肌肉消耗較少的能量以維持相同的速度[22]。這是一個重要的變化，應該能夠為你保留更多的能量，以備不時之需，進而提升整體耐力。也許是因為減少了疲勞感，這些參與者在運動過後更有可能感覺到心情提升。

令人驚訝的是，根據二〇一九年在《自然》（*Nature*）知名期刊上發表的一篇論文，我們對自身體能的期望可能會超越某些運動遺傳傾向。科學家首先進行了一項基因測試，以確定參與者是否具有某一種 CREB1 基因，之前的研究證明，這種 CREB1 基因會降低人的有氧能力，並在運動過程中使體溫升高，使整個運動感覺變得更困難、更不愉快。研究人員記錄了真實的測試結果，然而，給參與者的結果卻是完全隨機的，讓他們產生不同的期望：以為自己是「天生」擅長、或是不擅長運動。這點對他們的身體耐力造成了重要的影響，負面的期望減少了肺部空氣的進出，以及氧氣和二氧化碳的轉移，導致整體耐力下降。重要的是，預期的影響似乎比實際基因類型對某些生理指標產生更大的影響。牽涉到氧氣和二氧化碳的交換時，參與者認為自己天生不擅長運動的這種信念，經證明比實際的基因對其表現更具破壞性[23]。

改變心態就能改變表現

當然，我們不能都依賴科學家給我們虛假的反饋，但有一些證據顯示，我們可以為自己帶來類似的改變，而不含任何欺騙。例如，騎單車的人即使事前知道運動補充劑在生理上是沒有活性的，在服用了之後還是提高了運動表現[24]。在這種情況下，運動補充劑似乎就像已被證明能有效緩解疼痛的公開標示安慰劑一樣發揮作用。**了解大腦有能力控制身體的表現，就足以提升表現。因此，不妨隨意使用任何對你有效的輔助工具，無論是最愛的飲料、花俏的運動服裝、還是勵志音樂，只要是心態改變都會帶來好處。**

同時，美國陸軍作戰能力發展司令部士兵中心的格蕾絲．賈爾斯（Grace Giles）已經證明，重新評估的技巧可以減少人在進行訓練時的勞累感，因而感覺不那麼辛苦[25]。正如我們在第3章所見的，重新評估代表對個人負面感覺稍微冷靜地審視一番，仔細想想是否可能消除、甚至以更積極的角度解釋之。

運動前的心態準備

許多人甚至在還沒出門之前，就開始對運動產生負面的想法，因此，**最重要的第一步是專注於你想從運動中獲得的直接好處**，比如運動完之後感覺精神煥發、活力充沛。開始運動之後，很容易將勞累的感覺（如呼吸困難或肌肉酸痛）解讀為身體狀況不佳的徵兆。你可能會開始認為，這正好證明了自己天生不適合運動，你越是關注這種想法，感覺就會越糟糕。在這種情況下，試著思考一下這些感覺是否確實是可取的。正如我們可以將藥物的副作用重新解讀為正在發揮藥效的跡象一樣，**我們可以重新思考身體的疼痛，將之視為運動確實正在改變身體的證據。如果你氣喘吁吁、四肢開始感到沉重，這代表你正在強化肌肉、擴張肺部、增強心臟的耐力，運動正在發揮效用。**

一旦你開始更經常地運動，還是可能會有碰到挫折的時候，例如，覺得自己好像根本沒有能力隨心所欲跑得那麼快、或是舉重加強重量。然而，與其沉溺在失敗的感覺上，倒不如提醒自己，有做一點運動總是比什麼都不做要好，對身體還是有益處的。也許你只是需要從一週的辛苦工作、或生活中的其他壓力中恢復過來。比起繼續為自己較差的表現而苦惱、為了沒有達到目標而自責，這種簡單的認知會讓你在運動訓練時感到輕鬆許多。

當然，你還是應該要注意過度緊張或勞累的可能性，所以請務必要逐步測試你的能力，如果你對自身安全有任何疑慮，請諮詢醫生。主要目的是要避免過度解讀，將個人掙扎視為天生的無能，而是要以循序漸進的方法來關注整體的進步。研究顯示，只要認識到身體狀況在個人的控制範圍內，可以隨著時間發展而有所改善，就可以確保你保持熱情和精力，而不是陷入自我挫敗的沉思——這似乎是顯而易見的事實，但許多人還是忘記了[26]。

我自己以前也是不太愛運動的人，我發現這種觀念重塑確實有助於減輕運動帶來的痛苦。我小時候就很討厭體育課，但是我也知道身體活動的重要性，所以多年來一直努力定期運動健身。然而，我總覺得這是一種負擔，常常迫不及待地想離開跑步機。而學習重新塑造疲勞的觀念，讓我在鍛鍊期間和之後，都覺得身體更有活力。當我感覺快碰到瓶頸的時候，我發現提醒自己身體隱藏著尚未開發的儲備能量、想像肺部正在擴張、心臟在向四肢輸送更多的養分，對我來說特別有幫助。在鍛鍊過程中，我會經常刻意提醒自己運動可以帶來的長期益處。除了固定的有氧運動外，我現在每週進行五次高強度間歇訓練——這真的是我一天的重點活動。我只能說，心態的改變真的是一大救星，讓我的身體能夠一直持續運動下去。

日常生活中無形的運動

有了這些技巧，可以開始讓自己慢慢適應更積極的生活方式。然而，觀念重塑的力量並不僅限於健身房而已，許多日常活動雖然看起來不像是典型的運動，但是都能達到健身效果；根據一些開創性的研究，我們對這些活動所賦予的意義，可能決定是否能從中得到最大的益處。

「無形運動」的說法並不令人驚訝——對它的理解可以追溯到第一項針對身體活動益處的研究。第二次世界大戰後不久，英國醫學研究委員會（Medical Research Council）的傑里米・莫里斯（Jeremy Morris）想要了解為什麼有些人比其他人更容易患心臟病。他懷疑運動可能是主因，於是研究了一組社會階層和地位相似的人，他們的職業差異只是在於身體活動時間的長短。

事實證明，在倫敦雙層巴士上工作的男性是最適合研究的人群。雖然他們的教育和經濟背景大致相同，但司機一天中大部分時間都坐著，而售票員則一直很活躍，經常在樓梯爬上爬下收取車費、發放車票、幫乘客搬運行李。總的來說，售票員平均每天爬五百至七百五十步左右[27]。雖然和馬拉松訓練比起來，這種運動相對溫和，但莫里斯發現，每天的運動可以使公車售票員患心力衰竭的風險降低一半左右。

莫里斯被稱為「發明運動的人」，他的發現激發對運動益處的進一步研究。關於每週進行一百五十分鐘適度運動（或七十五分鐘劇烈運動）這種受到鼓吹的建議，可以追溯到那些倫敦公車售票員。這些指標經常被宣傳——但許多人對怎樣才算是適度或劇烈運動還不太清楚，這對個人健身心態的形成是很重要的。為了比較不同活動的強度，生理學家利用了所謂的**「代謝當量」（MET）指標，亦即運動代謝率除以休息代謝率**。例如，如果一項活動的代謝當量值是二，代表消耗的卡路里是坐著看電視時的兩倍。中等強度運動的代謝當量在三到六之間，而劇烈運動則在六以上。不管你是多次、還是一次集中的運動，重要的是一週的總活動量。許多日常活動和娛樂消遣都符合這些要求。請參考下表[28]：

活動	代謝當量
家務	
真空吸塵／清洗地板	3
清潔窗戶	3.2
整理床鋪	3.3
烹飪／清洗	3.3
搬動傢俱	5.8
居家修繕	
木工（如釘鐵釘）	3
油漆粉刷／貼壁紙	3.3
修理屋頂	6
園藝活動	
修剪灌木叢	3.5
劈木柴	4.5
修剪草坪	6
娛樂活動	
遛狗	3
打鼓	3.8
和孩子在戶外玩耍	5.8
跳舞	7.8

我們當中有多少人在修剪草坪、和孩子們玩耍、或在夜總會跳舞時，並沒有意識到自己其實正在運動？就連每天的通勤也都算數。根據倫敦帝國理工學院（Imperial College London）的一項研究表明，大約三分之一使用公共交通工具的英國人在上下班通勤途中，如等公車、步行往返車站、或是轉乘火車，已經符合政府公告的體力活動準則[29]。

明確地告知身體正在運動

對這類型的活動有更多的理解，至少會更正面看待自己的健康狀況——**改變心理預期，可以重新調整大腦預測機制，使其他更正規的運動感覺不那麼沉重。**然而，更值得注意的是，這種心態的轉變也可能決定活動本身的長遠益處。把日常活動想成是鍛鍊身體，而不是工作，似乎可以使我們變得更健康。

想一想我在前言中簡單介紹過的，艾莉亞．克魯姆和哈佛大學的艾倫．蘭格的一項著名研究。你可能還記得，他們的實驗參與者是來自七家不同飯店的清潔人員。克魯姆和蘭格懷疑，這些清潔人員當中很少有人會意識到自己的工作牽涉到大量的運動，而有鑑於心理預期會影響人的生理機能，這可能會阻止他們獲得日常活動的最大益處。為了驗證此一想法，研究人員走訪了四家飯店，向清潔人員提供相關資訊，告知哪些身體活動算得上是運動，強調一個事實，亦即「不需要那麼費力或痛苦就能有益健康……，一切純粹是運動肌肉和燃燒卡路里的問題」。然後，他們詳細介紹了清潔人員工作本身的能量需求——換床單十五分鐘消耗四十卡路里、真空吸塵十五分鐘消耗五十卡路里、清潔浴室十五分鐘消耗六十卡路里——在一週的時間裡，應該很容易達到美國衛生署的運動建議。除了提供包含這些事實的傳單之外，研究人員還在清潔人員休息室的佈告欄上，張貼了傳達這些資訊的海報，好讓他們每天都能提醒自己正在做的運動。

一個月後，研究人員再次造訪這些清潔人員，測量他們健康狀況的任何變化。雖然他們回報說飲食並沒有改變、也沒有增加工作以外的體力活動，但收到這個資訊的清潔人員每人減掉了約一公斤，平均血壓從升高降至正常。單純心理預期的轉變——以及本身對工作活動的理解——改變了他們的身體狀況，而其餘三家飯店沒有收到資訊的清潔人員，則沒有顯示出任何差異[30]。

不可否認，這是一項規模相對較小的研究，而且總是有這種可能：清潔人員在獲得資訊後，投入了更多的「活力」在工作中。然而，如今在史丹佛大學的克魯姆及其同事奧克塔維亞·扎爾特（Octavia Zahrt）的後續研究，提出了更令人信服的證據，證明人的期望確實可以透過身心合一影響運動的長期益處。克魯姆和扎爾特利用追蹤六萬多人長達二十一年的健康調查數據，發現參與者的「身體活動感知」——無論他們覺得自己比一般人運動得多還是少——都可以預測其死亡風險，即使在控制了實際運動時間、和其他生活方式因素之後（如飲食），也是如此。

重要的是，這些調查中的一些參與者在研究期間的一部分時間，都佩戴了加速度感測器，但即使研究人員考慮了這些客觀體力活動的測量之後，他們的體力活動感知的影響力仍然存在。總體而言，與自認為比平均水準更積極的人相較之下，對自己的健康狀況持悲觀態度的人在調查期間死亡的可能性，高出七一%——無論他們實際的運動習慣如何[31]。

作為一名科學作家，當我第一次聽到這篇論文時，感到驚訝不已，然而隨著我越深入研究心理預期科學，也就越覺得不驚奇了。畢竟，我們已經看到，人對藥效的預期心態如何造成血壓等生理變化。如果我們對β受體阻斷藥的期望能對健康產生顯著的影響，為什麼認為對個人身體健康的看法（伴隨每天的日常活動）就不那麼重要呢？這麼說來，真正令人驚訝的是，研究人員怎麼花了這麼久的時間才開始探索這種可能性。

我們現在知道，運動的許多其他好處可能是心理預期的產物。例如，大家都知道，**運動可以改善人的情緒和心理健康，還可以發揮鎮痛功效，減輕急性和慢性疼痛的症狀**。情緒提升和鎮痛都被認為是因為內啡肽（endorphins）的釋放所引起的。雖然這可能是體力活動的自動生理反應，但人們的信念似乎在觸發反應方面，發揮著重要作用，而教育人們了解這種潛力似乎可以增強效果[32]。如果你期望感覺更放鬆和充滿活力、或是希望疼痛消失，則更有可能實現。

先別批判，做就對了

有沒有可能出現過度放大此一訊息的風險？如果開始過於關注重新評估現有的活動、改善對目前健康狀況的心態，人們難道不會變得自滿，而不再努力去做應做的運動了呢？所幸，迄今的研究證明，不太可能發生這種情況，確實可以鼓勵人們對自身健康抱持更積極的看法，又不致於使人變得怠惰[33]。政府在規畫提倡健康運動時，記住這個事實，就會有所成效。根據這項研究，與讓人抱持更樂觀態度的訊息相較之下，強調人民目前缺乏健康的這種批判性、嚴苛的語言，會適得其反。相反的，像克魯姆和扎爾特這些科學家認為，資訊傳遞應該重申一個事實：即使是微小的改善，長久下來也會產生顯著的影響。每天進行三十分鐘、每週五天適度運動的建議，或許是黃金準則，但即使是每天十五分鐘，也可以使你的預期壽命延長三年[34]。

一般而言，扎爾特和克魯姆的研究表明，**我們應該避免「向上比較」，不要一再拿比我們更健康的人來批判自己。**雖然帶一點激勵的想法沒什麼不好，但是當我們對自身健康形成更多的負面期望時，很容易會產生不足的感覺，這種心態可能會有損運動的益處。

在思考個人的社交媒體資訊來源時，這一點尤其重要。Instagram 和 TikTok 上充斥著「fitspiration」或「# fitspo」的帳戶，有許多經修圖處理過的健美身材照片。這些影片和照片原本旨在激勵人心，但二〇二〇年發表的一項研究表明，其實是弊大於利。參與者（澳洲阿得雷德 Adelaide 的所有女大學生）首先被要求瀏覽一組圖片——不是充滿異國風情的旅遊景點照，就是十八張健美大師完成訓練的照片。隨後要求參與者在跑步機上以自選速度運動十分鐘，並完成一系列關於自身感受的問卷調查。那些觀看 fitspiration 健身照片的人，幾乎在各方面都受到了影響。他們對自己的身材不滿意、在運動中感到更疲勞；與那些看旅遊照的人相比，他們在運動過後的心情顯然更糟，而非經歷了「跑步者的愉悅快感」[35]。

這些照片似乎破壞了參與者對自身健康情況的看法，負面的自我比較導致他們相信自己其實並不健康。而由此產生的不足感使運動變得更困難，也不再令人愉快——完全否定了任何所謂的激勵作用。

我們在考慮一種更棒的方法來激發身心保持最佳健康狀態時，設定積極、但務實的個人目標這一點，尤為重要。**我們只需要運用想像力，就可以調整大腦的預測機制，增強身體的肌肉力量，提升體能表現。**

激發想像力、開發身體潛能

美國游泳健將麥可・費爾普斯（Michael Phelps）擁有二十八枚獎牌（其中二十三枚是金牌），至今仍然是最多榮譽獎牌的奧運選手。費爾普斯的能力似乎超越了人體的極限，一些記者質疑他驚人的表現實在是「好到令人難以置信」。然而，費爾普斯在職業生涯中自願參加許多禁藥測試，也都全部通過。

也許他驚人的比賽成就可以用另一個異乎尋常的優勢來清楚地解釋，亦即他非凡的觀想能力。在訓練期間、或為重大比賽做賽前準備時，他會想像一場完美的比賽。他在《夢想，沒有極限》（*No Limits*）的自傳中寫道：「我能看到起點、游泳姿勢、蹬牆、轉身、終點、策略等所有細節[36]。一切的想像，就像我在腦海中規畫了一場比賽，而這種規畫有時似乎讓比賽結果一如我所預期的」。他認為，正是這種能力幫助他成為最偉大的奧運選手，而不是純粹的身體能力。

科學實驗已經證實，觀想的效果是深遠的，對職業運動員和休閒鍛鍊者來說都是如此[37]，最引人注目和驚人的影響在於人的肌肉力量。在一項研究中，科學家在進行某種形式的心理訓練之前，測量了參與者的前臂力量。這項任務很無趣，但是很簡單：他們必須每天花十五分鐘，每週五天，想像自己在用前臂舉重物，例如一張桌子。一些人被要求從內在觀想來做這件事，想像自己在舉重的動作；另一些人被要求從外在觀想來做這件事，就像他們從自己身體外面看自己一樣。對照組則完全沒有進行任何練習。

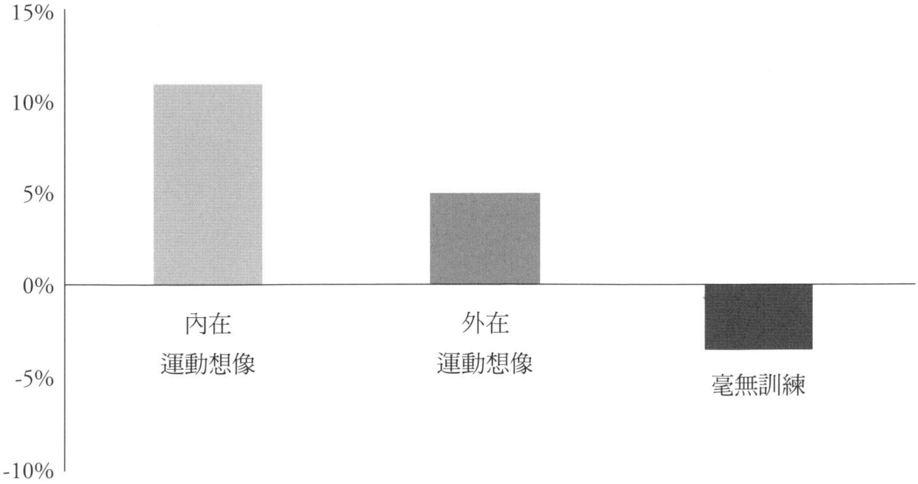

六週的心理訓練之後，手臂力量的變化

六週後，結果令人驚訝，運用自我內在觀想的人，力量新增了一一%——儘管這組人沒有任何實際的舉重練習[38]。那些運用外在觀想的人顯示大約五%微幅的改善（但研究人員無法確定這具有統計顯著性），而對照組實際上似乎稍微弱一些。

與其他改善健康的心理技巧一樣，如果體力完全只是由肌肉質量決定，將會無法解釋這些發現[39]。然而，根據心理生物學新的運動觀點，這一切是很有道理的。請記住，**運動表現取決於大腦對身體能達到的目標和運動強度的預期，然後再藉此規畫肌肉的力量和疲勞程度。**心理意象可以讓你有意識地完善這些預測、並提高身體對自身能力的感知、增強發送給肌肉的訊號、並改善運動協調性。正如諾克斯的研究，即使在運動極度疲勞時，運動員通常也沒有運用到大部分的肌肉纖維，但這些心理意象可能會鼓勵身體召喚更多沒用到的肌肉纖維。

針對運動員對於賽事進行生動觀想的腦部掃描顯示，對身體運動的想像會啟動大腦內部主要的運動皮層和基底神經節的區域，這些區域通常涉及運動的規畫和執行[40]，讓大腦準確地計算出需要刺激哪些肌肉、以及對身體的影響。而這些增強的預期心理將轉化為真正的表現提升。根據這個理論，內在想像比外在想像更成功，因為能夠更詳細地預測你在運動期間的感受，進而使身體能夠更有效地執行動作。

當然，心理訓練不能、也不應該取代身體訓練，但卻可以讓運動員充分利用休息時間，以及避免受傷後力量流失[41]。例如，當人的四肢被打上石膏時，身體肌肉通常會變弱，但俄亥俄大學（Ohio University）的科學家發現，每天幾分鐘的心理練習可以將這些損失降低一半[42]。對於一般人來說，心理訓練應該只是另一種工具，藉此強化運動的好處。如果你覺得上健身房是一種壓力，想要改變你對運動的心態，那麼定期想像運動的好處可以使你更享受整個過程。如今，針對青少年、中年和老年人參與者的各種研究已證明，每週有規律地練習幾分鐘的運動想像，可提高人的動機、對運動的享受、以及運動表現[43]。

當你親自測試這一點，在想像你的表現時不要好高騖遠。你不想讓自己失望，這會降低你的動力，或是要小心過度勞累導致受傷（如果沒有持續的體能鍛鍊，身心合一的效果也是有限的）。當你在想像運動時，試著把注意力集中在過程中希望感受到的積極感：例如，充滿活力和興奮的感覺，而不是疲勞或倦怠。就像費爾普斯一樣，你將會「重新規畫」身心合一，讓自己克服任何可能妨礙表現的心理限制，如此一來，運動就不再是一個無法克服的挑戰。

歇斯底里的力量

我們仍不了解大腦對身體表現的影響究竟有多大，但軼事證據顯示，這種影響力可能確實是驚人的。例如，二〇一二年，亞歷克・科納奇（Alec Kornacki）在更換輪胎時被壓在他的寶馬525i車下，多虧了他二十二歲的女兒蘿倫把汽車抬起來，才解救了他。她告訴ABC新聞電台說，「車子就像一張斷了腿的桌子，我想辦法讓它恢復平衡，移動到足夠空間能將我爸爸救出來」[44]，她隨後立刻進行心肺復甦術，挽救了他的生命。

一般人在危急時表現出不可思議的能力，這種現象被稱為「歇斯底里的力量」（hysterical strength），在各種年齡階層中都曾有新聞報導，如兩個十幾歲的女孩從一輛重達三千磅的耕耘機解救她們的父親，到一個七十多歲的老人抬起一輛吉普車而救了他的女婿[45]。如果這些事件聽起來像是綠巨人浩克（Hulk）的行為，其實並不完全是巧合。這部漫畫的創作者傑克・科比（Jack Kirby）顯然是看到一位母親從孩子身上抬起一輛車後，受到啟發而創造了這個角色，當下純粹的恐慌釋放出未曾開發的潛力[46]。

抬起一輛汽車，即使只是很短的距離，通常連最厲害的健美運動員也辦不到。這是怎麼一回事呢？這些驚人壯舉通常會用腎上腺素激增來解釋，但根據一些科學家的說法，或許大腦能量的爆發能夠更清楚地說明。雖然預測機制通常會將身體資源與實際需求進行比較，並仔細計算身體能承受的消耗量，而不會造成精疲力竭或受傷的風險，但高度緊張的情緒可能會超越大腦通常謹慎的控制；基本上決定了這項任務十分重要，值得冒受傷的風險。結果，大腦會開始激發四肢更多的肌肉纖維，產生難以置信的爆發力[47]。

表現出歇斯底里的力量是危險的：肌肉撕裂和牙齒斷裂是常見的後果。正因如此，大腦在分配和限制身體運動時，通常都很小心謹慎，就連運動員正在進行極其重要的職業比賽時也是如此。然而，這些軼事卻提醒我們一個驚人的事實，**人的體能表現往往受到大腦和身體的限制**。我們通常不需有抬起汽車的能力，但在個人的健身計畫中，大多數人都需要一點幫助。如果我們能夠利用期望效應來挖掘維朗克、費爾普斯或科納奇所展示的一小部分儲備能量，就能夠享受到更健康的未來。

運用心念在運動上的日常練習題

- 運動前，仔細想想你的訓練目標，你希望最後得到什麼感覺？你的績效目標是什麼？你可能希望設定個人新的最佳成績、或是想要快速提升情緒——不管是什麼，如果在開始之前就先弄清楚想要得到的活動益處，都能夠提升你的動力，有助於調整預測機制因應即將面對的活動。

- 利用任何有助於你對運動感覺愉快的精神支柱，例如，能讓你提振精神的食物、飲料、衣服或歌曲。就像「公開標示安慰劑」一樣，就算知道藥效是來自於個人信念，還是能從中獲益——因此，善用任何最能激發個人聯想的輔助工具。
- 質疑「自己沒有任何運動天賦」的這種偏見假設。切記，在決定運動生理反應方面，心理預期可能比已知的遺傳因素更為重要。
- 重新解讀疲勞和費力的感覺。適度的疼痛和疲勞感證明你正在強建身體，而牢記這個事實可以使整個運動過程更加愉快、減少疲勞感。
- 認識你在固定健身之外所進行的體力活動，如做家事、通勤或業餘愛好。（你甚至可以考慮記下一週活動）。多虧了期望效應，你只需要更加關注此事，就可以強化所帶來的生理益處。
- 避免「向上比較」——不要和別人比較來嚴厲批判自己——因為這會讓你對自身健康形成更多負面看法。
- 在休息時段，花一點時間想像自己的下一個運動，這會增加身體肌肉力量，使大腦預期引領出更好的表現。

第6章
飲食的心念療癒法

認為節食本身就很困難的信念，將成為一種自我實現的預言。

想像一下，你正在考慮新的節食方法，以減少卡路里攝取量、並克制自己在正餐之間吃零食的習慣。以下兩個用餐計畫，哪一個最有可能讓你有飽足感？哪一種最有可能幫助你快速減重？

超級瘦身計畫：健康的飲食、健康的未來

早餐

● 兩片全麥酪梨醬土司

● 芒果鳳梨冰沙奶昔（不加糖）

午餐

● 罐頭鮪魚尼斯沙拉

● 一杯新鮮的有機柳橙汁

晚餐

● 低脂有機雞肉和蘆筍燉肉

● （可選的）運動後恢復體力的零食無刺激格蘭諾拉燕麥條

或者：**老饕享受計畫：**縱情享受的美味佳餚

早餐

● 奶油可頌麵包

● 墨西哥辣味熱巧克力

午餐

● 煙花女義大利麵（蕃茄、鯷魚和橄欖）

● 綜合水果沙拉（鳳梨、橘子、甜瓜、芒果、蘋果和藍莓）

晚餐

- 奶油馬鈴薯泥漁夫派
- 蔬菜沙拉
- （可選的）運動後的獎勵：迷你甜甜圈

如果曾有過節食經歷，那麼超級瘦身計畫似乎是快速減肥的最佳選擇。如果沒有運動後的體力補充選項（假設是標準份量），每天的熱量總計大約一千七百五十卡路里左右❶——對一般人來說，是個不錯的減肥計畫，足以帶來穩定的減肥成效。當然，缺點是滿足感可能降低。

而另一方面，老饕享受計畫似乎富含卡路里。以奶油可頌麵包和熱巧克力當早餐，午餐是義大利麵，晚餐則是漁夫派，那熱量肯定不會少於沙拉和燉雞肉吧！如果你想好好享受生活，或許會選擇這個選項，但是別妄想能幫助你快速減肥。然而，它的卡路里含量甚至比超級瘦身計畫還要少——如果不包括運動後的零食，總共只有一千六百三十二卡路里❷。

當你將運動後的獎勵食物包括在內時，期望與現實的不相符就更加明顯了。格蘭諾拉燕麥條聽起來像是「合理」的小點心，但添加了大量的糖分，總共含有二百七十九卡路里，是兩個迷你甜甜圈一百一十卡路里的兩倍多。如果你對這些數字感到驚訝，這並不足為奇：調查顯示，大多數人都覺得很難衡量食品中的卡路里含量，而一般市面廣告的健康食品，都打著「簡單」、「有益健康」和「吃了沒有罪惡感」的口號，我們特別容易低估這些產品的熱量。

最明顯的後果是，如果我們以為攝取的熱量比實際的少，可能就會覺得可以放縱自己多吃一點零食。然而，真正的影響可能更深。受到大腦預測機制的影響，對食物營養素的期望也會直接影響到身體對食物的反應，包括消化（腸道中營養素的分解和吸收）、和代謝（利用那種燃料為細胞提供能量）。自認為所攝取的卡路里其實並不多時，身體就會反應得好像這是事實一樣：沒有飽足感，因此產生更強烈的飢餓感，身體也會停止燃燒過多能量以保存現有的脂肪儲備。這種是一種「剝奪心態」，可能會使看似簡單的飲食比你最喜歡享受的美食更難達成減重成效。

無論我們遵循什麼特定的飲食計畫，這種期望效應都有可能使減肥超乎想像地困難。如果我們想要保持健康的體重，不僅要改變飲食內容，還必須改變個人的思考、以及對所吃食物的描述方式。**其中的一個重要關鍵是避免將「健康」和「愉悅」視為二分法，並體認到縱情享受應該是每一餐的基本要素。**

為何我們總是感覺吃不飽？

為了理解**人的大腦預測機制如何影響飢餓、消化、和新陳代謝**，我們必須先來檢視一下神經病學領域最著名的病例之一，亨利・莫萊森（Henry Molaison）的貪婪食慾[3]。莫萊森一九二六年出生於康乃迪克州，是一位家境小康的健康男孩，一直到童年晚期和青春期早期，父母和老師才注意到他經常在談話中「走神」約九十秒，一臉茫然的表情。醫生診斷出他患了一種癲癇症，從莫萊森十五歲生日左右開始發作得更加猛烈，全身不斷地抽搐，倒在地板上顫抖和扭動。

癲癇發作是由突然爆發的電活動阻斷腦細胞之間的交流所引起的。醫療團隊發現莫萊森對藥物治療沒有反應時，決定進行手術，切除被認為是發作根源的每個顳葉的一部分。手術是成功了，莫萊森不再經歷困擾他一輩子的嚴重癲癇發作，但是很快就發現，這種治療付出了巨大的代價。儘管莫萊森能夠記住過去發生的事情，卻完全失去形成新記憶的能力。例如，在醫院裡，莫萊森會一次又一次地見到同樣的醫護人員，卻完全不記得曾經見過他們。早上告訴他一個驚人的事實，下午再次聽到時，還是會驚訝得目瞪口呆，就好像他是第一次聽說這件事似的；套用神經科學家蘇珊・柯金（Suzanne Corkin）的話說，他生活在一種「永久現時狀態」中。

在隨後的幾十年中，對莫萊森的研究（在醫學文獻中以他的名字縮寫 H.M. 聞名）徹底改變了我們對大腦運作方式的理解。他使科學家了解到記憶的形成與大腦中所謂海馬迴區域（hippocampus）的關聯（此區域在他的手術中受到嚴重的損傷），也證明了即使我們對學習事件沒有明確的記憶，還是可以不自覺地學習一些技能。莫萊森於二〇〇八年去世，很少有人像他那樣，對神經科學和心理學有著如此巨大的影響，如今全世界理科學生都聽過他的大名。

然而，他對了解食慾方面的貢獻卻鮮為人知。研究莫萊森的科學家們早就注意到，他很少報告自己餓了，但似乎總是吃得下東西[4]。一九八〇年代初期，哈佛大學的南希・赫本（Nancy Hebben）及其同事決定測試這一點，請他在飯前及飯後從0（飢餓）到100（完全飽足）之間，為自己的飽足程度評分。如果人的食慾主要是由胃部的訊號所決定的，那麼應該會看到飯後飽足感的分數上升；莫萊森的記憶缺陷應該不致於影響他的飽足感。然而，莫萊森在飯前飯後的評分都是一樣的，大約五十分。陷入「永久現時狀態」的他，飢餓感似乎從未改變過。

為了觀察他的記憶缺陷是否也改變了飲食行為，科學家進行了一項晚餐實驗。莫萊森吃完飯後，護理人員把桌子清理乾淨，在一分鐘內又給了他第二頓飯。令人驚訝的是，他幾乎把所有食物都吃光了，只剩沙拉。即使在那時，他也只表現出適度的飽腹感，而大多數人在兩頓豐盛的餐點後會覺得完全沒有食慾[5]。他對自己吃過的東西沒有記憶，似乎無法控制自己的飲食。

當然，莫萊森可能是絕無僅有的，但其他幾個對失憶症患者的研究也得出了類似的結論。在英國伯明罕大學（University of Birmingham）進行這方面研究的蘇珊・希格斯（Suzanne Higgs）說，「看到這一點真是太不可思議了」。她記得有一次問病患想不想吃飯，這個病患看著時鐘，「就好像搞不清楚自己究竟是否餓了，而這是他判斷是否適合用餐的唯一方法」。另一名失憶症病患（不是希格斯的）在兩頓大餐後仍表現出極度飢餓，準備吃第三盤；由於擔心讓他吃這麼多會有害健康，研究人員決定在他吃了幾口之後把盤子收走。

怎麼會這樣呢？毫無疑問，人的食慾一部分來自消化系統的活動，即所謂的「自下而上」訊息來源。我們在進食時，腸道開始伸展，為食物騰出空間，人體在食道和胃腸道周圍的肌肉有感測器，可以檢測到這種運動，會透過迷走神經（vagal nerve）將訊號傳遞到大腦，在人吃飽的時候產生一種獎勵和滿足感（或是在吃得太多的時候產生腹脹感）[6]。腸道也有自己的化學受體，可以檢測營養物質的存在，如脂肪或蛋白質，當它們受到刺激時，會釋放出抑制人體飢餓的激素[7]。

然而，像莫萊森這一類失憶症患者的經歷顯示，這些感官線索只能粗略估計人吃了多少食物。預測機制似乎必須利用其他自上而下的訊息來源——如記憶和期望——才能理解來自腸道的訊息，進而產生飢餓感或飽足感。莫萊森的大腦沒有辦法對一天的飲食形成記憶，因此無法據此對身體訊號進行背景分析，也就代表他在飯後總是不會感到完全滿足。

提醒大腦吃進了哪些食物

你可能合理懷疑這些研究發現與自己的日常生活有何關聯，然而人並非只有大腦受損才會有記憶力減退的情形——即使是輕微的健忘也會導致暴飲暴食[8]。更重要的是，希格斯等研究人員已經證明，無論是過去和現在，**即使是對食物思考方式的微小變化，也會改變大腦對攝取食物的評估，對人的食慾產生深遠的影響。**

在一個著名的實驗中，希格斯邀請一組學生在午餐後進入她的實驗室，對一些餅乾進行口味測試——完成兩份問卷之後，他們可以自由食用。希格斯發現，與只寫下一般想法和感受、而不是食物記憶的那些參與者相比，只是花個幾分鐘記下進食回憶，就可以提醒受試者記住自己午餐吃過什麼，使其總進食量減少約四五％。每人大約四塊餅乾的差異。對於那些寫下前一天那頓飯的學生來說，情況並非如此——那是一個更遙遠的事件，對當下的飽足感幾乎沒什麼影響。反之，基於最近的記憶對當前飽腹感的期望，似乎才是最重要的[9]。

記憶和期望對於創造飽足感的作用，也解釋了為什麼食物外觀會大大地影響人的進食量。二

○一二年，布里斯托大學（University of Bristol）的一個研究小組首先請參與者喝一碗三百毫升或五百毫升的奶油蕃茄湯。然而參與者不知道的是，碗裡裝有一個小泵，可以增加或減少他們實際食用的湯量，因此，參與者以為自己喝的是五百毫升相對大份量的湯，其實喝的是三百毫升的標準份量，反之亦然。果然，在接下來的三小時裡，參與者的飢餓感絕大部分取決於記憶中看到的食物，而不是實際的攝取量。如果參與者喝的是三百毫升，但看到碗裡有五百毫升，比起那些吃得多但看到的少的參與者，他們更少感到飢餓。他們的飽腹感和滿足感幾乎完全是「心理預期飽足感」的結果：也就是說，這是基於對自己進食內容的視覺記憶，而不是實際的食用量[10]。

從被帶進實驗室吃歐姆蛋早餐的學生身上，也可以看到完全相同的反應。在完成問卷調查之前，先向他們展示了歐姆蛋的成分，以確認不會對其中任何食物過敏。巧妙之處在於，其中一些人看到的只是兩顆雞蛋和三十克起司，而其他人看到的則是四顆雞蛋和六十克起司。事實上，所有參與者所吃的都是一份含三顆雞蛋和四十五克起司的歐姆蛋，然而，一開始所看到的食物份量，改變了他們數小時之後的飽腹感和飢餓感。與看到食材含量較多的人相較之下，那些看到兩顆雞蛋和一小塊起司的人，由於預期的飽腹感較低，在自助午餐時吃了更多的義大利麵[11]。

生活中的進食陷阱

很多人每天都會形成這種不準確的食物記憶，對腰圍造成嚴重影響。**吃飯時工作、看電視或**

上網的不健康習慣，可能會分散注意力，有損我們對攝取食物的記憶形成，降低對飽腹感的期望。研究此現象的希格斯表示，「其實這與在失憶症患者身上看到的情況類似，因為無法對這些新的飲食形成記憶」，因此，我們不僅會在用餐時吃得更多，隨後的幾個小時還會吃更多零食[12]。

再來則是**加工食品的包裝描述**，通常會干擾我們準確評估所消費的食品內容。從前，我們的祖先可能對菜餚成分了解比較清楚。而如今，我們在購買現成食品和飲料時，幾乎不知道其中所含成分的真實數量。例如，冰沙奶昔含有許多水果，但裝在瓶子裡看起來要少得多。大腦在計算每天的攝取量時，只會記得自己吃的並不多，遠不如看到打成冰沙奶昔的整碗水果，因而產生一天稍晚時的飢餓預期[13]。

那些**所謂健康食品的廣告，也會扭曲大腦對所攝取食物的估計**。例如，一種食品即使含糖量很高，也可能被貼上「低脂」標籤，只因為它的脂肪與標準產品相比，略有減少。後果就是稍後會覺得更飢餓。許多研究已經證實，完全相同的食物，例如義大利麵食沙拉，與被特別貼上「營養豐富」的標籤相比，如果所貼的是「健康」標籤，會造成較低的飽足感，這都是因為覺得會吃不飽的預期心理[14]。事實上，健康飲食理念與飢餓感之間根深柢固的關聯，可能十分緊密，以至於吃一份「有益健康」的零食可能比什麼都不吃更糟糕。例如，給參與者一塊標示「健康」的巧克力口味蛋白棒，不只是比吃了標示「美味」樣品的人更沒有飽足感（見下圖），他們其實也比什麼都沒吃的人感覺更餓[15]。

這種期望效應對任何節食者來說都是有害的。但是，正如我們即將看到的，後果並不止是我

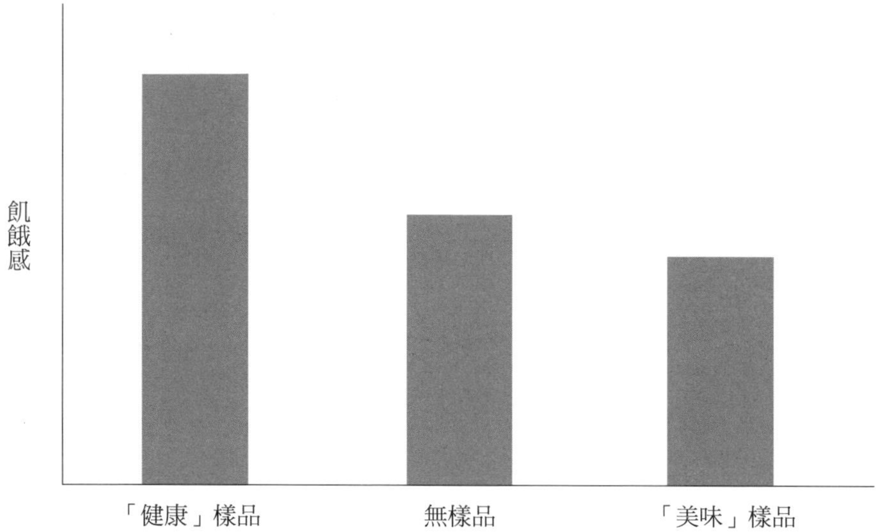

食用「美味」和「健康」巧克力棒之後的飢餓感。

們主觀的滿足感；**對所吃食物的信念也會影響身體的消化和新陳代謝**。透過身心合一的力量，我們對食物的態度，甚至可以決定身體對於影響健康重要營養素（如鐵質）的吸收程度。

罪惡奶昔其實不罪惡

牽涉到檢查消化系統的實驗時，奶昔是主要的食品，其中一個原因是它的適口性：很難找到不喜歡奶昔的人，尤其是在主要實驗對象的學生群體中。另一個原因是奶昔隱藏食物成分的能力：一旦食物經調理機加工處理後，自然就很難猜出其中含有什麼成分，這使得科學家更容易操縱參與者的期望，而不受其他因素（比如對特定食物的熟悉程度）影響他們的反應。

一項引人注目的研究檢驗預期心理對受試者**飢餓素（ghrelin）**反應的影響。飢餓素是胃排空時分泌的一種激素，會與大腦中參與調節多種身體功能的下視丘區域的受體結合。飢餓素常被稱為「傳遞飢餓感的荷爾蒙」，因為它能刺激我們的食慾——在準備進食之前濃度最高，進食後最低。或許更適合將之視為能量調節器。當飢餓素濃度較高時，身體會降低靜息代謝率——因此減少整體能量消耗——並開始保存身體脂肪以防進一步匱乏。它還可以使人昏昏欲睡，因此在運動時不會「浪費」太多能量。反之，當飢餓素濃度較低時，代謝率上升，就更有可能釋放一些儲存能量以供使用，因為知道即將會有更多的能量輸入，人會變得更加活躍。透過這種方式，**飢餓素有助於平衡人體能量輸入和輸出，以確保我們永遠不會耗盡體力**[16]。

二〇一〇年代初期，艾莉亞・克魯姆與其耶魯大學和亞利桑那州立大學（Arizona State University）的同事，分別在兩個不同的場合邀請參與者進入實驗室，嘗試不同的奶昔配方。其中一個以斗大的字標榜著「放縱自己：你應得的享受」，旨在鼓勵食客：

> 讓自己盡情享受所有優質食材合成的奶香濃郁好滋味——奢侈爽口的冰淇淋、濃郁香醇的全脂鮮奶、和甜蜜的香草。簡直就是瓶中的天堂，令人無法抗拒的滿足。順口、豐富、又美味！

在營養資訊方面，總共包含六百二十卡路里（其中二百七十卡路里來自脂肪），並附有一張照片，玻璃杯中裝滿冰淇淋、巧克力醬、和點綴的裝飾。

另一種奶昔則是標榜著「無罪惡的滿足感」（Sensi-Shake）：

> 來點輕爽、健康、全新的「無罪惡的滿足感」，讓你變得理性。享受所有美味，而沒有罪惡感——不含脂肪、沒有添加糖分，只有一百四十卡路里。「無罪惡的滿足感」奶昔清淡可口，每天都可以享用。

伴隨產品的照片則是一朵平淡的香草花——代表這款飲料的口味。

事實上，這兩天的奶昔成分是完全相同的，都含有三百八十卡路里。為測量參與者對這些虛構期望的飢餓素反應，克魯姆的團隊在他們閱讀行銷資料的前後、以及在實際喝了奶昔之後，固定採集其血液樣本。對於放縱享受「順口、豐富、又美味」的奶昔，飢餓素濃度的變化與人在飽餐一頓以後所預期的完全一樣，符合飢餓感下降的預期結果。然而，對於「理性的」、「無罪惡感的」奶昔，飢餓素濃度幾乎沒有變化。

透過簡單的心態改變，沒有實際變更奶昔的營養成分，克魯姆的團隊似乎轉變了參與者的荷爾蒙分泌狀況：一方面，使他們覺得更飽足、增加新陳代謝；而另一方面，則使他們覺得更飢餓、減少新陳代謝[17]。克魯姆總結說道，**「當人們認為自己飲食健康時，就會產生一種被剝奪的感覺，這種心態在形塑身體的生理反應方面是很重要的」**[18]。

這些心態的直接影響，也可以在大腦中與能量調節相關的區域看到。例如，同樣喝的是低熱量飲料，喝到標榜「享受」的人，下視丘的反應更明顯高於喝到標榜「健康」飲料的人。受試者對「享受」標籤的反應，與實際喝到高熱量 Ben & Jerry's 奶昔時觀察到的活動非常相似[19]。大腦在調整其預測的能量攝取和消耗時，純粹根據文字訊息，無論杯子裡的實際成分如何。

食物是固體或是液體，都會影響飽足感

進一步的研究表明，我們對食物的期望可以影響一切，從食物在腸道的運動到胰島素的反應。以印第安納州西拉法葉普渡大學（Purdue University）研究人員的一項獨創性研究為例，他們想了解為什麼含糖飲料不能滿足人的食慾。畢竟，一瓶可口可樂的卡路里含量與一個油炸甜甜圈一樣多，但由於我們的期望值較低，喝了之後還是會感到飢餓，而且無法透過減少一天中的消耗來彌補熱量的攝取。就像亨利．莫萊森能一頓又一頓地吃卻總是沒有飽足感一樣，如果你相信飢餓感僅僅是由腸道中營養物質的化學感應引起的，這一點就很難解釋得通。普渡大學的研究人員懷疑，這是因為人們普遍認為液體的卡路里含量比食物少，並且不容易使人滿足——這個預期直接影響了消化的方式、包括在腸道中的停留時間。

在一項實驗中，參與者被給予櫻桃口味的飲料，在他們飲用之前，實驗人員針對食物在消化系統中遇到胃酸時的反應，進行兩次不同的「示範說明」。一組看到的是飲料混合到另一種液體中，並沒有改變形態，而另一組看到的則是液體凝結成固體的過程，這使營養成分看起來更具體、豐

富。研究人員在進行實驗時記錄了參與者的即席評論，從中可以清楚地看出操縱的效果。認為飲料在胃裡仍是液體的人說，他們所喝的飲料幾乎沒有飽足感，「直接穿過我的身體」；而那些相信液體變成固體的人則感覺更飽足，有個受試者說「覺得好像吞下了一塊石頭」，另一個人則說，「真不可思議，我覺得自己吃了一頓大餐」。還有一名受試者回報，感覺很飽，幾乎連一杯都喝不完。

正如克魯姆發現的，這些回報的感覺也反映在各種客觀測量中。喝下飲料後，參與者還吞下一種化學追蹤器，讓科學家得以透過消化道觀察飲料的發展過程。相信液體轉變成固體形態的受試者，飲料從口腔進入大腸的時間更長。由於食物在腸道中停留更長時間，這種緩慢的轉變可以解釋為什麼參與者感覺飽足的時間更長，因此，稍後不太可能吃零食。與認為飲料在胃裡還是液體的人相比，他們在一天中攝取的熱量少了約四百卡路里[20]。

在日常生活中，**飲料的感官特徵——無論是濃稠的、奶油狀的、還是像水一樣稀薄——都會影響對飽腹感的期望。一再重覆的實驗證明，液體越黏稠，帶來飽足感的期望就越高，生理反應也就越明顯**[21]。

食物形體影響營養素的吸收程度

科學家仍在努力研究人的期望對消化的真正影響，而一九七〇年代一項未被充分重視的研究證明，期望效應甚至可能會影響身體對維他命和礦物質的吸收。當時這些科學家在研究泰國比其他許多國家都普遍的缺鐵情況。他們一開始實驗用的是一種碎末狀的泰國餐來提供營養，結果發現，有鑑於提供給受試者的鐵質含量，他們的營養吸收程度遠低於預期；身體從膳食中吸收這麼少的營養，想要不出現嚴重的健康問題，似乎是不可能的，事實上，還會導致更嚴重的貧血。這使研究人員不禁懷疑，餐點的呈現形式（這種看起來不吸引人的糊狀物），是否影響了研究結果。畢竟，這種食物很像要提供給斷奶嬰兒的果泥，幾乎不是大多數成年人會想吃的食物。

為了驗證此一假設，研究人員決定直接比較兩種形式的食物——傳統的泰國蔬菜咖哩、和透過食物調理機加工過的「均質」糊狀物。結果令人震驚：平均而言，相較於「均質」糊狀物，當膳食以傳統形式呈現時，參與者吸收的鐵質多了七〇%[22]。研究小組還檢視這種影響是否也存在於不同的文化中，因此也對瑞典參與者進行相同的測試，他們吃的是傳統的西餐——漢堡加上馬鈴薯泥和青豆。同樣的，當食物以可識別的形式呈現時，鐵的吸收率要比糊狀食品高得多[23]。

在這些實驗中，食物的呈現方式、以及參與者對此產生的態度，深刻改變了對身體的影響。當食物以不熟悉或不吸引人的形式出現時，我們不再期望滿足和享受，因此可能直接影響到幫助身體吸收營養的消化液分泌。

有許多人（包括自詡為飲食大師的人）將進食視為純粹的化學過程，就好像我們只不過是將燃料鏟進爐子似的。然而，上述實驗都證明了，完全相同的食物可能是很有營養、會有飽足感，也可能是令人不滿足和沒營養的——絕大部分都是因為我們對所吃食物的記憶、對食物成分的印象、以及對食物賦予的意義。

心念也可能破壞減肥成效

回顧這些歷史觀點，我還是很驚訝主流科學竟然等了這麼久才開始研究**心理預期對飲食和營養的作用**。一個多世紀前，俄羅斯科學家伊凡·巴夫洛夫（Ivan Pavlov）發現，他可以訓練狗將食物與某些線索聯繫起來，例如鳴笛、口哨、或是閃光燈（他究竟是否用過鈴鐺顯然仍是個謎）[24]。最終，這個刺激足以讓狗即使沒看到食物出現也會垂涎三尺，口中釋放出能促使食物分解成可吸收營養素的酶（enzymes）。這是一個基本的期望效應——然而，很少有科學家跟進這項研究，探索人對食物更廣泛的思考會如何影響身體的消化。

關於大腦對食慾和消化的影響，有一些線索甚至潛藏在醫學界對安慰劑效應的研究中。那些被引導相信自己因肥胖而接受手術的患者（如胃間隔手術或置入胃水球），即使他們接受的是假治療，通常也會出現食慾下降和體重大幅減輕；總體而言，他們回報了與接受實際手術的人大約七〇%的相同益處[25]。對於預期的飽腹感及其生理效應的研究，自然地拓展了這些調查結果，然而科學家卻花了幾十年時間才看出兩者的關聯。事後看來，忽視人對於飲食的理解、情感和文化因素，而只關注食物中的原始營養成分，似乎是不智的。

這種延誤對世界健康造成了巨大的損失，由於肥胖症目前正影響著全球一三%的成年人，對期望效應的理解可能會提供令人振奮的新對抗工具[26]。雖然許多衛生當局持續推展健康飲食的宣傳活動，卻沒有考慮到**人們對食物和營養的信念很可能會破壞努力減肥的成效。**

你可以測試一下自己。在以下每一組食物中，前者的卡路里含量與後者的相比較，是更多、更少、還是大致相同呢？

普通的麥當勞漢堡	8.5盎司烤鱈魚
一杯低脂優酪乳	2/3杯的冰淇淋
一根香蕉	4顆Hershey's Kisses巧克力

事實上，卡路里含量大致相當。但大多數人都認為漢堡、冰淇淋、和巧克力的熱量，遠高於香蕉、低脂優酪乳和烤鱈魚，而且對食品真實熱量的高估或低估約達五〇%。這些錯誤對人的體重產生了真正的影響；他們估計的誤差越大，體重就越重[27]。

研究人員在檢視人與不同食品的聯想時，發現更可能將花椰菜或鮭魚等食物，與「飢餓」或「餓極了」等詞聯想在一起，這些關聯應該會減少預期的飽腹感，而在稍晚的時候覺得飢餓[28]。同時也請參與者填寫問卷調查，針對以下的陳述進行評分：

在一分（強烈不同意）到五分（強烈同意）的範圍內，你是否認為：

- 食物的健康和美味之間，通常存在一種負相關的關係
- 想要讓食物更健康，勢必得犧牲美味

● 對身體有益的食物很少是好吃的

研究人員發現，對這些說法的反應與人們的體重增加傾向，兩者之間存在著明顯的相關性：一個人的得分越高（亦即越強烈地同意這三種說法），身體質量指數就越大（BMI是衡量體重相對於身高的指數，也是檢測不健康脂肪堆積的最佳指標之一）[29]。

在過去，我們可能會想像這些人只是自制力很低，不想放棄一時的口腹之欲，然而，期望效應的研究證明，真相其實複雜得多[30]。想像一下，你去看了醫生，醫生告知你有肥胖症的風險。你可能會想要改善，就跑去買很多低熱量的食物，但這些「健康」飲食的概念（以及健康一詞的所有意涵），都會讓你產生剝奪感，直接影響你的生理機能。每次吃完飯後，你身體內可能會有更高濃度的「飢餓激素」，腸道甚至會更快排空食物，這代表你會感到更飢餓，想吃東西的欲望會更強烈。**認為節食本身就很困難的信念，將成為一種自我實現的預言**。面對這些阻礙時，難怪即使是意志力超強的人，也很難對健康飲食做出持久的改變。

避開放大飢餓感的陷阱

我很快就會解釋我們該如何單獨克服這些挑戰。然而，事實上，外在的環境依然不斷迫使我們形成這些假設，包括食品廣告還是在強化健康食品基本上無法令人飽足的信念，我們需要學會辨識那些會造成剝奪心態的訊息。二〇一九年，艾莉亞・克魯姆分析了二十六家提供「健康飲食」的美國連鎖餐廳菜單，檢視當中描述不同種類食物的詞彙。她發現，在標準飲食的選項中更可能包括表達享受（「瘋狂」、「有趣」）、邪惡（「危險」、「罪惡感」）和墮落（「狂喜」、「有活力的」、「令人垂涎三尺」）等情感詞彙，以及質地（「酥脆」、「濃郁」、「粘稠」），和味道（「濃烈的」、「美味的」）——這一切的詞彙都暗示一種令人滿足的體驗。相較之下，健康食品更可能包含簡單（「平淡」、「清爽」）、苗條（「精簡」、「瘦身」），和匱乏（「無脂肪」、「低碳水化合物」）的詞語。這些描述都是關於食物所欠缺的東西，換句話說，明確設定了一種會放大飢餓感的剝奪心態，讓你在幾個小時後直接去找餅乾充飢[31]。

餐廳菜單以及一般的飲食寫作其實不必如此。正如克魯姆及其同事所指出的，你可以輕易地為蔬菜菜餚的描述增添情趣，比如說，運用能喚起放縱和感官享受的情感描述：「熱情洋溢的薑黃甜蕃薯」、「甜滋滋的青豆及香酥青蔥」、和「慢烤焦糖櫛瓜小吃」，以此取代「不含膽固醇的甜蕃薯」、「清淡、低碳水化合物的青豆及青蔥」、和「更清淡的櫛瓜選擇」。如此一來，不僅馬上使蔬菜變得更開胃（根據克魯姆的一項研究，食用量增加了二九％），還能夠有助於確保食客在餐後不太可能吃零食[32]。布里斯托大學的研究人員發現，只是在優酪乳瓶身加上「更長時間的飽足感」這些字眼，就能夠顯著增加人們在三小時後的飽腹感[33]。

建立內心安全感

隨著研究人員持續探索期望效應如何影響消化，有必要深入了解貧窮等因素的重要性，因為這些也會改變人對某些食物的看法。低社會經濟地位是肥胖症的已知風險因素，對此有很多潛在的原因：與便利食品相比，新鮮食品的成本相對較高；沒有時間準備營養餐；以及缺乏能夠幫助減重的醫療保健和其他支援。但新加坡近期的一項研究顯示，由財務不安全感引起的期望效應，也可能產生重要影響。**當人們感到更貧窮、更沒安全感時，會傾向於吃更甜的零食，並選擇更大的份量**[34]，這似乎呼應身體和大腦對食物的荷爾蒙反應的明顯變化。

參與者首先被要求完成一項能力傾向測驗，表面上預測他們未來的職業成就和收入，事實上，給他們的反饋是假的——每個人都被告知自己的得分在底層的一九%，刻意讓他們擔心自己會在新加坡競爭激烈的社會中掙扎。為強調和放大這些擔憂，研究人員向參與者展示一張梯子的圖片，告知梯子代表新加坡的社會結構，他們的任務是決定自認為落在哪一個階層，並與最上層的人比較：「想想你們之間的差異可能會如何影響彼此的話題內容、可能的互動方式、以及彼此可能會對對方說些什麼」。完成任務後，再提供參與者一杯奶昔，並在前後固定進行血液檢測。

實驗結果與克魯姆最初對食品標籤影響的研究非常相似——不同之處在於，是社會和經濟不安全感讓他們產生了相對剝奪感，進而影響了身體激素反應。因為假的反饋而自認為在新加坡社會階層低下的參與者，在拿到零食時，傾向於呈現比較高的飢餓素濃度，也因此感覺不太飽，他們的身體似乎已經準備好要多吃一點並儲存脂肪[35]。實驗結束後對參與者進行了彙報，好讓他們不會受到任何長期影響，但是，**如果你經年累月生活在類似的脆弱感中，這種荷爾蒙反應的改變可能會慢慢讓你步入肥胖症，即使你選擇的食物是相對健康的。**

在人類的進化史中，這可能是面對困境時合理的適應性反應：如果我們必須擔心未來的資源，就得確保自己充分利用現有的一切，因此在能吃的時候多吃點東西、減緩新陳代謝以儲備一些能量，這是有道理的。在其他社會性動物中也可以看到類似的反應：處於群體啄食順序底層的動物，只要一有機會，通常會吃得更多，也會減緩能量消耗的速度，使它們能夠儲存脂肪，以防未來面臨食物短缺。這一切都曾經保護了人類的脆弱性，但在今日的「肥胖」社會中，高熱量食品相對便宜而且容易獲得，這些反應可能會導致健康情形惡化。

不要害怕追求享樂

如果我們希望改變自己的飲食，該如何應用這些發現呢？雖然新的研究本身並沒有傾向任何特定的飲食計畫，但許多節食方案都牽涉到某種形式的卡路里限制，**一些心理學原理可以緩解這個過程，抑制想吃的欲望，同時確保你從食物中獲得更多的快樂和滿足感。**

最明顯的一步是**儘量避免含糖飲料中的卡路里**。正如我們在本章中所見的，大多數飲料的預期飽腹度非常低，代表不太可能讓人減少隨後想吃東西的欲望。我在試著減重時，甚至會儘量避免喝果汁和冰沙奶昔，因為它們不像固體食物更能有飽足感。如果你實在不能沒有這些飲料，至少試著自己做，而不是買現成的商品，這樣就可以更清楚了解其中的固體成分：研究顯示，這麼簡單的一步可能會對你的整體飽腹感產生有意義的影響[36]。

尤其要避免含糖量高的運動恢復飲料。根據一項研究，一杯奶昔可能含有一千二百卡路里，大約是建議成年人每日平均攝取量的一半[37]。除了是液體形態之外，被貼上「健康」的標籤也會讓人預期產生更少的飽腹感，造成隨後吃更多的零食[38]。如果你只是想要快速增加能量以補充消耗掉的卡路里，那可能不成問題，但要小心造成過度補償，如果你的主要目的是要減重，或許該找一種更能滿足的方式來恢復體力。

其次，你應該盡情地享受你所吃的食物。節食時可能會覺得該吃平淡無奇的飯菜，幾乎像是一種懺悔的行為，但最新的研究證明，食物的風味和質感在減肥期間尤其重要，因為可以產生放縱感，有助於增加飽腹感，提高對食物的荷爾蒙反應。因此，我會試著選擇刺激、辛辣的食物（如前文中提及的煙花女義大利麵），並充分利用濃烈的美味食材，如鯷魚或帕瑪森起司。你在餐點添加的少量卡路里，會被隨後更強烈的飽腹感所補償，進而減少了稍晚吃零食的可能性。根據這項研究，最糟糕的事就是吃一些清淡乏味的食物，這會讓你覺得被剝奪了[39]。

在接受別人款待時，培養恣意享受的感覺尤其重要。雖然吃了蛋糕或冰淇淋之後，可能會有罪惡感，但研究表明，反而應該從中獲得最大的快樂。畢竟，一份零食不應該讓你把所有美好願望都拋一邊，只要有了正確心態，就可以確保它讓你感到飽足，讓身體燃燒所攝取的熱量。

如果覺得這似乎令人難以置信，不妨參考一項針對一百三十一名節食者為期三個月的追蹤研究。將蛋糕等食物聯想到「內疚感」的參與者，在這段時間體重往往會增加，而將蛋糕與「慶祝」聯想在一起的參與者，則朝著實現目標的方向前進[40]。給某些食物貼上「罪惡」或「毒害」的標籤可能是流行趨勢，但心理學研究證明，如果我們想徹底改變自己的飲食行為，就應該避免這種苛刻的價值判斷。

你可以透過改變進食前、進食中和進食後對食物的看法來放大這些影響——從對即將品嚐的食物產生高度預期開始。在二〇一六年加拿大和法國的一項研究中，研究人員先鼓勵參與者生動地想像各種甜食的味道、氣味和質地。然後要求參與者說出自己想要的美味巧克力蛋糕份量。你可能會認為，之前的想像練習會增加他們對食物的欲望，因而選擇比較大的一塊。結果大部分的參與者表現出完全相反的反應，所選擇的份量反而比沒有事先思考感官品質的人更小。透過更仔細思考飲食的樂趣，他們認知到少吃幾口也能得到想要的滿足感[41]。這個結果與另一項實驗相吻合，該實驗要求參與者在看到真實產品之前，想像自己吃的是M&Ms巧克力或起司。與想像其他活動的參與者相比，他們隨後吃的零食份量要少得多[42]。**對即將要吃的食物有一點期待，似乎可以讓吃進去的每一口都有更大的效力**[43]。

最後，你應該避免在吃飯時分心，確保細細品嚐每一口食物。這是老生常談，但是細嚼慢嚥會讓你感覺更滿足，因為會增強你的「口腔味覺」體驗，進而引發對食物更大的激素反應[44]。隨後，試著記住你吃過的東西。每當你突然想吃零食的時候，回想一下你的上一頓飯，試著重現進食的記憶；當你提醒大腦的預測機制將這些卡路里納入身體能量平衡預測時，可能會發現自己沒有想像中的那麼餓。

不要期待奇蹟。光憑想像力也不可能把萵苣葉變成盛宴，而嚴格的速成節食似乎不太可能從這些小小的心理方法中獲益。然而，對於較為溫和的節食方案，這些心理變化可能會對腰圍產生重大影響，重要的是，也能改變人的情緒。無論你是想要減掉幾磅，還是只想維持目前的體重，都應該將每頓飯視為一種放縱、值得慶祝的享受，這將有利於身體和心理的健康。

相信你值得享受美食

在運用這些原則時，許多國家的食客不妨可以從法國文化中得到啟發。認為健康食品根本無法令人滿足的這種觀點，雖然在美國似乎相對普遍[45]，但是在英國和澳大利亞則不太明顯[46]，而在法國，持完全相反觀點的人似乎更為常見。例如，對於「有益健康的食物很少是美味的」這種說法，法國人平均而言會更傾向於「強烈不同意」，而實驗室研究顯示，不同於其他西方國家，標榜著「健康」的食物並不會降低滿意度和愉悅感[47]。

除了對健康的食物有更正面的看法外，法國人對於食物和甜點方面，通常也很少有負面的態度。被要求選擇與不同食物相關的詞彙時，比如「冰淇淋最適合搭配：美味或發胖」，法國人通常會選擇更令人愉悅的替代詞，而美國人則傾向選擇更具負面含義的詞彙。與美國人相比，法國人更傾向於支持「享受美食是我生活中最重要的樂趣之一」這樣的說法。

當然，這在任何國家之間也都因人而異，這些態度可能隨著時間發展而有所改變——但總體而言，法國人似乎對所吃的食物、及其對身體的影響有更積極的期望。這種對食物放縱、享受的態度造成的影響，可以從進食的份量和時間上看出來。即使喜歡吃速食，法國人也傾向於選擇較小的份量——因為知道自己可以從少量的飲食中獲得更大的愉悅，他們也會慢慢品嚐速食，創造出更詳細的記憶，同時預期更長時間的飽足感[48]。根據世界衛生組織的數據，法國的平均身體質量指數為25.3——低於其他歐洲國家，如德國（26.3），也明顯低於澳大利亞（27.2）、英國（27.3）和美國（28.8）[49]。

除了解釋各國身體質量指數的差異外，這種飲食態度還有助於我們理解令人困惑的健康差異，這是很難用飲食本身的營養含量來解釋的。與一般英國或美國飲食相比，典型的法國飲食中奶油、起司、雞蛋和奶油中的飽和脂肪比例更高，但法國人患冠狀動脈心臟病的可能性明顯低於英國人或美國人。這一點曾被歸因於法國人適量飲酒的習慣，因為葡萄酒中含有抗氧化劑和消炎化學物質，有助於減少隨著年齡增長而造成的組織損傷。事實上，可能有許多不同的因素都在發揮微妙的作用，包括每種文化對不同飲食的期望、以及這些食品對人體健康和福祉的影響。

請記住，即使考慮了各方面因素，那些自認為患心臟病風險更高的人，患病的可能性也是其他人的四倍。在英、美等國家，食品相關資訊似乎都在促成類似的自我實現預言。誠如一項研究的作者所提出的結論：「我們可以合理地假設，當生活某一層面構成重大壓力和擔憂來源，而感到不快樂時，心血管和免疫系統都會受到影響」[50]。然而，多虧了更積極的飲食文化，法國人似乎不太容易受到這種反安慰劑效應的影響。他們知道，**只要適度，還是可以享受蛋糕。我們都會因為盡情享受生活樂趣而變得更健康。**

日常飲食的心念日常練習題

- 用餐時避免分心，關注你正在吃的食物。試著培養進食體驗的強烈記憶，將有助於促成長時間的飽足感。
- 如果想減少攝取零食，不妨提醒自己上一餐吃了什麼。你可能會發現回憶有助於抑制飢餓感。
- 小心會造成剝奪感的食物描述。即使你正在尋找低熱量的飲食，也要試著找一些能喚起放縱感的產品。
- 節食的時候，要特別注意食物的味道、口感和外觀——任何能提高進食享受、並讓你在吃了之後感到更滿足的食物。
- 避免含糖飲料。這種高熱量的飲品會讓身體能量調節產生困難。
- 享受對食物的期待，這會激發身體消化反應，有助於促成進食後的滿足感。
- 放縱一時真的不需感到內疚；反之，要盡情享受愉悅的時刻。

第7章

用心念紓解壓力

「起初，我覺得自己有責任和里格斯對打，但我選擇將這種驚人的沉重壓力視為特權。這改變了我的整個心態，使我能夠更冷靜地處理這種局面。隨著時間發展，我開始把比賽看作是我有這個榮幸可做、而非不得不做的事」

——十二個大滿貫網球單打冠軍，比莉・珍・金（Billie Jean King）

在十九世紀末，醫生、政治人物、和神職人員開始努力對抗威脅世界健康的一種危險新疾病——這種強烈呼籲至今仍能聽到。問題既不是鴉片，也不是苦艾酒，而是「焦慮」。早在一八七二年，《英國醫學期刊》就指出，「這些時期緊張而匆忙的騷動」正使人們神經極度緊繃，導致精神和身體崩潰，甚至心臟病發病率上升。該篇報導指出，「這些數字警告我們要多加小心，不要為了生存不下去而自殺」。文中提倡一種精神「衛生」，消除讀者生活中不必要的壓力[1]。

男男女女都經常得到臥床療養的醫囑，而在美國，長期焦慮的人甚至可以參加「別擔心」俱樂部，在此成員們相互支持、協助戒除焦慮。該運動是由音樂家兼作家西奧多・蘇厄德（Theodore Seward）在紐約市一個私人的小客廳裡發起的。他認為，美國人「受制於習慣性焦慮」，這個惡習是「會破壞幸福的敵人」：需要用「堅定的決心和毅力」來「加以對抗」[2]。蘇厄德甚至將「別擔心」運動稱之為「解放」，他喜歡把它拿來與當時有所進展的禁酒運動相比較[3]。

這個想法很快就流行起來，到二十世紀初，偉大的心理學家威廉・詹姆斯（William James）觀察到，一種「健康心靈的信仰」已經開始產生效果，伴隨著「放鬆的福音」，目的是讓心靈遠離所有消極的想法和感覺，同時發自內心培養快樂感。他指出，「許多家庭開始禁止對天氣的抱怨，也有越來越多的人認為談論令人不愉快之事是不好的」[4]。他說，主要的目標是「在行動和說話時，總是帶著愉悅之情」[5]。

源源不斷的醫學研究似乎證實了焦慮的危險性，到了一九八〇年代，焦慮被認為是不容置疑的事實，引起了媒體廣泛的報導。這些研究的核心觀點是，人所發展出的壓力反應，即使面對一點點挑戰就會過度負荷，就像面對野外掠食者的驚險狀況時，引發強烈的「戰鬥或逃跑」反應。一九八三年《時代雜誌》有一期的封面報導宣稱，「刃齒虎早已不復存在，但現代叢林依然充滿危險。截止期限逼近、緊迫的轉機時間、尾隨在後的粗魯駕駛人所引發的恐慌感，成了總能讓人心跳加速、牙齒打顫、冷汗直流的新野獸」。「人們如今的生活模式本身，即每天生活的方式，正逐漸成為疾病的主要原因」。該雜誌再次建議讀者要控制自己的思緒。一位心臟病專家表示：

「第一條規則是，不要為小事焦慮。第二條規則是，一切都是小事」[6]。同年，「壓力過大」（stressed out）一詞被收錄進英語詞典[7]。

從如今的媒體報導看來，人們很可能比以往任何時候都更加緊張。常常有人告訴我們，即使是不斷出現的輕微壓力，像是對社交媒體貼文的些許惱怒，也會對人的身心健康構成威脅。我們也常被提醒有什麼好方法可以減輕負擔，從感恩日記、正念冥想應用軟體、到大自然中的「森林浴」、和昂貴的數位排毒靜修。無論喜歡與否，我們現在都是全球「別擔心」俱樂部的成員了。

壓力是自身造成的

但是，要是所有的新聞報導、數百萬冊暢銷書、以及鼓舞人心的演講者、甚至科學家自己，都錯了呢？如果可能的話，沒有人願意感到焦慮啊，然而近期的研究顯示，我們對情緒的許多反應往往是自身信念造成的結果。透過妖魔化令人不快但又無可避免的感覺，我們一直在現代生活中形成了強大的反安慰劑效應。對這些期望效應的理解，可以改變我們對各種經驗的態度，從倦怠到失眠，甚至有助於重新定義追求幸福本身。

為了理解焦慮的傳統觀點及其錯誤原因，我們首先必須認識一位名叫漢斯・塞耶（Hans Selye）的匈牙利裔加拿大科學家，他在經濟大蕭條高峰時期的開創性研究，為壓力的危險性提供了最早的一些明確證據。一如許多偉大的發現，塞耶的研究始於錯誤。他的主要任務是識別雌性激素，並繪製它們對實驗鼠的影響圖，然而，當他發現這些老鼠經常生病，而有鑑於所注射的化學物質，令他無法理解，因此碰到了瓶頸。他一開始擔心實驗受到污染，直到後來開始注意到老鼠對其他各種經歷：如接受手術、被置於寒冷或炎熱的環境中、或是被迫長時間在滾輪上運動，表現出非常相似的疾病反應。如此不同的情況，怎麼會導致同樣的疾病呢？塞耶借用力學中的一個術語，開始懷疑是所有這些實驗普遍的「壓力」造成老鼠生病，使它們處於驚恐狀態，最終導致精疲力竭和疾病。

壓力在身體的連鎖反應

隨後數年的研究詳細闡述了「壓力串連」，這是一種生理連鎖反應，使身體處於警戒狀態，慢慢地耗損健康。一切始於大腦兩側杏仁核（amygdalae）的灰質，它們會接收所有的感官訊息、進而產生情緒。當杏仁核偵測到某種威脅時（例如步步逼近的掠食者），會向下視丘發送訊號，那正是負責監測和控制身體能量平衡、並調節生理狀態許多其他元素的同一個指揮中心。最終，訊息傳達到腎上腺，開始分泌腎上腺素這種對身體造成廣泛影響的激素。

腎上腺素釋放最直接的後果可以在循環系統中感受到。心臟會跳動得更快，但手、腳和頭部的血管會收縮——如果受傷了，這種反應應該可以防止失血。呼吸會變得急促而淺，以便提供氧氣，你會經歷高糖效應，因為激素會釋放儲存在肝臟等器官中的葡萄糖。為了確保能量到達肌肉，激素會暫停消化和其他活動[8]。同時，大腦已經準備好完全專注於感受到的威脅、以及周圍環境中的任何危險。這是一種「戰鬥或逃跑」的反應，是針對直接威脅（如身體攻擊）的完美因應。

如果威脅消退（例如掠食者走開了），那麼腎上腺素就會消退，身體可迅速恢復到更平靜的狀態。但是如果持續感到危險，那麼第二波荷爾蒙反應就會隨之而來，包括皮質醇的釋放，這會使大腦和身體在中、長期保持高度警覺。

如同塞耶在實驗鼠身上觀察到的，正是這種持續數天、數週或數個月的心理和生理的警覺，被認為導致老鼠的疲憊和疾病，也被認為是造成人類生病的原因。急速的脈搏和收縮的血管為心血管系統帶來了額外的壓力，而皮質醇的持續波動抑制了有益組織修復的「合成代謝」激素的釋放。這些長期的激素變化也會導致慢性輕微發炎，進而損害動脈壁和關節組織。同時，大腦的高度警覺會降低整體認知表現，因為將更多資源投入去因應威脅，而不是思考令人興奮的解決問題的新方法。

現代人的壓力山大

塞耶認為，職業競爭、長途通勤、和繁忙的社交活動等現代壓力來源，都讓我們處於這種慢性警戒狀態，結果被認為是容易引發一系列疾病，從關節炎到心力衰竭，這些疾病已經開始困擾工業化國家的人民。塞耶宣稱，這些「文明疾病」是「努力工作、忍受著精神痛苦的那些成功人士必須付出的代價」。塞耶對壓力反應的研究極具影響力，曾十七次獲得諾貝爾醫學獎提名，他在一九八二年去世之後，還有許多人持續進行這方面的探索[9]。

然而，從一開始就有理由懷疑關於壓力的說法。許多實驗的動物受試者（包括塞耶最初的研究）都處於極度緊張狀態，產生一種盲目的恐慌．因此很容易在實驗室裡觀察到明顯的生理變化，但不見得反映出大多數人所經歷的那種輕微的壓力。同時，對人類的研究沒有考慮到預期心理是否影響人對壓力的反應。如果回顧十九世紀末的「別擔心」俱樂部，我們的文化顯然長期以來一直認為焦慮和緊張是危險的——特別是工業化和城市化帶來的壓力。由於身心合一，這種態度可能會影響人對於挑戰性事件的實際反應，創造一種自我實現的預言，可能會扭曲了許多最初的科學發現。如果這種說法是正確的，那麼只要改變這些信念，應該可以改變人對壓力的反應。

運用壓力幫助自己成長

傑洛米．詹米森（Jeremy Jamieson）是紐約州羅切斯特大學（University of Rochester）的心理學家，自二〇〇〇年代後期以來，一直在探索此一誘人的可能性，處於科學研究領先地位。他對焦慮表達方式的興趣，源起於自己學生時期的運動員經歷。他注意到，一些隊友在比賽前經常感到特別興奮、激動，而在考試前卻總是感到緊張和「恐懼」。這兩者都是高風險的活動——那麼，為什麼潛在壓力在一種情況下如此有用，而在另一種情況下卻如此不利呢？

詹米森懷疑這是因為他們對不同事件的評估方式。在運動場上，運動員們將緊張的情緒解讀為能量的訊號，但在考場上，同樣的感覺被視為即將失敗的跡象。這些心理預期可能會成為自我實現的預言，塑造大腦和身體對壓力的反應。早期在探索這個想法的實驗中，詹米森招募了六十名計畫參加GRE考試的學生（這是美加地區研究生入學的資格考試），進入實驗室進行模擬測試之前，研究人員向一半的參與者提供以下的資訊：

> 一般人認為在參加資格考試時，感到焦慮會使自己的考試表現不佳。然而，近期的研究顯示，這種焦慮感不會影響考試的表現，甚至是有所助益的——在考試時感到焦慮的人其實可能會表現得更好。也就是說，如果你參加今天的GRE考試感到焦慮，應該不必擔心。**如果發現焦慮感出現，不妨提醒自己，這種感覺可能會幫助你表現得更好**。

這一小段不到一分鐘就能讀完的小小的指導，不僅提高了學生參與者在模擬考試的成績，而且在幾個月後的真實考試中，也表現得更好。這種差異在最可能引發參與者恐懼感的數學部分尤其顯著（所謂的「數學焦慮」如今被公認為是一種真實而普遍的情況）[10]。對照組的平均分數是七百零六分，而學會將焦慮情緒視為能量來源的那些人，平均得分則為七百七十分。

對於這麼短又簡單的介入干預，這種進步是很不可思議的，輕易改變一個人進入心目中理想大學的錄取機會[11]。詹米森成功地利用短短的幾句話，將學生的心態轉移到像他運動隊友那種精力充沛、活力十足的觀點，並擺脫了通常會使人衰弱的恐懼感，對他們的表現產生了直接和持久的影響。

後續的研究探索對焦慮的重新評估是否也會改變人的生物反應，進而可能減輕塞耶和其他研究者所警告的一些長期損害。如同第一個實驗的參與者，新研究的一些受試者也被提醒，生理反應的跡象並不一定是有害的，像是一般被認為與焦慮有關的心跳加快或呼吸急促的感覺，都是身體面對挑戰的自然反應，提高警覺性事實上可以提高表現。反之，對照組則被要求忽略這些感覺，將注意力集中在房間裡某個特定點上，好讓他們「眼不見心不煩」。

面對焦慮，態度是關鍵

在閱讀了這些說明之後，參與者被要求完成一項艱難任務，稱為「特里爾社會壓力測試」（Trier Social Stress Test），旨在挑起更高的焦慮感。他們首先必須簡短介紹自己的優勢和劣勢——增加其脆弱感——隨後進行即席心算測試。為了使任務更加困難，還要求評估參與者表現的人運用消極的肢體語言，雙臂交叉，皺著眉頭，這代表參與者不會接收到任何可能平息焦慮感的鼓勵性反饋。同時，科學家一直都在監控每個參與者的身體對焦慮的反應方式。

對照組顯示出典型壓力串連的所有預期跡象：心跳加速，但周邊血管收縮，將血液輸送到身體核心。雖然沒有實質的危險，但身體的反應就像準備防止受傷似的。然而，那些重新調整焦慮心態的人表現出更健康的反應。他們當然並沒有「放鬆」，心跳仍在加速，但運作效率更高，血管擴張，讓血液遍佈全身。這與運動時發生的情況非常相似；能為身體提供能量，而不會給心血管系統帶來壓力⑫，還能讓更多的血液進入大腦，提升認知能力，一如詹米森在GRE測試結果中所看到的。轉移注意力並沒有效，但觀念重塑發揮了作用⑬。

新出現的證據顯示，**人的預期心理甚至可以影響荷爾蒙的壓力反應。當人們被教導壓力可以提高表現、並有助於個人成長時，往往會表現出更溫和的皮質醇波動——這足以使他們保持更高的警覺，又不會陷入長期的恐懼狀態**⑭。他們還體驗到有益的「合成代謝」激素（如DHEAS和睪酮）的急劇增加，這些激素有助於生長和修復身體組織；對於認為壓力很危險、使人虛弱的那些人來說，幾乎沒有任何變化⑮。正是這一切激素的相對比例真正決定了身體在承受壓力時的耗損程度——當人們重新調整對壓力的評價時，這些激素會達到一個更健康的平衡，有如面對的是可因應的身體挑戰，而不是嚴重的生存威脅。

為什麼重新評估有這種力量？像詹米森這些研究人員認為，這一切都歸結為大腦的預測，**因為大腦會根據任務的需求權衡心理和身體資源，以規畫最恰當的反應。如果你認為自己的焦慮會使你衰弱、降低表現，你就等於強化了這種預期心理**：你已經處於不利地位、即將失敗——大腦的反應就像面臨威脅一樣，並為身體應對危險和潛在傷害做好準備。但是，如果你在面對一項重要而且有益的活動時，將心跳加速視為一種能量訊號，你就等於強化了自己已經有了一切成功所需的這種想法。詹米森表示，「**壓力反應並沒有成為避之唯恐不及的事，反而成了一種資源**」。**因此，大腦可以專注於當下的任務，而不必對任何可能的威脅保持警戒，身體也準備好全力以赴**

完成任務，並從此經驗中成長，不會有受傷的風險[16]。隨後，身體可以更快地恢復到休息狀態時所進行的一切有益活動，例如消化。

除了造成這些生理變化外，對壓力的態度還可以大大地改變人的行為和感知。在面對困難的挑戰時，認為壓力會提升表現的那些人，往往更關注當下場景中的正面元素（比如全場當中的笑臉），而不是執著於潛在的威脅或敵意跡象。他們也變得更加積極主動——刻意尋求回饋，尋找有建設性的因應之道，而不是試圖逃避眼前的問題。他們甚至表現出更多的創造力。這一切的變化都代表這些人更有辦法找到永久解決方案，應對最初造成困境的挑戰[17]。

如今我們知道對壓力的態度可能對各種情況都會造成深刻的影響。例如，重新評估焦慮情緒改善了人們在薪資談判中的表現[18]；美國海軍三棲特戰隊成員對任務的壓力持積極態度，在訓練時也展現更大的毅力和提升表現[19]。心態的轉變也被證明能夠改善患有慢性精神障礙的人（如社交焦慮等）的經驗，幫助他們更具建設性地處理對社會批判的恐懼。詹米森的團隊要求社交焦慮的人參加特里爾社會壓力測試。透過重新評估自己的感受，參與者能夠在簡報時減少明顯的焦慮跡象；坐立不安的次數更少，眼神交流也更多，使用更開放的手勢和肢體語言[20]。

雖然許多實驗探究了相對較短時間的益處，但縱向研究表明，這些態度也會對長期健康產生重大影響。例如，一項針對德國醫生和教師的調查發現，從人對焦慮的態度可以預測一年來的整體心理健康狀況。**比起將焦慮視為弱點或會影響自己表現的人，那些將之視為能量來源、認同「些許的焦慮感會讓我更積極地解決問題」這類說法的人，更不容易受情緒耗竭之苦**[21]。

人的心理預期甚至可能超越壓力和心臟病之間的明顯關聯——這是長久以來關於焦慮最令人擔憂的資訊之一。例如，根據一項針對二萬八千多人所進行的八年縱向研究發現，高度焦慮和精神緊張確實導致死亡率增加四三％——但前提是參與者相信焦慮對他們造成傷害。事實上，和那些幾乎沒有壓力的人比起來，處於高度壓力之下但認為對健康影響不大的人死亡的可能性更小。即使科學家控制了許多其他生活習慣因素，如收入、教育、體力活動、和抽煙，結果也是如此。總體而言，作者們計算出，認為壓力有害健康的信念導致美國每年大約二萬例可預防的死亡——這數量是很驚人的，就像我們在前言中提及的苗族移民一樣，這些人基本上是死於有害的期望[22]。

用「理解焦慮」代替「壓抑焦慮」

由於我自己經常飽受焦慮困擾，一開始對這些研究發現有點懷疑。通常，我們的感覺就像被失速的火車撞上似的，而只要透過重新評估就能克服焦慮的這種想法，聽起來就像叫我們要「想開一點」的老生常談，不但一點幫助都沒有，還很令人惱火。然而，詹米森強調，**主要目的是改變你對焦慮的理解，而不是壓抑這種感覺本身**，這個區別很重要，因為試圖避免或忽視心理的感受往往會強化不舒服的情緒，也會增加恥辱感。（畢竟，如果對你有好處，又何必要避免這種感覺呢？）有了這些重新評估的新技巧，如果你還是感到呼吸困難、心跳加快，不必擔心：只要記住這一點，這些反應並不是軟弱的跡象，事實上，反而會幫助你發揮最佳水準、並有所成長。

重新評估也不需要任何欺騙。你只是合理地質疑自己對於焦慮的假設，重新解讀這種感覺的潛在影響，根據的是大量的科學研究，而不是錯誤的資訊或不切實際的樂觀主義。正如我們在第2章中看到的「公開標示安慰劑」，第3章的疼痛管理方法，第5章的練習重新評估，確實是有可能看到有益的期望效應，而非欺騙自己去想像一些不真實的事。不用說，各別的好處端賴於自身狀況。在考試或面試前完全缺乏準備，重新評估是無法彌補焦慮情緒的。但是，當你採取了一切實際的方法處理手邊的情況時，焦慮的感覺必然是對你有利、而非不利的。

許多現有的壓力管理方法都得依靠期望的力量，例如，市面上出現大量吹捧正念呼吸益處的應用程式和書籍。雖然慢慢的深呼吸可能會產生一些生理效應（比方說，似乎可促成更平靜的大腦活動），但是如果詳細說明了明顯的益處，對人會產生更強烈的效應。

寫下「感恩日記」與「待辦事項」

「感恩日記」也是如此，它鼓勵你記下每天生活當中有意義的事。根據許多雜誌文章和網站的說法，這是經過驗證能有效緩解焦慮的一種方法，一些心理諮商師甚至開始以此作為治療的一部分。比起什麼都不做，這種練習確實能夠改善情緒。然而，二〇二〇年發表的一項大型研究發現，與「主動控制」的任務相比，比如建構每日「待辦事項」清單、描述一天行程、或記錄一天的想法（無論好壞），感恩日記的效果並不顯著。這代表大部分益處可能源於感覺自己正在做一些建設性的事，而不是特定的練習[23]。

在這兩種情況下，這些練習都會讓你覺得自己有更多資源去面對挑戰，反而會改變你看待問題和焦慮的方式。但是如果你並不認為這些對你有幫助，可能就很難注意到箇中益處。事實上，我們對某個特定活動都有不同的聯想，可能會提升或破壞其益處。如果在合唱團唱歌、閱讀小說、或玩俄羅斯方塊會讓你感覺更健康、更快樂，遠勝過一小時的瑜伽練習，你最好接受這個事實，不要試著壓抑自己的情緒，去做一些讓你感到無聊和沮喪的活動。

重新評估壓力的好處之一是，潛在的介入治療不怎麼需要花錢、且易於推廣。幾年前，史丹佛大學的大學生收到了一封電子郵件，提供一些心理學導論第一次期中考試的相關資訊，其中包含關於焦慮的潛在好處的一段話（也就是詹米森在第一次實驗中運用的方式）。這種小小的提示不僅使學生在期中考試中取得更好的成績，在整個學期中也提高了整體表現[24]。

如果你還是無法想像焦慮潛在的正面影響，那麼，想想目前哪些情況是自己已經妥善應付壓力的，可能會有所幫助。也許你就像引發詹米森最初研究動機的那些運動員一樣，已經明白賽前的緊張情緒有助於激勵個人的士氣。如果是這樣的話，牢記運動場上引導正能量的方式，應該有助於你在考試或面試前重新解讀緊張的情緒。

焦慮是上天賜予的禮物

你可能也會發現，根據自己更遠大的目標來界定對焦慮的看法是很有用的，如此一來，焦慮感本身可以被解讀成一種訊號，代表此事對你的人生是有意義的[25]，畢竟，你不太可能對自己毫不在乎的事情感到焦慮。如果你在面試前感到緊張，這代表你有多麼重視這個職位、和自己的成長潛力。這樣，你就不會將困難的處境視為（會觸發戰鬥或逃跑反應的）威脅，而將之視為一個可以克服的潛在挑戰，這會使你更容易將緊張情緒重新定義為督促你邁向成功的能量來源。這些益處似乎是透過練習累積起來的，因此，準備好邁出一小步，讓你的信心隨著時間發展而有所成長[26]。

這種方法幫助了史上最偉大的網球運動員之一比莉．珍．金（Billie Jean King）將焦慮轉化為優勢。五年級的時候，她顯然非常害羞，拒絕上台做口頭讀書報告，光是想到要上台說話就引發了典型的「戰鬥或逃跑」反應。她後來寫道，「一想到要站起來在全班同學面前講話，我就快嚇死了，心臟都快跳出來了」。然而，隨著她的網球生涯發展，她找到一種重新建構焦慮感覺的方法，不再去想自己的恐懼，而是關注艱難挑戰帶來的成長潛力，「我領悟到，贏得錦標賽是所有努力最終的結果（也是我渴望的！），無論我喜歡與否，公開演講的壓力伴隨著獲勝的特權而來」。她第一次在少年網球錦標賽上的公開發言有所遲疑，但最後還是成功了，沒有尷尬、也沒有緊張得要命。

金很快就意識到，壓力是一種特權這個原則同樣適用於各種情況，焦慮感是她成功動力的象徵：「偉大的時刻承載著巨大的壓力——這就是追求表現時壓力的意義所在。儘管面對這種的壓力並不容易，但很少有人有機會體驗」。有了這般領悟，她明白自己應該擁抱這種壓力感受，而不是壓抑——這種心態使她得以度過生涯初期大滿貫勝利、以及一九七三年與鮑比．里格斯（Bobby Riggs）對打，引起全球媒體關注的兩性之戰（The Battle of the Sexes）。正如她在回憶錄中所寫到的，「起初，我覺得自己有責任和里格斯對打，但我選擇將這種驚人的沉重壓力視為特權。這改變了我的整個心態，使我能夠更冷靜地處理這種局面。隨著時間發展，我開始把比賽看作是我有這個榮幸可做、而非不得不做的事」[27]。這位在五年級時公開演講會緊張得要命的羞怯學生，成了最偉大的運動員之一、也是體育界最傑出的代言人之一。

最終，重新評估應該被視為一種潛在的工具，而非「萬靈丹」，是一種可以慢慢幫助你走出舒適區的有用工具。

強求幸福反而更不快樂

有鑑於焦慮的潛在激勵效應，我們可能需要重新思考對許多其他情緒黑白分明的觀點，甚至包括「追求快樂」本身。自十九世紀末以來，對焦慮的恐懼一直與更普遍的正向思考哲學有所關聯，也就是應該要積極培養幸福和樂觀的態度，同時「抗拒」任何負面情緒。這正是心理學家威廉．詹姆斯所謂的「健康心靈的信仰」，激發了戴爾．卡內基（Dale Carnegie）等心理自助書籍暢銷作家的靈感。一九八八年，這種情緒甚至使鮑比・麥克菲林（Bobby McFerrin）的歌曲「別煩惱，快樂一點吧」（Don't Worry Be Happy）登上了排行榜。

雖然這些絕非普遍受到認同的觀點，但是在當今健康文獻中，強調努力追求快樂的重要性還是很常見。想一想伊莉莎白・吉兒伯特（Elizabeth Gilbert）暢銷的回憶錄《享受吧！一個人的旅行》（*Eat, Pray, Love*），書中講述個人心靈導師的一些建議，她寫道：「幸福是個人努力的結果，你為它奮鬥、努力爭取，堅持到底、有時甚至周遊世界去追尋。你必須努力不懈實現自身幸福，一旦達到幸福狀態，就必須更加用心，不惜一切代價奮力前進，永遠保持這種幸福感。如果不這麼做，你將逐漸失去天生的滿足感」。

正如加州大學柏克萊分校（University of California, Berkeley）的心理學家艾麗斯・莫斯（Iris Mauss）告訴我的：「不管人在哪裡，你都會看到各種相關書籍，強調幸福對你有益，基本上你應該讓自己更快樂，幾乎成了一種責任」[28]。她在過去十年的研究中，證明這種訊息可能會適得其反，污名化負面情緒。例如，在二〇一一年，她要求參與者在一（強烈不同意）到七（強烈同意）的範圍內，針對以下陳述進行評分：

- 我在任何時刻的快樂感都說明了我的生命是多麼有價值。
- 如果我感覺不快樂，可能是我哪裡有毛病。
- 我只重視生活中會大大影響我個人快樂的事物。

- 我希望自己能夠再更快樂一些。
- 快樂的感覺對我來說非常重要。
- 即使在我感到快樂時，還是會擔心自己快不快樂。
- 想要讓人生有意義，我需要在大多數時候感到快樂。

這是「重視快樂」的得分——不難猜想，像吉兒伯特這樣的人對此會給予很高的評分。除了這些信念，莫斯還測量了參與者的主觀幸福感：他們對自己目前的滿意度評量、所表現出的抑鬱症狀次數、以及所經歷的正面和負面情緒的比例（即所謂的「享樂平衡」）。與許多鼓舞人心的演說家和作家說法背道而馳，莫斯發現那些最重視快樂、最努力實現快樂目標的人，在她分析的每一項指標都不快樂。遵循「健康心靈的信仰」，並時時刻刻努力培養美好的感覺，幾乎是最破壞自身健康的事。

在第二個實驗中，莫斯讓一半的參與者閱讀關於快樂重要性的文章，也就是在許多報章雜誌上都可以看到的那種資訊。隨後請他們觀看一部關於花式滑冰運動員贏得奧運金牌的感人電影。實驗結果再次高度違反直覺：與事先沒有讀過快樂相關文章的參與者相比，讀過的人更不容易受這段影片感動。他們過度專注於自身應有的感受，因此，當影片並未帶來預期的愉悅感時，最終感到失望[29]。我們越努力想要快樂，就越不快樂，部分原因是由於強化的自我意識，使我們很難真正欣賞微小、自發的快樂感。

同樣重要的是，不斷執著於快樂的感覺，容易將負面情緒和生活中不可避免的小煩惱視為本質上不受歡迎、而且是有害的。為了探究這種可能性，研究人員安排受試者在完成一項極度困難的測試之前，先坐在充斥著勵志海報和幸福書籍的房間裡，灌輸他們快樂思考。相較於沒有被鼓勵去思考正向情緒益處的人，這些參與者事後對於自己沒能寫出正確答案一事，更容易陷入憂思[30]。

越是汙名化一種感覺，當它最終出現在生活中時，就越有可能陷入這種情緒——使享樂平衡從積極轉向消極，更難從情緒打擊中恢復過來。

你可以檢視看看自己是否落入這種陷阱。在一分（從不／很少為真）到七分（經常／總是如此）的範圍內，你如何評估以下陳述？

- 我告訴自己，我不應該有這種感覺。
- 我責備自己表現不理性、或情緒不恰當。
- 當我有痛苦的想法或意象時，我會根據其內容評判自己的好壞。
- 我覺得自己的一些情緒很糟糕或不恰當，我不應該有這些情緒。
- 我相信自己的一些想法並不正常、或是不好的，我不應該這麼想。

莫斯在一項針對大約一千名參與者的研究中發現，在問卷調查中得分越高的人，報告抑鬱和焦慮症狀的可能性越大，在生活滿意度和心理健康的一般衡量指標上得分也越差。反之，那些接受自己的想法和感受、沒有將之解讀為「很糟糕」或「不恰當」的人，往往有比較健全的心理健康狀況[31]。

不愉快情緒比較健康

二〇一六年發表的一項德國調查也顯示了完全相同的模式，該調查發現，**在不愉快的感覺中看到意義的人，往往比那些寧願消除不愉快情緒的人更快樂**。在馬克斯．普朗克（Max Planck Institute）人類發展研究所，研究人員要求參與者針對各種情緒（如緊張、憤怒、或沮喪）從四個面相進行評分：不愉快、適當性、實用性、和意義。例如，失望可能會令人感到不愉快，但是如果領悟到它是處理失敗、和從錯誤中學習的必經之路，這會讓你對它的適當性、實用性和意義給予高度評價。

正如莫斯的研究所預測的，以這種方式解釋自身感受的參與者，在身心健康衡量方面往往表現得更好，包括患糖尿病或心血管等疾病的風險，甚至包括被視為一般體能指標的肌肉力量。事實上，在令人不快的情緒中看到正面意義的能力，使這些人幾乎完全不認為自身健康與實際經歷的煩惱次數之間有任何關聯。在三週的研究期間，即使受試者數次回報感到苦惱，但對這些經歷的接受、並賦予其正面意義，也幫助他們更快地恢復，而不會對身心健康造成永久影響[32]。

認識負面情緒

舉個例子，你或許可以給不舒服的情緒賦予新的含義。想像一下，你和老闆意見分歧，受到了不公平的指責，說你在一項重要任務上缺乏進展。你的憤怒會如何影響一整天其餘時間的表現？這會令你激動不安、分心、和衝動、瓦解專注力，或者你也可以相信憤怒的感覺會增強決心和意志力。正如耶路撒冷希伯來大學（Hebrew University of Jerusalem）的瑪雅．塔米爾（Maya Tamir）所證明的，任何一種期望都會對個人的實際行為產生顯著的影響。

塔米爾首先讓她的參與者聽各種音樂曲目——這是在實驗室裡經常用來讓人激發情緒的一種技巧。有一些人聽的是《狼人的詛咒》恐怖電影的結局配樂、和金屬啟示錄樂團（Apocalyptica）的兩首曲目，一切都是為了讓參與者稍微感到憤怒；而其他人聽的則是更放鬆的氛圍音樂。隨後，研究人員為每位參與者進行配對搭檔，並要求完成簡單的談判遊戲。研究人員向參與者展示一堆不同顏色、被賦予貨幣價值的籌碼，然後要求雙方盡可能對分配籌碼的方法達成協議。為了鼓勵良好的表現，參與者被告知最後可以保留任何自己賺到的錢。然而，為增加談判的困難度，每種顏色的價值對每一個人來說都是不同的——一方覺得好的東西不見得是另一方想要的。這項研究透過這種方式，模仿了離婚訴訟中類似的爭論，雙方想要的東西不盡相同。

就在任務開始前，參與者還得到一些友善的建議，據說是來自之前的參與者。有一些人被告知：「我認為整個過程中最重要的是，弄清楚如何表現，好為自己爭取到更多的錢。在整個談判過程中，我很堅持，最後，我變得通情達理，我的伴侶給了我想要的東西」。其他人被告知：「我認為整個過程中最重要的是，弄清楚如何表現，好為自己爭取到更多的錢。在整個談判過程中，我很堅持，最後，我生氣了，我的伴侶被迫給我想要的東西」。

參與者的行為反映了詹米森對焦慮的研究。當被告知自己的憤怒可能有用時，他們成功地善用挫折感，表現顯然優於更冷靜的參與者。

為了證實期望效應，塔米爾利用需要精細運動技能的一種電腦動作類遊戲，進行了第二項研究，再次證明期望形塑人的情緒影響其表現方式。在遊戲當中，被告知憤怒是有用的參與者，殺死的敵人大約是被告知頭腦冷靜才能獲勝的人的兩倍。總體而言，憤怒參與者表現得比冷靜參與者要好三倍左右——前提是他們知道負面情緒的益處、及其作為能量來源[33]。

塔米爾證明，高情緒智商的人已經對憤怒的好處抱有期望，許多運動員也是如此。例如，受挫的冰球運動員在罰點球射門中，往往比心平氣和的運動員更準確，而籃球運動員在認為自己被冤枉時，投籃也更準確[34]。

顯然，想要解決嚴重的憤怒情緒管理問題，所需要的絕不僅止於期望效應，但塔米爾和莫斯的研究強調了一個事實，亦即除了焦慮之外，許多其他負面情緒可能是心理預期的產物。我們不需要享受這些感覺——但**認識負面情緒的潛在價值，將使我們能夠更有效地引導情緒，並在發洩完之後更快地恢復**。透過接受負面情緒的好處，便可以開始解決幸福悖論的問題。

你的擔心已成為負擔

女詩人桃樂絲．帕克（Dorothy Parker）在她的故事〈小時光〉（*The Little Hours*）中問道：「人是怎麼睡覺的？恐怕我已經失去這個本事了」。任何忍受過短期或長期失眠的人都會同情敘述者的掙扎——包括她說「我可能會拿著夜燈輕巧地在神廟裡閒晃」的想法。聽起來很奇怪，睡眠困難對身體健康和幸福的影響，常常與清醒時的壓力反應有驚人的相似之處。

首先，失眠往往是由想太多、杞人憂天的相同思維過程所引起的，這些思緒放大了焦慮、減低了快樂感[35]，正如帕克在她的故事中所指出的，你越是害怕無法入睡，大腦就越是在臨睡前開始運轉，因此也就越難真正入睡。這或許可以說明為什麼安慰劑效應該佔安眠藥的五〇％左右：人們預期安眠藥能帶來緩解、幫助減少胡思亂想。

人們對睡眠的擔憂將導致他們低估自己實際的睡眠量，而對睡眠不足的錯誤信念本身將成為嚴重的憂慮來源，引發惡性循環。預測機制將決定我們沒有辦法應對一天的挑戰，代表開始對每件事都覺得更有壓力，並伴隨著生理效應。

為了證明這種期望效應，各種實驗將更客觀的睡眠測量方法（如夜間的大腦活動記錄）與參與者感覺自己睡了多少時間的主觀想法，兩者進行比較。令人驚訝的是，這兩個方面並沒有密切吻合。大約有一〇％的人是「多慮的好眠者」，即使實際上得到了充足的睡眠，卻認為自己經常睡眠不足。另有一六％的人是「無怨言不良睡眠者」，他們基於各種原因而未能達到每晚七小時的充足睡眠，但對睡眠不足並沒有感到焦慮。多慮的好眠者更容易出現注意力不集中、疲勞、抑鬱、焦慮和自殺念頭等症狀，而沒有怨言的不良睡眠者則明顯沒有不良影響。就連失眠的客觀生理反應似乎也取決於預期心理；例如，研究發現會造成血壓升高，但這只發生在「抱怨睡眠不好」的人身上[36]。（當然，最健康的人是那些睡得好、對睡眠持積極態度的人）。

為了進一步測試睡眠觀念的影響，在科羅拉多州和牛津大學的科學家團隊，向一組人提供了關於他們睡眠品質的假回饋，基本上建立了多慮的好眠者樣本。第二天，科學家要求參與者完成記憶和注意力測試。為了測試其數字處理能力，要求他們聽一連串數字，間隔一．六秒，每聽到一個新的數字時，要將最後兩位數相加；為了測試語言流利性，他們必須盡可能說出以某個字母開頭的單字，越多越好。

在每個案例中，參與者的表現都好像假回饋是真實的。如果他們相信自己的睡眠品質很差，一如那些多慮的好眠者，就很難完成心算和詞彙測試；如果他們相信自己的睡眠優於平均水準，心智能力就更加敏銳。負面的期望也造成了疲勞感和情緒低落[37]。

這種期望效應如此強烈，使一項綜合分析的作者得出結論：「**擔心會睡不好比真正睡不好更為嚴重**」[38]，認清這個事實能夠改變我們看待失眠的方式。根據疾病管制與預防中心的數據，美國約有八％的成年人定期服用藥物幫助入睡——總計約一千七百萬人[39]，然而，根據多慮的好眠者相關研究，大約四〇％的人沒有客觀的睡眠問題，也可能受益於打破造成白天不良反應的思維循環。

其中一個最簡單的方法，就是對無法入眠的感覺抱持更加接受的態度，而不要過度擔心第二天的後果。（諷刺的是，一些研究甚至發現，刻意保持清醒可以透過消除輾轉難眠的掙扎感來治癒失眠，雖然不難想見這種方法時間一久會適得其反）。果然，被要求被動監控自己的思緒和感覺、而不努力與之對抗的人，明顯減少了入睡的時間[40]。

失眠的可能原因

我們還可以試著重新評估關於睡眠的特定假設，如此一來，就可以體認一夜好眠的重要性，又不會將適度的睡眠不足視為災難。按照這些思路，研究失眠症的心理學家彙整了一份清單：「關於睡眠品質的不正常信念和態度」，這都助長對失眠症過度悲觀的看法，其中包括：

- 對失眠原因的誤解（「我認為失眠基本上是年齡老化的結果，沒有什麼辦法可以解決這個問題」、或「我認為失眠基本上是體內化學物質失衡的結果」）。
- 對睡眠的控制和可預測性的理解不足（「我只要一個晚上睡不好時，我就知道這會擾亂我整個星期的睡眠作息」）
- 不切實際的睡眠期望（「我需要彌補一切失去的睡眠」）。
- 誤解或誇大失眠的後果（「失眠正在摧毀我的生活」、或「我晚上沒睡好，白天就無法正常運作」）。

- 關於練習促進睡眠的錯誤信念（「睡不著的時候，我應該躺在床上努力想辦法入睡」）。

這些信念都沒有強力的事實基礎：正如針對無怨言不良睡眠者的研究證明，人們事實上比想像的更能適應適度的睡眠不足。而被教導面對和質疑這些預期的人，總體睡眠品質更高，日間疲勞得到緩解、抑鬱症狀更少[41]。關鍵訣竅是要慢慢來，不要期望立竿見影的成效，你不需要一下子解決所有問題，不妨先觀察自己是否比預期的更快入睡、或是在一晚沒睡好後，是否設法完成了比預期更多一點的工作。慢慢地，你會發現安然入睡和神清氣爽醒來的「本事」又回來了。

你如何看待壓力，壓力就如何施加於你

對於人的期望如何塑造情緒的生理現實反應，我們的理解才剛剛開始蓬勃發展——但現在已經可以享受一些成果了。無論是為白天的工作而苦惱，還是晚上沮喪地輾轉反側，我們對自身感受的解讀可能比感覺本身更有害。通常，只要對自己認定的假設簡單地重新評估一下，就能使我們茁壯成長。

詹米森告訴我，「人需要提醒自己，大腦對身體的影響有多大」。這並不是說壓力系統的構

成要素都有自己的感覺器官來自動判斷危險——我們總是會對自身信念和期望形成的複雜心理結構做出反應，如今我們有能力改變這種結構。「我們可以告訴它該怎麼做——這是可以透過重新評估過程辦到的」。這可能不是面對每一種壓力的靈丹妙藥，但我確實發現，應對曾讓我感到不快樂和疲憊的日常焦慮，快速重新評估是很有用的工具。

人稱「壓力理論之父」的漢斯・塞耶本人，在他生涯的最後十年開始得出這些結論。畢竟，他過著極其忙碌的生活，有研究、寫作、和無數的國際巡迴演講，但他在不斷的挑戰中茁壯成長。因此，經過四十年來闡述壓力危險，他開始懷疑人的心態可能影響著行為反應。正如他在一九七七年的自傳中所指出的，愛人的一吻可以帶來許多身體變化，如心跳加速、呼吸急促，一如恐懼所引起的反應，唯一的區別就是人的解讀。塞耶甚至創造了「良性壓力」（Euspress）這個術語，來描述接受新挑戰時可能產生的充滿活力、有益的感覺，並認為若少了它，生活將毫無意義。他總結說道，**壓力「並不是發生在你身上的事，而是你看待壓力的方式」**[42]。

隨著對期望效應的深入理解，我們終於可以善用情緒——也許歷經一世紀的對抗憂慮之戰後，可以終結憂慮了。

用心念舒解壓力的日常練習題

- 試著接受不愉快的感覺，而不是努力去壓抑這些感覺。

● 面對焦慮時，不妨想想身體感受的潛在好處。例如，呼吸急促和心跳加速有助於將氧氣和葡萄糖輸送到身體和大腦，以提供因應挑戰所需的能量，而出汗有助於冷卻致力於完成任務的身體。

● 你能夠重新解讀自身的感受嗎？例如，焦慮和興奮很相似，提醒自己這些相似之處，可以幫助你感覺更有活力。

● 如果你有豐富的想像力，不妨想像一下在特定情況下焦慮感如何提高自己的表現，這麼做可以強化訊息，進而產生長期影響。

● 定期加強對這些期望效應的了解。如果在工作中經常備感壓力，不妨在辦公桌上放一些概述本章原則的便條或海報，或在線上行事曆加上一些提醒，可能有所幫助。

● 如果你難以成眠，試著接受不安的感覺，不要加以批判，並提醒自己，就算睡眠品質不太理想，你第二天還是能夠正常工作。

● 試著取得更多關於自身睡眠習慣的客觀數據——例如，利用手機的應用軟體、或睡眠監測裝置——並想想自己算不算是多慮的好眠者。如果是的話，請利用第 158 頁的「關於睡眠品質的不正常信念和態度」量表，以質疑自己的假設。

第8章 無限的意志力

當你閉口不言、克制抽煙、喝酒或吃東西的衝動、克制好鬥行為、忍著不上廁所、聽到無聊的笑話假裝開心、強迫自己繼續工作，都會消耗一些關鍵能量，讓你無法應對下一個挑戰。

如果你仔細觀察巴拉克·歐巴馬（Barack Obama）擔任總統期間，你可能會注意到，他在所有公開場合幾乎都穿著同一款藍色或灰色西裝，這並非時尚宣言，而是一種生活技巧：他認為，如果他不必做一些無關緊要、會影響他注意力的小決定，就可以為自己儲備更多精力，履行總統職責。

蜜雪兒顯然不認同他這個行為，他說，「我的妻子取笑我一成不變」[1]。然而，歐巴馬並不是唯一執行這種節省精力計畫的人，據說，阿里安娜・赫芬頓（Arianna Huffington）、史蒂夫・賈伯斯（Steve Jobs）、理查・布蘭森（Richard Branson）和馬克・祖克柏（Mark Zuckerberg）都簡化了衣櫥，藉此保留心力，以完成更崇高的任務。祖克柏告訴一位採訪者，「如果我把精力花在生活中愚蠢或瑣碎之事，我會覺得沒有做好自己的工作」[2]。

意志力早上最充足，到了晚上則逐漸消耗殆盡

他們的推理顯然基於紮實的科學研究，歐巴馬在《浮華世界》（*Vanity Fair*）採訪中引用了相關研究。幾十年來，研究人員一直認為任何一種腦力活動，比如做決定、避免分心、或抵制誘惑，都會利用大腦儲存的葡萄糖。當我們一早醒來時，這項重要能量十分充足，但每次動腦之後，能量就會逐漸消耗，致使一天中的專注力和自制力下降。正如一位專家告訴英國《金融時報》（*Financial Times*）：「人的大腦每天能進行的專注思考是有限的」[3]。根據此一理論，人的精神儲備極限可以解釋工作的拖延。**我們發揮自制力專注於手邊任務的每一刻，都會消耗一點能量**，直到最終忍不住上網瀏覽 Facebook、Twitter 或 YouTube。因此，我們在下午的休息中浪費了數個小時，直到一天慢慢接近尾聲。

重要的是，同樣的精神儲備被認為是許多不同任務的動力，這代表在某方面的努力可能導致另一方面的失誤。據說，正是因為如此，有些人在辦公室辛苦工作了一天之後，會大吃大喝垃圾

食品：經過長時間的專注，再也無力抗拒餅乾零食的誘惑。深夜在 Amazon 和 eBay 上的揮霍無度，同樣可以歸咎於疲勞的大腦：當精神儲備已經下降時，會忍不住要把錢花在事後懊悔的無用商品上。一些作者甚至聲稱，人有限的精神儲備可以解釋為什麼有權勢的人會發生婚外情。根據此一理論，無止境的工作行程消耗了他的決策能量，像比爾·柯林頓（Bill Clinton）這樣的人幾乎失去了自我控制的能力。

果真如此嗎？人的精力資源是有限的，也會隨著時間過去而變得精疲力竭，這個觀點肯定與我們在家庭和工作中的許多經歷不謀而合。畢竟，我們不必擁有心理學學位，就可以形容某人「脾氣暴躁」、想到我們的耐心「快被磨光了」、或告誡你「不能蠟燭兩頭燒」。這正是這類研究的問題所在：就像壓力研究一樣，沒有質疑我們是否透過極其普遍的期望效應而限制了自己。

事實上，大多數人只是挖掘了一小部分的自我潛力，還有巨大的能量儲備止等著被釋放。有趣的是，一些文化早已有這種普遍觀點，認為專注力和自制力會隨著努力而增強，這反映在人的行為上。我們曾經認為的生理極限，其實是一種文化產物，透過學習改變自己的心理預期，可以更加善用大腦的巨大能量儲備。這種理解甚至可以幫助我們認識迷信和祈禱的真正力量——無論對信徒還是無神論者都是如此。

無窮欲望會使人疲憊

專注力和自制力的流行理論——通常被歸為「意志力」一詞——可以追溯到精神分析學之父佛洛伊德。他認為人的心靈有三個組成部分：本我（id）、自我（ego）、與超我（superego）。本我是不守規矩又衝動的，而超我是純潔又吹毛求疵的，支配著最合乎道德或社會規範的行為。務實的自我則站在這兩個極端對立之間，在超我的指導之下控制本我，但它需要能量來決定什麼對我們最有利、並採取正確的行動，否則，我們的原始衝動就會佔上風[4]。

直到一九九〇年代末期，心理學家才開始有系統地檢驗佛洛伊德的理論，由羅伊·鮑邁斯特（Roy Baumeister）率先領導。在第一個實驗中，他以味覺測試的名義招募學生。到了實驗室之後，學生們在桌上看到兩個碗，一個裝滿了蘿蔔，另一個裝滿餅乾。實驗者離開房間之前，要求幸運的參與者吃兩、三塊餅乾；而不幸運的參與者則被要求品嚐蘿蔔，不能吃餅乾。（參與者並不知道的是，研究人員隱藏在一個雙面鏡子後面，以確保他們沒有作弊）。試吃結束之後，參與者被賦予一項複雜的幾何任務——事實上，這項任務難度超高，根本無法解題。如果參與者想停下來，可以按鈴，研究人員會來收取，否則，將會有三十分鐘的解題時間。

鮑邁斯特預測，努力抑制吃餅乾的誘惑會耗盡參與者的精神能量儲備，因此吃蘿蔔的人在解題任務的毅力會比較低，而這正是實驗發現的結果。平均而言，蘿蔔組的受試者在按鈴放棄之前，作答時間只堅持了八分鐘半左右，而自由吃餅乾的受試者則堅持了十九分鐘，顯示出精神耐力上的巨大差異[5]。

意志力是珍貴的資源，要小心使用

基於這些發現，鮑邁斯特認為人的意志力像肌肉，會隨著時間而疲勞。為了向佛洛伊德的理論致敬，他將**發揮自制力與專注力所造成的精神消耗描述為「自我耗竭」（ego depletion）**。進一步的研究很快提供了數百個例子來支持此一理論[6]。比方說，受試者被要求觀看諧星羅賓威廉斯（Robin Williams）的錄影片段時，不得微笑或大笑，他們隨後便無法集中精神解決一系列字謎問題[7]。或是，參與者在聆聽採訪時必須忽略螢幕上彈出的惱人資訊，由於精神資源耗盡，他們在隨後的邏輯和閱讀理解測試中變得更無法專注[8]。

在一項顯然激勵了歐巴馬減少瑣碎決策的研究中，學生被要求為自己的學位選擇課程，這是對未來學業成功具有潛在影響的重大選擇。由於要專心做出決定傷透了腦筋，他們隨後更可能拖延，而不去複習準備很重要的數學考試[9]。同時，對消費者行為的研究證明，被迫全程專心投入、大聲朗讀無聊科學家傳記的疲憊參與者，隨後更有可能衝動購買[10]。

在各個案例當中，在某一方面發揮自制力和專注力（無論是抵制誘惑、避免分心、解決難題、規畫未來、還是壓抑情緒），都會造成另一方面的表現更差。證據似乎是很充足的：開始感到疲勞之前，我們對個人的意志和行為也只能控制這麼久了。

這些實驗特別引人注目，因為這種「耗神」的活動就一般而言，並不會特別繁重，這代表我們每天面臨的許多小事都可能有類似的效果。鮑邁斯特在二〇一二年的《心理學家》（*The Psychologist*）雜誌上寫道：「當你閉口不言、克制抽煙、喝酒或吃東西的衝動、克制好鬥行為、忍著不上廁所、聽到無聊的笑話假裝開心、強迫自己繼續工作，都會消耗一些關鍵能量，讓你無法應對下一個挑戰」[11]。事實上，鮑邁斯特給了參與者一個手機應用軟體，請他們在一天中任意時間記錄自己的想法，他發現，一般人每天大約有四分之一的時間都在克制欲望，從性愛到瀏覽社交媒體[12]。有這麼多的需求耗盡了人的精神，難怪很多人都覺得有時候很難保持意志力。

腦部掃描甚至能夠識別出一對大腦區域——前額葉皮層和前扣帶皮層（anterior cingulate cortex）——似乎都與這些不同形式的自我控制有關。然而為了鞏固理論，研究人員確實需要找出會隨時間逐漸消耗的能量，最後鎖定了也為身體肌肉提供動力的葡萄糖分子為主要能量[13]。

畢竟，**發揮專注力和意志力讓人感覺像是身體在受折磨**。小說家愛德華・聖奧賓（Edward St Aubyn）在創作小說時，顯然必須裹著毛巾，因為他總是汗流浹背[14]，彷彿這種極度的專注力耗盡他全身的力氣。有研究證明，努力地自我控制確實會從身體反應出來，導致增加出汗[15]。

為了支持葡萄糖理論，鮑邁斯特指出利用能夠測量大腦能量消耗的「正電子發射斷層掃描」（PET）的研究，顯示當人在執行繁重的任務時，大腦額葉區域的葡萄糖代謝會增加[16]。鮑邁斯特自己的實驗也發現，人的血糖濃度與自我耗竭的影響之間，存在著明顯的相關性：**血糖越低，意志力越薄弱。更引人注目的是，他的團隊發現，當參與者感到精疲力竭的時候，喝一杯檸檬水**

快速地補充糖分，可以恢復精神專注和自我控制[17]。

練習，讓心念更強大

大腦資源明顯的快速消耗（通常在只不過五分鐘的腦力活動之後），聽起來好像是個壞消息，但鮑邁斯特的研究還是提供了許多切實可行的建議，可以充分利用大腦有限的精神儲備。他發現，**自制力和專注力可以像肌肉一樣，透過鍛鍊而變得更堅強**——正如自我耗竭本身的影響一樣，好處也可能遍及多個領域。在最初的一個實驗中，參與者被鼓勵在兩週內糾正自己的不良姿勢，隨後他們在實驗室測試中，表現出更大的毅力。同時，那些承諾不吃零食的人，隨後戒煙的可能性是其兩倍，而那些試著在平時講話中遏制說髒話的人，則變得比較有耐心對待情人[18]。大腦好像正在學習如何擴大精神儲備、應對精力消耗。

鮑邁斯特認為，**提高整體自制力最可靠的方法，就是改變周邊環境，避免每天慢慢消耗個人精力的小考驗，如此一來，就可以把精力花在真正重要的事情上**。若糖果是你嚴重的弱點，不妨避免在家裡或辦公桌上放糖果，這樣就不會為了抗拒吃餅乾的誘惑而筋疲力盡。或者，如果在工作時很容易被手機分心，不妨把它放在儲物櫃裡。如果你是美國總統，或許可以簡化你的衣櫥和飲食，以消除不必要的選擇，保留國家大事的決策能量。

這一切似乎都很明確[19]，然而，最近的一些研究質疑，自我耗竭是否真的像我們過去所認為的無可避免。鮑邁斯特的理論似乎忽略了很重要的一點：**人的信念能夠控制大腦資源。**

心念，將決定你是疲憊，還是活力充沛

任何職業的經驗都告訴我們，相同的腦力活動會讓有些人覺得比較累。想想你所認識的人，有些人在下了班之後感到筋疲力盡，而有些人似乎還是活力充沛，還可以閱讀無數本小說、參加管弦樂隊演奏、或寫劇本。這些個別差異一部分可能取決於人們對任務本身的信念。你可能從小就認為閱讀是一件困難的事，而演奏音樂則令你放鬆情緒，反之亦然，而這些信念將決定你對各別活動的厭倦程度。如果你是一位家長、老師、或是主管，給別人下達指令，這一點值得銘記在心。荷蘭研究人員已經證明，**只要簡單地告知參與者可能會覺得某項活動充滿活力、而非疲勞，就可以減少消耗感，進而使他們更加執著和專注**——因此在別人親自嘗試之前，不要過分強調任務的難度[20]。

然而，根據奧地利維也納大學（University of Vienna）的維洛妮卡・賈伯（Veronika Job）開創新局的研究，更強大的是我們對自身能力、以及對一般困難腦力活動反應的預期心理。她已經證明，**我們對大腦資源的信念——不管認為資源是有限的、還是不受限制的——都能夠大大地改變自我耗竭的體驗、和在壓力下保持自我控制和專注的能力。**

自我診斷意志力

二〇〇〇年後期，賈伯與史丹佛大學的研究人員合作，首先製作了一份問卷調查，旨在測試參與者對於注意力和自我控制的「內隱理論」（implicit theories），他們必須針對一系列陳述，在一分（強烈同意）到六分（強烈不同意）之間進行評分，包括：

- 當誘惑的情況不斷出現向你招手，就會變得越來越難以抗拒誘惑。
- 耗費精神的活動會耗盡你的精力資源，你需要在事後補充能量（例如：休息、完全放空、看電視、吃零食）。
- 當你完成一項耗費精神的活動之後，你沒辦法以同樣的專注力立即從事另一項活動，因為你必須重新恢復你的精力。

以及：

- 當你一直在從事一項耗費精神的任務時，你會感到精力充沛，並且能夠立即開始執行另一項要求很高的活動。
- 如果你剛剛成功抗拒了強烈的誘惑，你會覺得自己很堅強，有辦法應付任何新的誘惑。

- 你的心理耐力能夠自我激勵，即使在極度耗費精神之後，你也可以繼續做更多的事情。

比較同意第一組陳述的那些人，被認為抱持著「有限」的精神資源理論，而同意第二組陳述的人則被認為抱持「不受限制」的精神資源理論。（在實際實驗中，這些陳述出現在單一的組合清單中，同時參雜其他「誘餌」陳述，以避免引起參與者對研究目的的懷疑）。

針對這些陳述進行評分之後，參與者被賦予一項困難的練習題，必須在打字頁面上劃掉每個單字裡的某些字母：這是一項枯燥卻又煩瑣的任務，目的是為了「消耗」他們的精力。最後，再為他們進行斯特魯普測試（Stroop Test），這是關於注意力的標準測試，顏色的名稱以不同顏色的文字呈現，參與者的任務是報告看到的文字顏色，而不管所呈現的單字是什麼。（你可能看到的是「紅色」單字以藍色顯示、「黑色」以橙色顯示、或「黃色」以黃色顯示，正確答案應為藍色、橙色和黃色）。

如果這一切聽起來有點乏味，你可以想像一些參與者的感受。抱持「有限」心態的人對這些任務的反應，與自我耗竭理論預測的完全一樣：繁瑣的校對任務耗盡了參與者的精神，導致他們在斯特魯普測試中無法集中注意力。結果，相較於沒有執行文字更正任務就進行斯特魯普測試的對照組，他們的準確度差得多。

反之，抱持精神「不受限制」心態的人，在一開始的練習題之後並未表現出疲勞的跡象。事實上，他們的表現和未經枯燥煩人的校對任務、頭腦清醒進行斯特魯普測試的對照組一樣好。令人驚訝的是，賈伯的研究結果似乎證明了自我耗竭的後果是真的，但前提是你相信真是如此。

賈伯接下來招募了一組新的參與者，看看是否能決定他們的信念、以及特定信念是否會改變他們的表現。參與者沒有看到完整的問卷，其中一半的人看到的是前文提及的「有限」陳述，而其餘的人看到的則是「不受限制」的陳述——這是一種微妙的介入，旨在激發特定的心態。隨後也請參與者進行文字校對任務和斯特魯普測試。介入的影響是巨大的：認為只要努力就可以集中注意力的人，在斯特魯普測試中的準確度，大約是認定精力資源會耗盡的那些人的兩倍[21]，這證明了因果關係：只不過是透過強化某一種信念，就增強或削弱了參與者的意志力。事實上，那些被「不受限制」觀點激發的人，如果在斯特魯普測試之前執行了所謂的耗費精神的任務，其實比之前沒做時表現得更好。他們認為精神努力可以激發活力的這種信念，已然成為事實。

保持開放心態

當我和賈伯談到這項研究時，她告訴我，她在瑞士家鄉的一次座談會上首次發表這個想法時，其他研究人員對心理預期可能產生的影響持懷疑態度。但這些開創新局的發現已經重複實驗多次——有證據表明存在顯著的長期影響。例如，透過參與者的日常活動日記，賈伯發現，**認為自己的精神資源「不受限制」的人，在漫長而疲憊的一天之後能夠更快恢復，對隔天早上要達成的目標有更高的期望，因此有更高的工作成效。**令人驚訝的是，她發現抱持「不受限制」思維的人，在特別具挑戰性的日子，其實反而比輕鬆時期更有效率（高於自己的平均水準），這些額外的困難非但沒有讓他們精疲力竭，反而增強其耐力，激發了實現目標的動力[22]。

這些心態的影響在壓力最大的時期尤其明顯，比如考試前。認為精力有限的那些學生在整個學習過程中，更容易表現疲勞，導致更嚴重的拖延，學生的成績和情緒健康也會因此受到影響。由於缺乏自制能力，他們也更可能大吃大喝垃圾食品，並透過瘋狂購買來提升情緒——這是自我耗竭的典型跡象。相較之下，**持精神不受限制觀點的人覺得凡事不拖延、重視健康，反而更容易保持學習並取得好成績**[23]。

人對意志力的信念甚至可以決定慢性病的反應。賈伯研究了一組糖尿病患者，揭示他們的心態影響其聽從醫囑的可能性。總體而言，認為意志力不受限制的人在自我護理（如記錄血糖濃度）、服藥、和控制體重等方面更勤奮[24]。如果你在一天結束時感到精神疲憊，可能就不太會想好好照顧自己，但是那些持精神不受限制看法的人並沒有落入這種陷阱，因此也更健康。

認為人意志力有限的觀點，在西方可能更為普遍，但這種心態並非舉世皆然。賈伯與新加坡南洋理工大學（Nanyang Technological University）的克里希納・薩瓦尼（Krishna Savani）合作，證明印度學生更普遍抱持人的精神不受限制的看法，高於美國或瑞士學生——因此，他們的精神耐力要強大得多[25]。

賈伯和薩瓦尼認為，不受限制的信念在印度的普遍性可能源於各種宗教傳統，包括佛教、印度教和耆那教：信徒們從事極度克制精神的活動，主要目的是提高注意力和自我控制。他們指出了Trataka的瑜伽練習，包括將視線集中在一點上（比如一個黑點或燭火的尖端）而忽略所有其他干擾。Trataka基本上是集中注意力的任務，西方科學家會運用來消耗參與者的精神。然而，對瑜伽練習者來說，這是一種「淨化」心靈的方式，為進一步集中注意力做好準備，定期重複練習似乎強化了這種觀念，也就是集中精神可以使人充滿活力，而非感到疲勞，進而在生活中許多方面提高專注力和自制力[26]。仔細想來這是很有趣的事，如果一開始關於精神疲勞的實驗是在非西方文化中進行的，那麼對意志力的科學理解可能會有多大的不同啊！（譯註：Trataka在梵文中的意思是「中心的視覺」，中文意譯即為「凝視」，是一種瑜伽淨化和密宗冥想方法。）

相信自己有無限的力量

這些發現似乎為自我耗竭理論敲響了喪鐘。然而，如果想想大腦管理能量平衡的方式，就會發現調和鮑邁斯特和賈伯理論的方法。根據一種觀點，大腦預測機制就像一個會計師，分配身體的資源，使葡萄糖供應（及任何其他精神能量來源）不致於處於不足的危險。正如在第5章和第6章中所看到的，身體的感測器無法非常準確地判斷人的能量攝取或消耗，這代表大腦會計師可能會受到心理預期的影響，包括對意志力的信念。

如果你認為精神資源是有限的，那麼大腦就會謹慎地運作，在努力活動之後減少葡萄糖的消耗，因此，竭力維持剩餘能量儲備，避免身體在有機會補充之前耗盡精力。在這種情況下，消耗的感覺絕非想像出來的，大腦確實在減少能量消耗，這是心理預期造成的生理反應——就像我們在等待下一次薪水入帳前勒緊褲腰帶、減少開支一樣的道理。

然而，**如果你相信自己有無限的精神資源，那麼大腦會計師就不會過於吝嗇，會釋放你所需要的任何能量，因為不必擔心會耗盡**。由於大腦相信有充沛的資源供應，會消耗盡可能多的能量，也就是說，你可以在學習、抗拒誘惑、或是做出艱難決定的同時，持續不斷努力，根本無須減少能量消耗、降低表現。

果真如此的話，這或許可以解釋為什麼意志力會隨著練習而增長：鮑邁斯特等研究人員為參與者安排的練習，幫助他們自我證明精神資源不如過去所認為的那麼容易耗盡，使大腦得以釋放必要能量，在各種情況下保持專注力和自我控制。

這個新的「統一」理論可以解決困擾科學家許久關於自制力和專注力的謎團。例如，有跡象顯示，如果人們相信工作已經快要完成了，精神集中度就會提高，但如果覺得還有很長的路要走則不然——這個發現很難與自我耗竭理論最初的論點相呼應，但是若將大腦需要分配資源一事納入考量後，就變得有道理了。這個理論還可以解釋，**如果成功會得到獎勵，人通常會在精神壓力越沉重的任務表現得更好**，只要一想到可能的回報，預測機制（即使是認同精力有限觀點的）也會更願意冒著精疲力盡的風險，將更多資源投入到活動中[27]。

大腦內部的計算還可以幫助我們理解為什麼只是一小口含糖飲料就能立即改善表現，甚至在葡萄糖實際到達神經元之前。一些研究還發現用糖水漱口，在吐出糖水之前，就可以提高效能。

一旦口腔中的葡萄糖受體發出了即將獲得能量補充的訊號，大腦就會估計能夠更慷慨地運用僅存的能量。與此觀點一致，賈伯已經證明，與不受限制心態的人相比，攝取含糖飲料往往會給自認為精力有限的人帶來更多的解脫——他們更容易感覺處於疲憊邊緣，並保守地分配現有儲備[28]。

許多用來幫助集中注意力的藥物，可能是透過信念發揮作用，而非化學物質本身的直接影響。在探索期望效應影響的對照試驗研究中，發現咖啡因對大腦的提神作用主要來自於我們對其益處的信念。事實上，一項研究發現，光是聞一下咖啡香就足以立即提升表現，這要歸功於咖啡與提神醒腦的聯想。即使是所謂的聰明藥，像是有雄心壯志的學生和工作者用來提高專注力的安非他命鹽，也可能透過改變人對自身能力的期望而發揮作用，與任何生化效應無關[29]。

鋼鐵般的意志不是神話

在耗盡精力之前，一個人究竟能有多強大的意志力？美國令人驚歎的多產作家丹妮爾．史蒂爾（Danielle Steel），也許能提供一些不可思議的線索。史蒂爾在創作生涯中完成了一百七十九本書，她最近披露自己每天工作二十小時，從早上八點半開始，同時杜絕幾乎所有干擾，才有此成就。如果她面臨到創作瓶頸，就會靠自己無限的精力繼續奮鬥下去，她建議說道，「你越是迴避寫作素材，就會變得越糟糕，你最好還是撐下去」。史蒂爾表示，她無法想像自己對創作會有精疲力竭的時候，這種態度顯然與賈伯所研究的大腦精神不受限制的信念非常接近。她在辦公室裡甚至放了一個標語，上面寫著：「沒有奇蹟，只有紀律」[30]。

二〇一九年發表的這篇採訪迅速爆紅，許多報章雜誌和媒體將史蒂爾的專注力和自制力形容成「超人」。正如《衛報》（*Guardian*）當時指出的：「受到驅使是一回事，真正召喚意志力、全神貫注向前行，又是另一回事了」[31]。這種反應並不令人驚訝，畢竟大多數人都相信即使是短時間不停的腦力消耗也很累人。

賈伯的研究證明，如果採取正確的思維方式，更多人就能達到更高的生產力——然而，史蒂爾的工作原則也可能發出一些警訊。賈伯的研究受到一個潛在批評是，大腦精神不受限制的信念可能會造成人過分強迫自己，不容許任何生活樂趣。幸運的是，極端工作狂似乎並非抱持不受限制信念的人常見的問題，至少賈伯的研究顯示如此。事實上，這項研究表明，他們往往比那些認為精神資源會耗盡的人更快樂、更健康，完全不像典型的工作狂那樣，其中原因是他們會善用自己的精神資源有效地規畫工作，而不會把時間浪費在令人分心之事。賈伯對我說，「他們實現目標的效率更高，這是快樂感的強大預測指標」。一旦結束工作，他們反而感到更有活力好好照顧其餘的生活。

相較之下，持精神有限信念的人往往會感到極度疲勞，以至於未能妥善處理工作，因而感到負擔更重；精疲力竭回到家中之後，再也沒有力氣享受休息時間[32]。令人驚訝的是，抱持有限信念的人甚至會有更糟糕的睡眠品質，因為他們沒有（或自認為沒有）自制力在必要時早睡，反而會延後就寢時間，這種現象被稱為「**睡眠拖延**」，會加劇他們的疲憊感[33]。事實上，提升個人意志力應該有助於實現最適合自己的工作和生活平衡，無論是像史蒂爾那樣全力以赴的工作行程，還是專注工作幾個小時再加上足夠的娛樂時間，你的精神資源將隨時為你所用。

如果你抱持精力有限的心態，想要改變自己的心理預期，只要好好了解自己的巨大精神儲備，就可以對提升專注力和自制力產生立竿見影的好處。在一項實驗中，參與者閱讀了一篇關於「無限意志力的生物學」文章，文中描述了大腦中（通常）豐富的葡萄糖儲備、以及人體在需要時釋放更多葡萄糖的能力。這個資訊變成了一種自我實現預言：被告知大腦的可用資源之後，他們在認知測試中的專注力實際上隨著更大的工作量而增強[34]。再次證明，只要花幾分鐘重新評估心理的期望值，就可以改變從前被認為在生理上難以應付之事。

心流的神奇時刻

你在處理這些新的想法時，回想一下自己過去完成艱鉅任務後感到精力充沛的時刻，可能會有所助益。即使你認為大腦精力有限，總會有覺得自己正「全神貫注」在一項複雜任務的時候，完全沉浸於當下所做之事，以至於渾然不覺時間的流逝，例如，你可能正沉浸在小說閱讀、或玩著複雜的電腦遊戲直到深夜。這兩個例子都說明你的投入提升了注意力——儘管你當時可能正自我享受著而沒有意識到這點。**或是回想一下，成功克制自己而感覺更強壯的時刻。**只要記住這類事件，你就能敞開心扉，**接受這樣的想法：自己的專注力和自制力精神儲備比想像的要深得多。**

一旦你開始認知到這一點，就可以用一些小挑戰測試自己的極限，這些必須是讓你已經覺得很有動力去完成的現實目標[35]（在典型的自我耗竭測試中，人們通常發現，比起被他人強迫做的事，自由意志選擇的活動比較不會令人感到疲勞）。不妨從簡單的小事開始，比如一整天避免社交媒體的誘惑，測試你是否能比以前想像的更有工作效率；如果你發現晚上常常浪費在沒有成就感的活動，你可以試著培養一種愛好，而不是整晚看電視，看看這是否會讓你比想像中的更有活力。想想賈伯和薩瓦尼在印度的研究，你甚至可以嘗試傳統的瑜伽練習 Trataka，讓自己連續幾分鐘專注凝視一個點，以「淨化」大腦，提高注意力。

無論你做什麼，不要一開始就試圖模仿丹妮爾・史蒂爾長期展現的意志力：如果一下子太過躁進，可能會失敗，反而會強化了個人精神儲備有限、且容易耗盡的信念[36]。正如在第7章的壓力研究中所看到的，應該走出自己的舒適區，然後質疑自己的感受。久而久之，你可能會發現自己在必要時更有本事發揮自制力和專注力。

也可以用在親子教養上

家長和老師或許會想要特別關注這些發現。在教育方面，自制力和專注力對孩子學業成功的重要性往往與自然智力一樣，而賈伯的研究證明，這些特質可以在孩子很小的時候就培養出來。心理學家凱拉・海莫維茨（Kyla Haimovitz）及其同事最近參訪了舊金山灣區的一所幼稚園，給四歲和五歲的孩子們讀了一個簡單的故事，講述一個小女孩在等著拆禮物、買冰淇淋、或在學校解難題時，必須培養耐心和決心。在每一次的挑戰中，小女孩等待（或堅持）的時間越長，感覺就「越來越堅強」，這則資訊旨在讓孩子產生意志力不受限制的看法。

聽了這個故事後，孩子們接受了一個經典的自我控制測試：可以選擇在想吃的時候吃一點小點心，或是等過了十三分鐘之後再吃更多的點心（這對於學齡前兒童來說算是最困難的自我控制測試了）。總體而言，七四％聽過這個勵志故事的孩子成功地抗拒了誘惑，而聽了不同故事的對照組則只有四五％[37]。顯然，單一故事書不會改變人的生活，**但如果經常接觸類似的資訊，孩子們應該會更能夠在各種任務中發揮意志力，在未來人生中承受壓力和疲憊時具有內在的韌性**。

在下一章中，我們將研究更多的策略，讓教師和企業領導者可以利用期望效應來增強所有學生和員工的潛力。但是，在結束對意志力的探索之前，再讓我們看看最後一種透過祈禱或儀式提高專注力和自制力的方法。

儀式提高專注力與自制力

看看體育或娛樂界任何精英表演者的傳記，很可能都會有某種迷信或儀式。例如，大多數籃球運動員在罰球前都會有一套習慣動作，比如運球、暫停、彈跳球、旋轉一定次數、甚至親吻球。瑟琳娜・威廉姆斯（Serena Williams）在上場前也會聽同一首歌（艾琳・卡拉 Irene Cara

的〈閃舞……多美妙的感覺〉），並在第一次發球前讓球彈跳五次；拉斐爾．納達爾（Rafael Nadal）在每場比賽前都會洗個冷水澡，並在等待對手時做出一系列獨特的動作。

在藝術方面，碧昂絲（Beyoncé）會在表演前祈禱並進行一系列固定的伸展運動，而被公認為全美最偉大的芭蕾舞蹈家之一蘇珊．法瑞爾（Suzanne Farrell）則總是將一隻玩具小老鼠別在緊身衣內。迷信和儀式在作家和作曲家中也很普遍，蘇斯博士（Dr Seuss）碰到瓶頸時，會戴上一頂幸運帽；作曲家貝多芬依靠咖啡來激發創造力，他會虔誠地計算每杯正好六十顆的咖啡豆[38]。

在我了解期望效應的力量之前，我會相信這些迷信是一種情感支柱，對表現沒有任何直接好處，我可能錯了。一項關於籃球罰球的研究發現，球員在投籃前遵循個人習慣時，他們的準確率要比偏離習慣順序時高出約十二．四個百分點。總體而言，完全遵照慣例的總成功率為八十三．八％，而未遵照慣例的總成功率為七十一．四[39]。迷信和儀式也可以提高一系列認知任務的毅力和表現，而且優勢往往相當可觀。例如，在針對語言靈活性的一項測試中，幸運符的存在帶來了五〇％的進步。根據一項研究，光是聽到一句迷信的話——比如「斷條腿吧！」（break a leg，英文祝福語，實指演出成功）——甚至可以帶來小小的優勢[40]。

為什麼儀式有辦法提高人們在多種不同領域的技能呢？一個明顯的解釋是，**迷信信念和儀式有助於平息焦慮感，讓人覺得一切都在自己的掌握之中**。這幾乎肯定是一個因素。然而，同樣重要的是，這些可能會引導我們更堅信自己有充足的精力、以及保持專注和自律的能力。因此，即使在別人開始感到精疲力竭、想要放棄時，我們得以堅持下去，隨著專注力的提高，可以避免任何可能妨礙表現的干擾。

一項直接測試迷信信念對意志力影響的研究發現，**花時間在精神冥想的人，比起沒有這麼做的人更專注於注意力測試**[41]。如果你開始覺得自己的紀律在減弱當中，利用來自某種超自然力量協助的信念，可以補充你的精神儲備。

有鑑於這些結果，一些研究人員推測，意志力的增強可能是許多文化一開始發展出宗教儀式和信仰的主要原因[42]。在人類的進化發展當中，自制力的增強可能使人得以控制最糟糕的衝動（比如侵略行為、或偷鄰居的東西），並且為了群體的未來利益而放棄當下的快樂（比如大肆享受有限的存糧）。

幸運的是，即使是無神論者，也可以從某些儀式中受益，無須藉由宗教力量。正如在第2章「公開標示安慰劑」研究中所看到的，即使參與者完全知道在服用的是假藥物，安慰劑治療也可能有效——顯然是治療本身觸發了會康復的期望。迷信和儀式似乎沒有什麼不同，有強而有力的證據顯示，即使人們很清楚沒有理由認為這些應該會有效，還是能發揮激勵的作用。

儀式感有助於保持專注

哈佛大學的艾莉森．伍德．布魯克斯（Alison Wood Brooks）及其同事執行一項美妙的實驗，邀請參與者表演一段旅行合唱團（Journey）的〈不要停止相信〉（Don't Stop Believin）卡拉OK

演唱。為了確保參與者能夠盡全力，他們被告知將會由卡拉OK軟體對表演的準確性進行評分，只要能夠精準地詮釋這首歌，將獲得高達五美元的獎金。

在表演開始前，大約一半的參與者收到以下的指示：

請遵照以下的儀式：畫出你現在的感覺，在你的繪畫上撒鹽，大聲數到五。把你的圖畫紙揉成一團，然後把它丟到垃圾桶裡。

比起只是在一旁靜靜等著上場表演的對照組，光是執行這個對唱歌可能沒什麼直接益處的儀式，就讓這些參與者的整體分數提高了十三分。在後續難度較高的數學測試實驗中，也看得到類似的進步。對於準備工作的具體描述也很重要，如果稱之為「儀式」，參與者會看到益處，但若說只不過是執行「一些隨機行為」，則看不到任何益處。「儀式」一詞隱含的意義顯然十分重要，提升他們在壓力下保持專注的能力，就像「安慰劑」一詞本身帶來的醫療效果一樣[43]。

在通常會讓我們感到精力耗竭的一些典型意志力測試中，透過世俗的儀式也可以提高我們的決心，包括抵抗美食誘惑的能力。在一項實驗中，參與者被要求吃東西之前先進行一些儀式動作（身體坐正、雙眼緊閉、低著頭、數到十），而對照組則做一組隨機動作。然後，請他們在Snickers巧克力棒和低熱量的水果穀物棒之間做選擇。

在隨後的問卷調查中，進行儀式的參與者更可能表現出比較高的紀律感，對諸如「我在做決定時感到精神強大」、「我在做決定時感到敏銳且專注」等陳述，給予更高的評估。這也反映在他們選擇的食物上，大約六四%進行儀式的受試者做出更健康的選擇，而非巧克力，相較之下，進行隨機動作而缺乏儀式感的人，選擇健康食品的僅佔四八%[44]。

在生活中放入一些簡單的儀式感

有鑑於這些結果，大家都可以考慮採取一些有助於產生控制和專注感的儀式。主要目標應該是選擇對自己有意義和簡單之事：就像節食者進行儀式動作一樣，需要一些容易喚起情感內在力量的東西（如果太過複雜，這種儀式本身在必要時就會難以維持下去——可能會因此增加焦慮感並降低表現）。

可以做一些簡單之事，比如每天一早上班之前進行固定的伸展運動、在重要的演講前重複特定的發聲練習、或是在個人紀律即將受到考驗之前說一句特別的真言。我個人試著在開始寫作之前，為早餐咖啡建立一個儀式——效法貝多芬數一數咖啡豆，讓此事充滿意義，讓頭腦集中注意力。**如果你有什麼喜歡的衣服或香水，把它當成自己必須在壓力下從事活動時的一個幸運符。**

無論是職業運動員、歌手、還是演說家，或只是想提升自制力以避免凡事拖延和浪費時間，唯一阻礙的是對自我意志力的預期心理，只要一點點人為的「運氣」和自制力，可能就足以幫助你邁向成功之路。

提高無限意志力的日常練習題

- 獨立自主的感覺（亦即對個人活動能有所控制），可以減少自我耗竭感，即使你認為大腦的精力是有限的。如果可能的話，努力建立自己的慣例，而非聽從別人的命令，並經常提醒自己這些事的目的、以及對你的意義。
- 試著找出一些實例，是讓你覺得全神貫注卻又充滿活力之事。你喜歡哪些困難的任務，正是因為它們的高難度？提醒自己這些活動將有助於你建立對個人潛力的信念。
- 當你覺得某項活動過於耗費精神，不妨想想，比起讓你覺得精力充沛之事，它是否真的這麼困難，還是先入為主的偏見？比方說，其他人是否覺得此事令人充滿活力？比起其他讓你感覺不那麼費神的活動，這件事真的有比較困難嗎？透過質疑這些假設，你可能會開始發現自己的能力遠遠超乎想像。
- 建立個人的儀式和世俗迷信，將有助於你在高度壓力時產生一種控制感，或許是個具有正面聯想的「幸運」真言、或一系列令人安心的動作——任何能讓人感覺意義重大、並帶來成功希望的東西。

第9章

釋放未開發的潛力

淑女和賣花女之間的區別不在於她的行為舉止，而在於別人如何看待她。

花點時間想一想你身邊的人——你的老闆、同事、伴侶和朋友。你和他們在一起時，覺得自己夠聰明嗎？或是，他們會讓你覺得你的反應很慢、缺乏獨創性，害你總是努力想辦法跟上？你過去認識的那些人呢？比如學校的老師或父母？他們看到你的潛力了嗎？還是低估了你呢？

在第4章中，我們看到了反安慰劑效應的傳播如何造成人的集體歇斯底里。既然我們已經研究了個人信念如何影響自身的韌性和意志力，該是時候研究**身邊人的信念如何改變我們的心智**

了。每當我們與別人互動時，他們都可以透過微妙的線索傳達對我們的看法，久而久之，我們開始內化這些心理預期，好像它們都是真的一樣，進而對自身的表現造成深刻的影響。如果曾經發現有些人能讓你展現出最好或最壞的一面，這就是原因。

想像「自己」就是資優生

這種現象存在的第一個線索來自南舊金山雲杉小學（Spruce Elementary School）的一項開創性實驗[1]。在一九六四年的春季學期，教職員每天工作已經很緊湊繁忙，學校校長萊諾爾・雅各布森（Lenore Jacobson）又額外交付他們一項任務。她說，有一位名叫羅伯特・羅森塔爾（Robert Rosenthal）的心理學家想要找出哪些孩子正處於「突飛猛進」的轉捩點，在此階段，他們會比同儕進步得更快。為此，他設計了一種可以預測孩子學習發展的認知測試，希望在學校進行試驗。每個孩子都完成了測試，在夏季學期結束之後，每位老師都會收到一份簡短名單，列出哪些孩子可能是「資優生」。

正如你早已預料到的，這項研究的假設前提是假的，這些有潛力的學生是隨機挑選出來的，目的是要探討老師提高的期望是否會影響孩子們在未來一年裡的進步。一九六四年春天進行的測試被當作是衡量智力進步的基準。

對一些所謂「資優生」的學生來說，教師提升期望後的效果確實非常顯著。有個學生叫維麗特，是個「瘦小、結實、有著黑色小眼睛的頑皮女孩」，家裡有六個孩子，她排行老五，爸爸是屠夫，媽媽是家庭主婦。全校的教職員工都知道她很叛逆、老愛在操場上打架。儘管存在這些行為問題，她的智力在一年級時得到極大發展，第二次的測試顯示她智商提高了三十七分。這是智力的巨大增長，即使有密集的私人家教都不太可能有此成果，更別提標準的基礎教育了。

還有馬里歐，他的爸爸是工廠工人、媽媽是打字員，才剛升上二年級。大家都知道他是個聰明的小男孩，雖然他的朗讀有時會結結巴巴，寫字還是會寫反，然而，在第一次測試八個月之後，他的智力商數增加了六十九分[2]。

並非所有的孩子都表現出如此顯著的進步，但是總體而言，「資優生」學生的智力增長，大約是其他同齡孩子的兩倍，一年級的智商比同學高出十五．四分，二年級的則高出九．五分[3]。

重要的是，老師並非單純給予這些孩子更多的關注和照顧，若說有什麼區別的話，反而是花在他們身上的時間更少了，**老師似乎透過日常互動巧妙地傳達了對學生的信念，進而使他們對自己本身的能力有更積極的看法——這些信念使孩子們小小的心靈得以蓬勃發展。**

森塔爾和雅各布森的結果最初被認為是有爭議的，然而，隨著對期望效應的新理解，「資優生」學生的進步絕對是有道理的。智力和創造力等特質至少在某種程度上會受到信念的影響，我們經常從周圍的人那裡接受假設，這些期望常常像剎車一樣阻礙進步，但一旦放開剎車，就會突然變得更容易發揮出潛力。正如將看到的，這項研究的意義變得政治化——因為有強力的證據顯示期望效應可以增加社會平等。所幸，一些尖端科技得以擺脫別人強加的限制，進而創造出自己的自我實現預言。

「你」可以讓自己變得更聰明

我們可以「想像自己變聰明」的想法本身就很不可思議。在心理學的歷史長河中，人的智力一直被認為是「先天遺傳 vs. 後天教養」爭論的典型例子，基因被認為是決定智力的最大因素，其次才是飲食和家庭環境等因素，期望的影響應該是不大的。

大腦訓練科學出現了一些相反證據。如果你在二〇〇〇年後期對電腦遊戲感興趣，可能會記得看到一堆應用軟體出現，全都聲稱可以提升智力。最著名的是〈川島博士的大腦訓練〉（Dr. Kawashima's Brain Training），這是任天堂DS電玩遊戲，透過明星妮可．基嫚（Nicole Kidman）廣泛宣傳；還有Lumosity認知訓練網站及應用軟體，自成立以來已擁有超過一億名用戶。

一如羅伊．鮑邁斯特的意志力理論，這些公司聲稱人的智力就好像肌肉一樣，鍛鍊得越多，就越聰明。這些應用軟體通常包括各種遊戲，旨在提高工作記憶、空間推理、認知靈活性、和心算能力——這一切技能共同決定人在一系列不同任務的智力。用戶經常回報說他們的思考更清晰、記憶力更敏銳，學術文獻似乎也證明了這一點，經過幾週固定訓練後，他們的智商出現了明顯的差異。或許，即使是在成年時期的後天培養，終究也能與先天遺傳一較長短。

可惜的是，這些研究中很多都沒有納入「積極的」控制，也就是缺乏合適的對照組，能夠引導參與者相信他們的努力是有用的[4]，而對於那些確實納入對照組的，設計的活動通常沒什麼啟發性（比如看教育性質的DVD），或許無法像互動遊戲那樣引發同樣的精神參與感[5]，畢竟，我們都上過枯燥的課程，而事後並沒有注意到瞬間大腦提升。因此，每種情況下對期望造成的進步可能大不相同。更大的問題是，這些研究招募了許多參與者（大多數是大學生），但都在廣告中公開說明他們參加的是「大腦訓練實驗」，結果，學生們來到實驗室時，對自己將經歷之事已經有了一些強烈的假設。

為了查明預期效應是否干擾了早期的研究結果，在維吉尼亞州費爾法克斯的喬治梅森大學（George Mason University）的賽勒斯．福羅吉（Cyrus Foroughi）及其同事開始在全校各地放置了兩份不同的傳單，招募學生。第一份非常明確地設定了大幅度腦力提升的預期：

大腦訓練與認知增強

大量研究證明工作記憶訓練可以提高流質智力*（fluid intelligence）

今天就來報名參加研究吧！

第二份則是著重於獲得大學學分的獎勵：

* 譯註：流質智力是美國心理學家卡泰爾（R.B. Cattell）在一九六三年所提出的智力理論其中一種型態。流質智力是指個體天生的能力，來自於遺傳，與後天的知識、經驗無關。

今天就寫信來報名參加一項研究吧

需要學分嗎？立刻報名參加一項研究，即可獲得五學分。

今天就來報名參加吧！

兩份傳單都提供不同的電子郵件地址接收有意參加研究的報名，以便福羅吉和同事確認參與者在測試前看到的是哪一份傳單資訊。到達實驗室之後，參與者進行了兩次獨立的智力測試，以此做為一個基準分數，隨後再進行一小時的大腦訓練，經過一夜好眠之後，第二天再進行兩次進一步的智力測試。

正如福羅吉本人指出的，一個小時的訓練不太可能對智力產生有意義的影響（畢竟，一整年的高等教育據說只會讓人的智商最多提高五分左右）。然而，這正是他的團隊在高期望組中發現的情況，這些參與者在兩次測試中顯示出智商五到十分的大幅增加，而對照組幾乎沒有任何改善。透過簡單的期望力量，第一組人的大腦瞬間得到了提升。

為了獲得進一步的證據，福羅吉回顧了之前的大腦訓練實驗，以檢查他們是否提供了他在本研究中使用的那種公開廣告，並將影響的程度與招募過程中沒有解釋效益的研究相比較。果不其然，他發現在那些（無意中）提高參與者期望的實驗中，認知提升的程度要大得多[6]。

暗示自己變得更聰明、更有創意

福羅吉的研究被一些人認為是大腦訓練根本沒有用的證據，這個結論過分簡化了。事實上，這項研究證實，上「心靈健身房」進行一些困難的腦力活動確實可以增強你的大腦，至少有短期的效果——而這種成功有一部分來自宣傳炒作。妮可．基嫚為〈川島博士的大腦訓練〉所做的廣告，實際上讓所有的用戶都變得更聰明一點了[7]。

在非侵入性腦部刺激試驗中也記錄了類似的預期效應。你可以買到在頭皮上施加小電流的裝置，據說可以改變頭皮下神經元的活動，有時候還被吹捧為能夠瞬間提升腦力。這項科技是否真如一些人宣稱的那樣強大，在學術界仍存有爭議，但至少有一些成效似乎來自於人們對介入治療、和對自身進步能力的假設[8]。

當然，智商只是一種衡量我們智力潛力的方式，或許最好將之視為一種腦力潛能，能夠決定人處理新資訊的速度。但現在知道，許多其他衡量思考能力的指標也容易受到預期效應的影響。以創造力和提出解決問題創意方案的能力為例。閱讀任何商業雜誌或網站，你都能很快找到教人如何提升創意構想最佳訣竅的文章——從喝伏特加[9]到仰臥思考[10]。然而，就像大腦訓練研究一樣，這些實驗往往沒有考慮到人們進入實驗室時的信念。畢竟，大多數人都知道，像諾貝爾文學獎得主海明威（Ernest Hemingway）這樣的作家在受到酒精影響時，有時會靈光乍現、文思泉湧，這代表當我們被要求喝一杯酒，隨即進行創造性思維測試時，就已經預期會有好的表現；同樣的，我們可能聽說許多作家，如美國作家楚門．卡波提（Truman Capote）、俄羅斯小說家弗拉基米爾．納博科夫（Vladimir Nabokov）、或是近期的知名英國編劇菲比．沃勒－布里奇（Phoebe Waller-Bridge），都比較喜歡在床上工作，這些假設極有可能影響結果，而且，如果沒有適當的對照比較，實在無法確認究竟是伏特加（或仰臥姿勢）本身、還是我們對伏特加（或仰臥姿勢）影響的預期心理，因而造成不同結果的[11]。

為了驗證信念增強是否能讓人更具創造力，以色列雷霍沃特（Rehovot）的魏茨曼科學研究所團隊（Weizmann Institute of Science）讓參與者期待聞聞肉桂香就能幫助他們產生更具創意的點子。在測試中，當他們聞到氣味時，必須為常見家用物品（如鞋子、釘子或紐扣）想出又新又具創意的用途，果然，這些參與者在創造力標準測試中的得分要高得多，那些單純接受嗅覺測試而對增強創意思維沒有任何期望的參與者，則並未表現出這些好處[12]。

對於記憶力呢？人的期望無法創造出並不存在的知識：與身心精神文獻中一些牽強附會的主張相反，人並不可能光靠告訴自己精通法語，就能說得像奧黛莉．朵杜（Audrey Tautou）一樣流利。然而，許多人吸收到的資訊遠比自己意識到的要多，最近一項對學生一般知識的研究證明，期望效應可以使回想這些事實變得更容易或更困難。

研究人員引導參與者相信自己參加的是一項潛意識資訊測試，每一道問題的答案都會在螢幕上瞬間閃現。例如，如果被問到「誰畫了《格爾尼卡》（*Guernica*）？畢卡索（Picasso）、達利（Dalí）、米羅（Miró）、還是埃爾．格雷科（El Greco）？」那麼畢卡索的名字應該會最先出現。參與者被告知，在他們意識到文字存在之前，文字很快就會消失，但個人的潛意識能夠把答案找出來。研究人員告訴參與者，「跟著你的直覺走在某種程度上，你已經知道答案了」。其實，當然沒有潛意識的線索，然而認為自己得到幫助的這個信念，使參與者每次都更有可能選擇正確的答案[13]。

這怎麼可能呢？研究意識的神經科學家經常談論人的「心理運作空間」（mental workspace），不妨把它想像成一塊白板，讓人得以隨時處理限量的資訊。如果你認為自己是個反應比較遲鈍、缺乏獨創性的思考者，那麼你對自身能力的焦慮就會使這個運作空間變得雜亂無章。然而，如果你對自身智力潛能已經很有信心，那麼這個運作空間將更加清晰，可以容納更多資訊，你的思考也會更專注、比較不受抑制，讓你能夠更專心投入手邊的特定任務。對自身能力的信念也代表你更有可能堅持下去，即使沒有立刻想到最好的解決方案。

失敗能讓你學習得更多

當我們面對挑戰自身現有能力的新困難時，期望效應特別重要。有大量研究證明，**適度的挫折感——通常伴隨著新挑戰而來——其實是一種學習契機；相較於馬上就能完成的事，如果你發現一些難以理解或執行之事，就更有可能在技能上得到持久的進步、或是在未來牢記這個事實**（正因如此，神經科學家鼓吹「理想難度」對學習的好處）。可惜的是，大多數人都無法明白這一點，反而會開始產生自己永遠無法進步的恐懼感，因而導致自我挫敗。一些強而有力的實驗發現，光是靠提醒自己挫折的好處就可以解決這些問題、減少無助感、釋放工作記憶等精神資源，久而久之讓你表現得更好[14]。再次強調，**這是一個自我實現的預言：如果你預期挫折能夠幫助學習，它就會對你有所幫助；如果你認為挫折是超出自己能力範圍的一個警訊，也將會永遠如此。**

當然，你必須小心落入過度自信的陷阱——光是認定自己在任何事情上都很出色，而沒有任何自信的基礎，也會讓你遭遇失敗和尷尬。目標是要合乎現實，最好是以逐步、漸進的方式測試自己的能力，**不要一開始就對自身能力抱著過度自信的期望，而是要質疑自己的假設、並抱持開放的心態。**雖然你不會老是覺得自己能力不足，也可能會認為某些技能「不是我的專長」——然而，一旦探究這些信念的起源，你可能會發現自己其實比過去想像的更有能力，釋放出隱藏的潛力，因而提高你未來的表現。

他人的期望可以加分也能扣分

如果個人的信念可以限制或釋放自身的智力潛能，那麼別人對我們的信念呢？

在雲杉小學的實驗之後，羅森塔爾和雅各布森在《課堂裡的畢馬龍效應》（*Pygmalion in the Classroom*）一書中詳細介紹了其研究結果。此書的書名是向奧維德（Ovid）《變形記》（*Metamorphoses*）當中的一個古典神話致敬，講述一位雕刻家愛上自己創造的一座雕像，引導眾神實現他的願望、使她變成真人的故事；同時也是向蕭伯納（George Bernard Shaw）的戲劇《賣花女》（*Pygmalion*）致敬，劇中一位賣花姑娘經過熱情的教授調教，學會了貴族的言行舉止。奧黛麗・赫本（Audrey Hepburn）所主演的音樂劇《窈窕淑女》（*My Fair Lady*）也是改編於《賣花女》，或許是巧合，這部音樂劇也是在進行研究的那一年上演。

早在一九六〇年代，信念可以改變結果的觀點，似乎確實存在於小說和神話領域。請記住，在那個時期，期望效應仍然大多侷限於醫學界，即使如此，也是被視為對藥物「真實」生理作用的干擾。因此，難怪當代心理學家一開始對雲杉小學學生的巨大進步持懷疑態度。同時，還有一些合理的理由質疑結果，包括學生樣本數相對較小，可能誇大了期望效應的明顯規模。然而，在隨後的幾十年中，更多的研究證實，教師的期望會對孩子的教育產生積極或消極的影響[15]，如果老師認為學生能力較差（不管是基於什麼原因），就會不知不覺地阻礙學生的發展，無論孩子實際的能力如何。事實上，不幸的是，研究證明，學生表現的損失可能更為嚴重，勝於老師持積極看法促成的腦力成長[16]。奧克蘭大學的教育家克麗絲汀・魯比-戴維斯（Christine Rubie Davies）曾對畢馬龍效應進行過廣泛的研究，她告訴我，「教師的期望會產生影響，我認為現在沒有人會對此事存疑」。

過去十年來，畢馬龍效應重新引發了人們強烈興趣，有證據顯示，**教師期望造成的影響可能是出乎意料地深遠**。二〇一〇年代早期，賓州費城坦普爾大學（Temple University）的妮可・索哈根（Nicole Sorhagen）分析了一項追蹤美國十個城市一千名兒童發展狀況的調查結果。在孩子一年級時，要求老師針對他們的各種學術技能進行評分——索哈根隨後再將這些主觀意見與學生在同一年標準化考試中的實際表現進行比較。如果兩者之間存在差異，代表老師可能對孩子有不公平的過高或過低的期望。她發現這些早期判斷可以預測孩子們十五歲時的數學成績、閱讀理解和詞彙。受到老師高度評價的優勢、或不合理的低評價造成的劣勢，一直伴隨著孩子直到高中[17]。

也許並不令人意外，這個想法也引起了組織心理學家的注意，他們正在尋求提高生產力的方法。如今很明顯，**他人的期望可以成為工作場所的一股強大力量，決定每位員工的表現**，從荷蘭警官到紐約城市銀行（National City Bank of New York）的行員。**在各種情況下，領導者的期望都會提升或限制員工的表現**，一如雲杉小學的老師釋放學生的智力潛能一樣。

一項最令人印象深刻的研究考察了參加為期十五週戰鬥指揮課程的以色列士兵，在此期間，他們接受了各種戰術和實用技能的測試[18]。研究發現，引導長官對特定受訓學員抱有積極期望，可以使學員的平均分數提高三個標準差。也就是說，如果培訓師認為新兵具有很高的潛力，最普通的阿兵哥在正常情況下將提升到新兵的前百分之零點一。這麼巨大的效應值是極不尋常的（以色列的國防軍似乎有某種特質特別有利於這種期望效應，這在其他地方應該看不到的），但是，與大多數心理介入治療相比，各行各業的平均效應值還是非常大，如果領導者對他們抱持積極看法的話，會使普通員工在其團隊中上升大約十六個百分點[19]。

教師或領導者究竟如何將期望傳遞給學生或員工，這完全取決於相關人員和具體情況。最明顯的方式是公開讚揚或批評；我們都知道鼓勵是有益的，而批評是有害的。一個人的期望也會明顯反映在所設定的目標，因此而影響表現。如果老師不斷地為喜歡的學生選擇更具挑戰性的任務，就會提供進一步的學習機會，而團體中的其他人則會錯失這些機會。

其他訊號可能更微妙。假設你被問到一個問題，而你回答錯了，如果提問者對你的能力有很高的期望，他們可能會重新表達問題、或是直接與你討論。然而，對你期望較低的人可能就會跳過問題，此舉微妙暗示了他們不認為你能從錯誤中學到什麼[20]。

肢體語言洩露了心思

也許最重要的是非語言暗示。例如，如果有人對你的期望較低，就不太可能對你微笑、眼神交流也會減少——儘管如此，兒童和成人很容易察覺到互動中的微妙差異。就連沉默也很重要：短暫的停頓可以給你更多機會擴展你的想法，而不是打斷你。心理學家將這一切的微妙訊號描述為**「情緒洩漏」（leakage）**，因為一個人即使試圖隱藏感受，也會意外地傳達自己的期望[21]。

研究證明，無論期望是如何傳達的，很快就會被接收端的人內化，進而降低或提高他們的動力與自信。甚至可能沒有意識到造成這些感覺的線索，但是這些確實會影響自身的表現。

你可能希望，只要花時間和努力，我們最終能夠證明自己，老師或領導者對我們能力的信念也會因此而改變。不幸的是，想要超出某人的期望，最終結果是違反直覺的。雖然雲杉小學的老師接受資優生的發展跡象，但是羅森塔爾和雅各布森發現，他們對其他沒有被貼上資優生標籤的孩子，抱持更嚴厲的態度，就算這些孩子取得意想不到的進步。這兩位心理學家和校長在《科學人》（*Scientific American*）發表的文章中指出，「他們進步得越多，得到的評比就越不利」[22]，一旦老師們形成了某種負面的信念，孩子就面臨著努力爭取認同的艱難之路。

這可能是人類思維某種形式的**「確認偏誤」（confirmation bias）**：我們總是在尋找理由支持自己既定的觀點，當面對著矛盾的證據時，我們會乾脆選擇忽略它，而不是更新自身的信念。我們就像劇作家精心設計了敘事發展，就不喜歡自己預期的對象偏離劇本[23]。

外在形象的優勢

如果大多數人對他人的判斷都是準確和公平的，畢馬龍效應的後果也就不會那麼可怕了。畢竟，在大多數的自傳中，都會聽到心靈導師如何看到年輕之星的驚人潛力，透過不斷地鼓勵，幫助他們認清自己的天份。在這些被選中的少數案例中，心靈導師都是很有道理的。

對於博學多才的作家兼詩人、編劇瑪雅·安傑洛（Maya Angelou）來說，正是鄰人貝莎·佛勞爾斯（Bertha Flowers）的不斷鼓勵，才激發了她對文學的熱愛、並賦予她自我價值感。她寫道：「我之所以受到尊重，並非因為我是亨德森夫人的孫女、或貝利的妹妹，而是因為我就是瑪格麗特·強森」[24]（瑪格麗特·強森是安傑洛當時的原名）。對於歐普拉·溫芙蕾

（Oprah Winfrey）來說，心靈導師是鄧肯夫人（Mrs Duncan）。歐普拉在訪談節目中當面告訴鄧肯：「因為妳，讓我一直覺得自己可以接受任何挑戰」[25]。對物理學家史蒂芬．霍金（Stephen Hawking）來說，則是迪克蘭．塔塔（Dikran Tahta）看穿這位年輕學生糟糕的筆跡和天生的懶惰，激發了他對宇宙的迷戀。霍金聲稱：「每位傑出人士背後都有一位傑出的老師」[26]。

不幸的是，心理學研究表明，大多數人對於發掘潛在天賦一事完全不在行。我們會評判別人，也會受到別人批評，都是根據表面上的細微差別，這代表某人熱情的期望往往是不公平的。只要想一想所謂**「光環效應」（halo effect）**的偏見就知道，這種偏見假設臉比較勻稱的人——基本上就是刻板印象認定更有吸引力的人——會更聰明、更有能力。這一點都不合乎理性邏輯，純粹是偏見。套用某一論文作者的話來說，人都「被美麗蒙蔽了雙眼」[27]。

可悲的是，我們從小就開始因外表而受到評判——當這些期望透過父母、老師、教練和經理不斷傳遞給我們時，就會影響我們在許多任務上的實際表現，而這些任務應該跟外表完全無關，扭曲的認知最終成為我們的現實[28]。

正如一般畢馬龍效應的研究所證明的，可能會造成日積月累的影響[29]。已有各種研究證實，孩子的長相可以預測老師的期望，進而預測他們的學業成績[30]。如果你在學校表現稍微好一點，也可能得到比較好的工作——人們根據你的長相判斷能力，同樣對你有所幫助，讓你更有可能獲得升遷機會和更高的薪水——所有好處就像滾雪球似的不斷擴大。例如，一九九〇年代初的一項研究發現，畢業十年之後，一個有魅力的ＭＢＡ學生年收入，比班上最沒有魅力的人高出大約一萬美元[31]。

即使是像聲音語調那麼無關緊要的小事，也可能透過光環效應累積的優勢（或劣勢）影響我們長期的成功。一般來說，聲音較低沉的人被認為更有能力。北卡羅萊納州達勒姆市杜克大學（Duke University）的威廉．馬約（William Mayew）分析全美國一些大型公司七百九十二名執行總裁的錄音，他發現聲音最低沉的人往往掌管最大的公司，在其他條件相同的情況下，他們每年多賺十八萬七千美元，例如麥當勞執行總裁詹姆斯．斯金納（James Skinner）是樣本中聲音最低沉的人士之一，平均年收為一千四百七十一萬美元[32]。也對他們的職務任期長短有所影響。

這麼膚淺的差異能夠影響他人對我們的看法，進而對人生造成重大的影響，實在很不可思議、也很可怕。另外還有許多基於刻板印象的期望，也可能大大影響一個人的實際能力。

性別的刻板印象阻礙孩子成長

例如，英國神經科學家吉娜．里彭認為，成年人對性別角色的期望，從孩子出生的那一刻起，就開始影響他們的大腦。她表示嬰兒就像是「社交海綿」，即使來自父母、老師、或朋友的細微暗示，也可能使其增強自信或產生焦慮感，因而提高或削弱他們在不同領域的發展能力。

比如說，一個女孩在玩樂高玩具時，親戚可能會表現出些許的驚訝，微妙地暗示這是很不尋常的，而孩子會將之解讀為這是不可取的，因此將來很有可能不再玩這種玩具。失去的遊戲時間看似無關緊要，但其實有助於培養空間和非語言推理技能，也就是說，小女孩長大之後，與同齡男孩相比，她將稍微處於劣勢。

同時，在學校，大人可能會在女孩腦海裡播下懷疑的種子，使她在數學考試中表現不佳，而恐懼成真之後，她可能會在下次考試時表現得更差，使她對這門學科越來越沒興趣。這些最初的期望可能因此損害她的即時表現，進而破壞長期的學習，直到「女孩子數學都不行」的想法成為一個自我實現的預言。

這種偏見可能會超乎教育環境，延伸到工作場所，莫名地使一切變得更具挑戰性，久而久之，可能會造成科學、科技、工程和數學專業中的性別差距。

有些人仍然否認期望的重要性，反而認為性別差異是與生俱來的。這些懷疑論者會說，腦部掃描確實顯示男孩和女孩、或男性和女性大腦之間存在某種構造上的差異。例如，有人聲稱男性大腦中涉及空間推理或算術的區域更大。然而，這些腦部掃描顯示相異的構造絕非證明了遺傳差異，而是反映了社會文化的性別偏見。大腦對環境以及我們被鼓勵練習的技能做出反應，這是很自然的事。如果你是會玩樂高的孩子，你正在積極地改變你的大腦迴路。因此，這些假定的差異只不過再次證明了，**個人及身邊人士的期望，能夠對人體生物學產生真正的物理效應。**

除了某些學術領域的能力明顯存在性別差異之外，期望效應也加劇了經濟不平等的後果。如今有強力的證據顯示，教師一直低估貧困兒童的能力，這點尤其令人遺憾，因為有研究表明，來自工人階層背景的兒童也能從教師的正面期望中獲益最多，提高的腦力有助於彌補家庭資源的不足[33]。如果生存環境已經處於不利了，就需要任何可能得到的一丁點信心。

種族偏見也成為束縛的轠繩

有缺陷的期望對少數民族造成特別嚴重的後果（事實上，雅各布森和羅森塔爾在最初發表的文章中確實注意到了這一點）。有大量的證據表明，許多人其實並非明顯的種族主義者，但抱持著隱性的種族相關偏見，這些偏見可能在無意間傳達出去，對學術界和職場表現造成了嚴重後果。為了證明這點，美國一項大型調查追蹤了八千五百多名幼稚園到八年級學生的不同樣本，特別關注他們在數學方面的表現。這項研究發表於二〇一八年，得出的結論是，教師的期望「對白人女孩、少數族裔的女孩和男孩所造成的影響，比對白人男孩的影響更大」[34]。這些低期望通常會滲透到整個組織文化中。在比較貧窮、種族更多元化的學校中，教職員更有可能認定這些族群的學生「不太容易受教」——由於老師本身的行為和學生的困難處境，最終將變成現實[35]。

你有時會聽到這樣的論點，認為少數團體或弱勢族群應該努力「融入」、並克服這些障礙，努力反證普遍存在的文化偏見，不過，這是很難辦到的事。當人們感到自己好像落入對其所屬群體的負面期望時，會經歷一種所謂的「刻板印象威脅」（stereotype threat）的焦慮，因而損害自身的表現。要他們反思困境，即使是激勵自己要振作起來，只因為別人都說「必須加倍努力，才能獲得別人一半的成就」，都可能只會徒增壓力[36]。

小時候，我們看到一個孩子受到仙女教母祝福或女巫詛咒的童話故事，總是震撼不已，但令人震驚的現實是，**許多人很容易因為自己的種族、性別、或外表而受到他人預言的影響，即使是最微妙的偏見也能改變人一生的發展**。如果繼續對低期望放任不管，許多有潛在天賦的人將永遠不會感受到霍金、歐普拉或瑪雅·安傑洛所經歷的那種鼓勵，就不會有傑出的老師培養出優秀的人才，世界將因此變得更加匱乏。

那麼，該怎麼辦呢？

你可以改寫命運的腳本

羅森塔爾和雅各布森首次發表研究報告時，一些評論家認為他們試圖抹去、或是想要忽視其他潛在的不平等根源。「如果成千上萬的兒童沒有學會讀、寫、說和算術，那不是因為教室過於擁擠、貧困和社會條件的影響、教育計畫和教材不完善、或是師資培訓不足」，《紐約時報》（*New York Times*）專欄作家諷刺說道，「孩子們沒有學好是因為老師不希望他們學習」[37]。

這對於雅各布森和羅森塔爾的觀點是有點誇大不公，但結構性因素的重要性值得認真看待。除了受到人們隱含期望的影響之外，許多人還必須與公然的性別歧視、種族主義、和階級歧視對抗，更不用說美國、英國和其他國家仍存在許多不平等的制度障礙。解決期望效應並不能使這些問題神奇地消失，就好像我們不可能期望安慰劑奇蹟般地治癒絕症一樣。

然而，認知此一事實並不代表我們應該放棄心理變化的可能性和重要性。從雲杉小學那次著名的實驗之後，五十年來有越來越多的研究證明，**教師和領導者可以改變他們表達對他人期望的方式，這或許不是萬靈丹，但這些介入措施將是讓每個人大大發揮潛力重要的第一步**。

紐西蘭奧克蘭大學的克麗絲汀．魯比－戴維斯領導了一次最有力的實驗，試圖在沒有欺騙的情況下重寫教師的腳本。她與羅森塔爾合作，邀請了九十名中小學教師參加一項隨機對照試驗。一半的教師定期參加專業發展課程，研究提高學生參與度和成績的一般方法，而其餘教師則參加了四個研討會，專門討論自我實現預言的重要性（「畢馬龍效應」研討會和標準專業發展課程所需的時間和精力，大致相當）。

在研討會上，魯比－戴維斯首先向老師們介紹了期望效應的力量、及其如何影響學生的學業表現，並提出一些策略以提高所有學生對自己的期望。這些技巧包括與每一位學生一起設立明確的目標，制定方法確保定期向每個學生提供反饋（而不僅只是最喜歡的），同時找到鼓勵學生自主學習的方法——讓學生明白他們都是有辦法能夠自行解決問題的。

老師還被要求錄下自己的課堂教學影片，隨後在研討會上針對影片進行分析。這些影片是試驗成功的關鍵，因為他們發現原來自己的低期望還是可能在無意間以多種方式「洩漏」，比如肢體語言和語氣。正如之前關於畢馬龍效應的研究所顯示的，老師通常完全沒有意識到自己的偏見。「他們突然領悟到自己只問男孩子數學問題、或是大多與白人孩子互動」，魯比－戴維斯告訴我，「這成了一次十分震撼的學習體驗」。

結果完全符合預期——參加過研討會的老師，他們學生的數學成績提高了二八%，勝於純粹接受標準師資培訓、但並未特別關注畢馬龍效應的老師所教的學生[38]。**顯然，改變一個人傳達對他人期望的方式、並賦予他們更大的自信，是有可能的，也會因此對他們（或我們）的人生產生重大影響**[39]。

這類介入措施在每個教育機構和工作場所都很普及是最理想的——也許當期望效應的概念廣為人知之後，將會如此。同時，至少也可以讓自己減少受到他人期望的影響。

由於許多負面影響都是由「表現焦慮」、以及外界對我們無法勝任任務的預期所造成的，我們可以運用第7章介紹的一些壓力重新評估技巧，來反思所面臨的挑戰。雖然這些方法是針對各種焦慮而設計的，但是如今已有證據顯示，對於抵制負面的刻板印象特別有效。例如，當女孩們被教導焦慮情緒的潛在好處，有助於刺激大腦和提高表現時，她們往往在數學考試中取得更好的成績。重要的是，當女孩子被明確提醒一般預期她們會表現比較差時，這種介入措施帶來了最大的效果，這代表壓力重新評估有助於消除刻板印象威脅[40]。

或是，你也可以進行所謂的**自我肯定歷程（self-affirmation）**。這名稱聽起來可能有點像新時代指南中的一個練習，但不要讓它嚇到你了。正如實驗心理學家所定義的，**自我肯定並不是一廂情願的思考，而是一種簡單的方法，可以化解你可能抱持的一些不合理的自我懷疑**[41]。

只有你可以評價自己

我們的目標並不是要關注相關特定任務（這可能只會引發對預期困難的負面思考），而是要著重於自身的整體能力和價值觀，與當下所面臨的問題完全無關。**認清自己其他的個人特質可以增強對自身資源的信念，同時也能提醒我們，自我價值並非取決於眼前的挑戰。焦慮感減少反而能夠讓心理運作空間從阻礙成功的消極想法中釋放出來，提高我們的記憶力和專注力，並有助於堅定決心繼續面對困難挑戰。**不妨將自我肯定看成是加強自我價值的基礎，因此我們對自己的信念就不會再輕易受他人的意見左右。

自我肯定的能量練習

現在親自嘗試看看，你會發現這有多麼容易。首先，列出十項你重要的個人特質——比如幽默感、創造力、獨立性、社交技能、或運動能力。接著，選出最重要的一個，簡單地描述其重要性，包括它在你人生中曾經發揮過重大影響的時刻。

這是一種你可以隨時隨地進行的簡短訓練——但它的簡單性卻隱含無限的力量。在最早也是最引人注目的一次示範中，阿爾伯塔省和亞利桑那州大學的科學家要求參與者進行空間意識測試，他們必須搭配旋轉的形狀。如前文所述，空間技能通常被認為是女性的弱點（想想所有關於

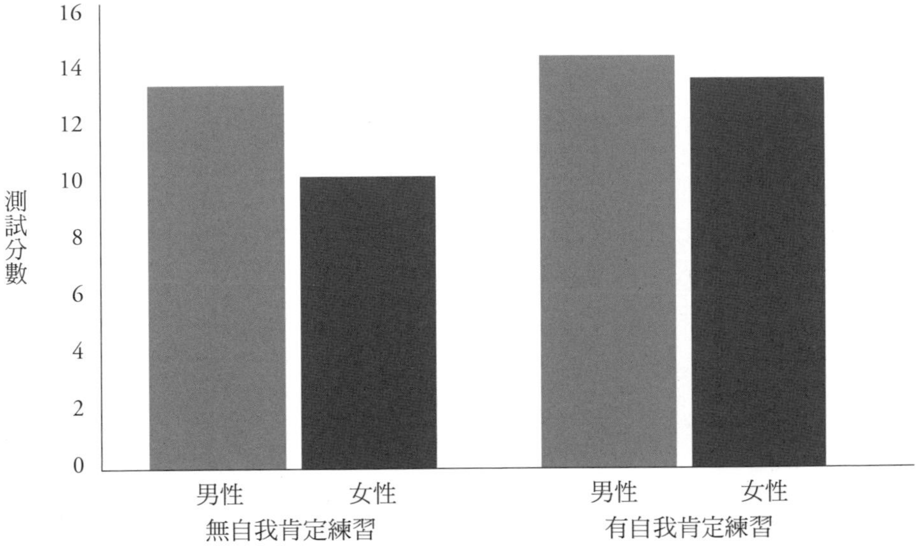

自我肯定減少空間推理中的性別差距

女性看地圖的性別歧視笑話），而由於期望效應，這往往成為一種自我實現預言。

在測試之前，一半的參與者被要求完成簡短的自我肯定練習，而對照組則被要求寫下另一個人的特質。為了檢視在十分突出的消極信念之下自我肯定是否能發揮作用，實驗者故意提醒參與者性別刻板印象，並說，「我們要探索的一件事是，男性和女性在測試中的表現有何不同，對於女性比較不善於空間旋轉任務，這種刻板印象或普遍持有的信念有多真實」。

自我肯定的成效很顯著，介入措施幾乎完全縮小參與者中的性別差距[42]。

研究人員發現數學成績的模式非常相似。一般來說，男性並不需要增強自信（因此只表現出微幅的進步），但女性在經過自我肯定練習後表現出顯著的進步。

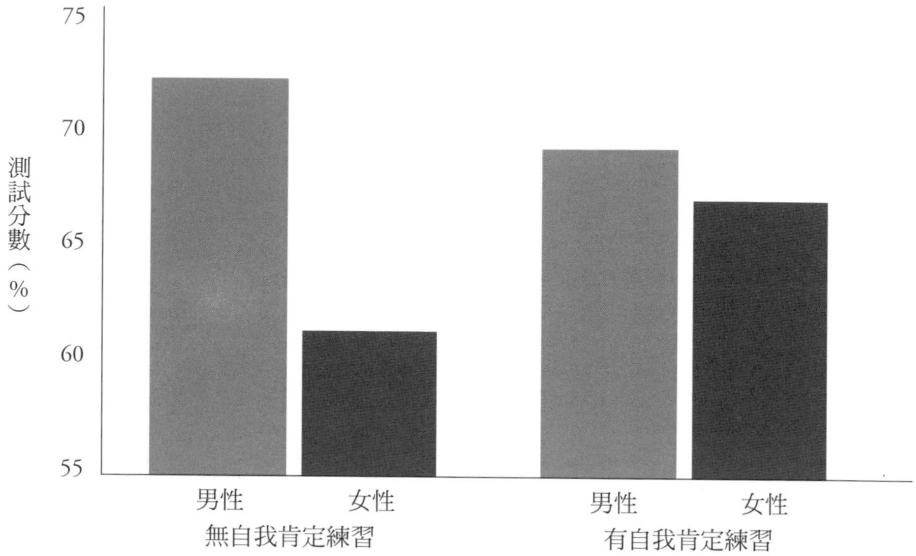

自我肯定減少物理成績的性別差距

如果你還是不相信，以下提供學生參加大學程度基礎物理考試的成績圖表，這是另一個普遍認為女性表現不佳的領域。圖左是控制條件，圖右則是學期初和期中考之前經過幾次自我肯定練習的結果。如你所見，性別差距已經從一〇%左右縮小到只差幾個百分點。研究人員證實了自我肯定的保護作用，他們發現，對先前抱持性別刻板印象的女性來說，從自我肯定中獲益最多；就某種意義而言，自我肯定是社會傳播的負面信念的解藥[43]。

除了縮小性別差距之外，自我肯定還可以矯正通常與較差的經濟環境相關的負面期望。英國一項研究在學期開始時，要求十一至十四歲的學生在英語課堂上寫一篇自我肯定的文章。研究人員針對「接受免費學校膳食」和來自富裕家庭的兒童進行比較，發現這個簡單的練習可以使階級差異縮小了六二%[44]。

最令人驚訝的發現與美國黑人學生的學業表現相關。和英國學生一樣，這項研究中的黑人學生從七年級開始被要求練習自我肯定，並在隨後幾年中增加額外的「激勵」。雖然每次只要花十五分鐘即可完成（算是學校行事曆中最短的活動），但是這種自我肯定練習使個人考試成績的種族差異減少了四〇%[45]。更不可思議的是，在最初的介入措施實施過了九年之後，仍可見其影響力。總體而言，進行自我肯定的黑人兒童當中，九二%上了大學，而對照組的黑人兒童比例則為七八%[46]。

如此巨大的長期影響代表了良性循環的改變，**增強自我價值感、對抗他人比較負面的期望，可以立即提高表現，進而為日後的考試建立個人信心**。久而久之，評估自我能力和價值這麼簡單的一步，可以讓人完全抗拒社會的自我實現預言，開拓出一條與別人認定截然不同的人生道路[47]。

若想對抗負面刻板印象的影響，自我肯定現在是經過證明最可靠的介入措施之一[48]。如果我們想要尋找減少學術不平等的新方法，那麼廣泛運用此法真的是輕而易舉的事。

淑女和賣花女的區別，在於他人的眼光

雅各布森和羅森塔爾引用蕭伯納戲劇中的台詞，總結他們在雲杉小學的畢馬龍效應研究，伊萊莎・杜立德（Eliza Doolittle）描述他人期望的影響，「你看，真的是這樣的，除了任何人都能

學會的東西（穿著與合宜的說話方式等等），淑女和賣花女之間的區別不在於她的行為舉止，而在於別人如何看待她。對希金斯教授來說，我永遠是一個賣花姑娘，因為他總是把我當作賣花姑娘，而且永遠都是。但我知道我可以成為你的淑女，因為你總是把我當作淑女看待，而且永遠都會」。（他們甚至將此效應描述為「蕭氏總結」）。

杜立德言語中苦樂參半的語氣，並沒有反映雅各布森和羅森塔爾的樂觀態度。他們當時的文章充滿了興奮，認為人們很快就能深入理解畢馬龍效應，進而提高兒童的能力。然而，六十年過去了，我們還只是剛剛到達那個起點。

這種延遲令人遺憾，但對於花了這麼久的時間才達到這點，也不必感到驚訝。誠如我們在本書中所看到的，接受期望效應需要顛覆對大腦、身體和社會的許多假設，而這需要非凡的證據。然而，隨著最近人們重新燃起對期望效應的興趣，我們終於有了知識和理解，能夠透過畢馬龍效應的非凡力量來釋放自己和他人的潛力。

如果整個世界都是一個舞臺，那麼劇本往往是由我們身邊的人所寫的。過去，我們可能在不知不覺中扮演了那些角色，就像不知情的演員一樣，但其實不必如此，只要學會認清自己被規畫的劇本，我們就能夠拒絕不適合自己的敘述，進而創造個人的命運。

釋放未開發潛力的日常練習題

- 試著誠實評估自己的能力，並質疑自己是否已經內化了負面期望。例如，真的有充份的理由讓你相信自己天生就不擅長數學或藝術嗎？你有沒有辦法改進呢？
- 一旦找出自己具發展潛力的領域，不妨試著尋找新的挑戰，脫離自己的智力或創造力舒適區，來測試這些負面假設是否正確。
- 在整個過程中，要知道任何挫折時刻正是有效學習的機會、也反映出手邊任務的重要性，這種簡單的觀念重塑本身會提高表現。
- 如果感到特別焦慮、或認為自己可能受到刻板印象威脅，試著練習自我肯定（第244－247頁），包括關注自己的個人特質或價值觀、及其對你很重要的原因，以此來消除恐懼和負面期望。
- 如果你是老師或管理者，不妨想想是否透過口頭或非口頭方式傳達對他人的期望。你可能對自己的肢體語言或語調並無自覺，因此請外人觀察、或是錄下你與學生或同事之間的互動，可能會有所幫助。

第10章／抗老化

「我不會為我的年齡辯護，因為我感覺自己不到八十歲，行為舉止也不像。」

——世界上最高齡的有氧騷莎舞者，帕迪·瓊斯（Paddy Jones）

十多年來，帕迪·瓊斯（Paddy Jones）以其辛辣的騷沙舞令全世界的觀眾讚嘆不已。二〇〇九年，她在西班牙*Tú Sí Que Vales*（*You're Worth It*）選秀節目中一舞成名，此後便在世界各國取得成功，如英國達人秀（*Britain's Got Talent*）、德國的*Das Supertalent*、阿根廷的舞蹈表演節目*Bailando*，以及二〇一八年在義大利的聖雷莫音樂節（Sanremo Music Festival）與Lo Stato Sociale樂團合作演出[1]。

瓊斯正好也已經八十多歲了，根據《金氏世界紀錄》，她是世界上最高齡的有氧騷沙舞舞者。在英國長大的瓊斯，向來熱衷於舞蹈，她在二十二歲嫁給丈夫大衛、生育四個孩子之前，一直從事專業表演。退休之後，夫婦倆搬到了西班牙，正是她丈夫死於癌症的悲劇促使她去上舞蹈課。在嘗試了各種拉丁美洲風格後，她很快就愛上了有氧騷沙舞。跳舞時，她的舞伴尼科（Nicko）經常把她拋到半空中。瓊斯在二〇一四年接受媒體採訪時說，「我不會為我的年齡辯護，因為我感覺自己不到八十歲，行為舉止也不像」。她說，只有比她小四十歲的尼科累了，她才會停止跳舞[2]。

我們現在已經明白，**人的預期心理可以透過多種方式大大地影響身心健康，改變人的感知、對飲食、運動和壓力的生物反應、以及認知能力**。接下來我想向讀者展示，所有這些期望效應是如何強而有力地匯聚在一起，改變人的衰老方式。在我看來，信念可以使人延長或減少幾年的壽命，這是對大腦預測機制的新理解最引人注目和最重要的結果，正因如此，我認為對於身心合一必須嚴肅以對。

對壽命之認知的四個問題

在我們繼續之前，請誠實地回答以下四個問題：

1. 隨著年齡逐漸增長，情況是變得更好、更糟、還是保持不變？
2. 在以下每一對詞彙中，你認為哪一個與退休之後有關：封閉自我還是參與活動；不能還是能；依賴還是獨立；無聊還是忙碌？
3. 中年何時結束，老年何時開始？
4. 純粹根據主觀體驗（而非實際年齡），你感覺自己現在幾歲？

正如我們將看到的，你對這一類問題的回答，對於未來的健康狀況，可能與當前的健康一樣重要、甚至更重要。事實上，許多科學家研究得出的結論是，**你對衰老過程的信念可能與實際年齡一樣對於身體的長期健康十分重要**[3]。**透過多種途徑，人的期望決定了細胞生物鐘的速度，決定了一切，從輕微的疼痛到心臟病、癡呆症和死亡的風險等**。事實證明，像帕迪・瓊斯這樣的年輕心態正是保持青春的靈丹妙藥。

如果能讓時光倒流……

哈佛大學心理學家艾倫・蘭格一項卓越的實驗首次暗示，**人的想法和期望可能會加速或減緩衰老過程**。蘭格以特立獨行的研究而聞名；早在正念成為科學研究的流行主題之前，她就是最早探究正念益處的人之一（她也是調查期望如何影響視力的研究者——見第1章）。一九七九年，蘭格決定探索身心合一的影響，讓一組七十歲和八十歲的人假裝他們重回一九五九年的生活。

參與者是透過當地報紙廣告招募來的。首先，他們接受了通常用於診斷年齡相關問題的各種測試，隨後被要求進行記憶測試與一些認知任務（比如透過紙筆在迷宮中尋找出路），旨在測量大腦的處理速度，一般認為在老年時反應會變慢。蘭格的團隊還測試了參與者的視力、聽力、以及關節的靈活度。

研究人員隨後將參與者帶到新罕布夏州彼得堡（Peterborough）一座修道院，進行為期一週的靜修，該修道院經過重新裝修，看起來就像是陷入一九五〇年代末的時光隧道中，從起居室的雜誌，到收音機播放的音樂，例如派瑞・寇摩（Perry Como）、納金高（Nat 'King' Cole）、和蘿絲瑪麗・克魯尼（Rosemary Clooney）的低聲吟唱，還播放電影，如《熱情如火》（*Some Like It Hot*）、《北西北》（*North by Northwest*）和《賓漢》（*Ben Hur*）等，全都是經過精心挑選，以符合史實。為了確保這些情境改變參與者的心態，研究人員還要求他們用現在式寫下自己在那時的日記，並要求像生活在一九五九年，不能討論任何從那時以後發生的事，反而鼓勵他們討論二十年前的政治和體育賽事。主要目的是透過這一切的聯想喚起他們年輕力壯時期的自我。

為了進行比較，研究人員在一週後進行了第二次靜修實驗。雖然情境擺設、飲食和社交等因素保持不變，但這次參與者被要求回憶過去，而不是表現得像年輕時期的自我。比方說，在寫傳記描述自己的生活時，要求他們用的是過去式，而不是現在式，這個看似微小的差異代表他們的心態還是專注於現在的年齡。

大多數參與者從基準測試到靜修後的測試都有所改善，但是，在更充分融入一九五九年情境的第一組參與者當中，看到了最大的好處，例如，六三％的人在認知測試中表現出顯著的進步，而對照組只有四四％。他們的視力變得更敏銳，隨著一些炎症消退，關節也更靈活，雙手更靈巧。這種變化在他們的外表上甚至是更明顯的：由於身體姿勢的改善，他們變得更高，走路也更輕鬆。蘭格在靜修前後為參與者拍照；未被告知實驗目的的觀察者普遍認為第二張照片看起來比第一張要年輕得多，就好像她真的讓時光倒流了[4]。

儘管這些發現看起來很吸引人，但蘭格的實驗與早期一些心態研究（事實上，包括當時其他許多的心理學研究）都存在一樣的缺陷，最嚴重的問題是樣本數的大小。沉浸組和對照組分別都只有八名參與者，一般認為這種規模並不足以得出關於整個群體的一般結論，畢竟，非凡的主張需要有非比尋常的證據——而**人的心態可能以某種方式影響身體衰老**的觀點，就像其他的科學理論一樣非凡。

耶魯大學公共衛生學院的貝卡．萊維（Becca Levy）一直帶頭提供足夠的證據來支持這個驚人的論點。在她最早期、也是最引人注目的一篇論文中，她分析了俄亥俄州老齡化和退休縱向研究（Ohio Longitudinal Study of Aging and Retirement）的數據。這項研究的創始人召募了一千一百多名在一九七五年七月一日已年滿五十歲的參與者，在隨後幾十年中追蹤他們的發展。在研究開始時，參與者被要求針對以下陳述的同意程度進行評分：

- 我和去年一樣充滿活力
- 隨著年齡增長，我變得越來越沒用
- 隨著年齡增長，我的情況越來越糟

根據這些分數，萊維的團隊將參與者分為兩組，一組對自己的衰老抱持正面的看法，另一組則抱持負面的看法，並檢視每種情況下的死亡風險。

她發現，對於衰老抱持比較正面心態的人，在研究開始後的平均存活壽命為二十二．六年，而對衰老看法比較負面的人則只有十五年，兩者相差約七年半。即使考慮到其他已知的風險因素，如社會經濟地位或孤獨感，這種關聯仍然存在。這項研究發現首次發表於二〇〇二年，其影響力至今依然顯著。萊維及其團隊在論文中寫道，「如果發現一種以前未知的病毒，會使人的預期壽命縮短七年以上，可能就會投入大量研究找出原因、並實施補救措施；在此案例中，可能的原因是眾所周知的：正是社會認可對老年人的詆毀」[5]。

後來的研究加強了人的心理預期與身體衰老之間的關係，同時摒棄了一些更明顯、也不太有趣的解釋，比如，你可能會認為人的心態會反映衰老，而不是助長退化。然而，這並不能完全解釋最引人注目的結果。例如，萊維分析巴爾的摩老齡化縱向研究（Baltimore Longitudinal Study of Aging），追蹤一九五〇年代末至二十一世紀初數百人的發展。從一九六八年開始，參與者被問及他們對老年的態度，像是對「老年人無助」這種說法的認同程度。由於大多數參與者平均年齡為三十六歲，不太可能開始遭受與年齡有關的嚴重殘疾；他們對於衰老的看法更可能來自周圍的文化，而不是任何個人經歷。萊維發現，即使控制了肥胖、吸煙習慣、或心血管疾病家族史等先前存在的因素，這些觀點仍可預測他們三十八年後患心絞痛、充血性心力衰竭、心肌梗塞、和中風等疾病的風險[6]。

心念能擊退癡呆症

對於衰老持積極態度似乎能保護我們免受某些癡呆症的危害。雖然阿茲海默症的確切病因仍在研究中，但我們知道這種疾病伴隨的許多神經系統變化，包括細胞之間形成一種叫做β^-澱粉樣蛋白（beta-amyloid）的蛋白質沉積，當這些斑塊積聚時，會破壞對大腦傳遞訊號十分重要的突觸。阿茲海默症患者的腦細胞內也會形成另一種 Tau 蛋白的纏結。我們現在知道某些基因變異（最著名的是 APOE ε4）會使人更容易罹患這種疾病。但這些遺傳的差異並不能決定一個人的命運；許多帶有 APOE ε4 的人從未發展出癡呆症。

為了探究人對衰老的心態是否會改變罹患此病的機率，萊維再次檢視對衰老態度縱向追蹤研究中參與群組的醫療記錄，其中一項研究正好包括追蹤期間定期的ＭＲＩ核磁共振掃描和死後的腦解剖。她發現，人的期望已經銘刻在大腦之中，在之前對衰老持負面看法的那些人當中，β^-澱粉樣蛋白斑塊和 Tau 蛋白纏結的積累顯著增加。那些人的海馬體（大腦深處負責記憶形成的海

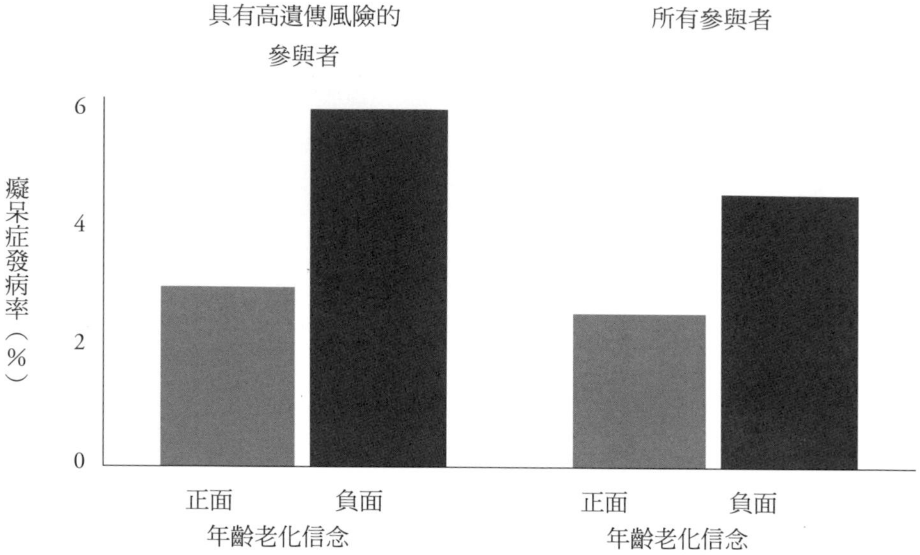

年齡老化信念對癡呆症發病率的影響

馬迴區域）也表現出明顯的損傷[7]。

一項後續研究發現，年齡老化心態造成的影響，在具有APOE ε4高風險基因變體的人群中尤其明顯。在這組高危人群當中，與認為衰老會伴隨著精神和身體衰退的那些人相比，對衰老持正面心態的人罹患癡呆症的風險降低了一半。事實上，對衰老抱持正面期待的群體當中，高風險的基因變體似乎根本不會增加罹患癡呆症的風險[8]。

「老」的新定義

這些研究發現的重要性不可小覷。隨著年齡的增長，純粹的生物風險因素會加速疾病的發展，這一點已經說了很多。然而，根據這項研究，個人的意念就算不是最重要的，也是同樣強大的。例如，血液中膽固醇濃度過高被認為會使平均預期壽命減少多達四年，遠低於對未來健康持悲觀看法所造成的七年半的壽命縮減[9]。

與任何醫療風險一樣，對於衰老持消極態度對個人造成的危害，取決於許多不同的因素。根據一項針對英國政府白廳公務員的開創性研究，即使是如何定義「老」這麼簡單的問題，也可能決定影響的程度。

白廳研究最著名之處，是證明社會地位會影響人的健康，揭示處於競爭階級較低階層的人比處於頂端的人有更大的健康負擔。而在一九九〇年代初，公務員被要求定義中年何時結束，老年何時開始。結果發現，越早看到衰老開始的人，越有可能在年輕時感受到健康走下坡。在接下來的十年中，與認為中年到七十歲以上才結束的人相比較，相信老年始於六十歲以下的人罹患冠狀動脈心臟疾病的可能性高出四〇%左右[10]。換句話說，**人似乎可以透過相信自己還很年輕來避免一些老化影響。**

這就讓我們回到第256頁的最後一道問題，要求你評估自己的「主觀年齡」，亦即你內心感覺自己幾歲，而不是實際年齡。「覺得自己還很年輕」的想法有些陳腔濫調，但針對數千名參與者所進行的研究表明，主觀年齡較低的人身心狀態往往更健全[11]。為什麼會這樣呢？一個可能的答案是，主觀年齡較低會讓你認為自己是一般人預期老化衰退的例外。這種信念讓你隨著年齡增加而對自己的健康保持更積極的期望，進而使你免受負面的刻板印象通常極具破壞性的影響[12]。

這基本上就是一九七九年蘭格在時光隧道的研究中試圖實現的目標。在複製一九五〇年代後期情境文化的修道院裡，她希望將參與者的主觀年齡降低二十歲。當他們走進屋內時，還是感覺自己像七、八十歲的老人，伴隨年紀帶來的一切感受負擔。然而，到了最後要離開修道院時，他們覺得自己好像回到五、六十歲的時候，人生充滿活力和使命感。至少，對這一小部分參與者來說，這似乎發揮了作用，在精神上他們似乎暫時讓時間倒流了，同時身體上也表現出較微妙、但相當重要的反應。

對老化的刻板印象帶來負面能量

我們的負面期望從何而來？何以對我們的健康產生這麼大的影響？要回答這些問題，我們需要理解所謂的**「刻板印象體現」（stereotype embodiment）**的過程。

作家馬丁・艾米斯（Martin Amis）提供了一個具體實例，若說舞者帕迪・瓊斯代表了對於老化的最佳態度，那麼艾米斯則代表極度相反的觀點。在二〇一〇年的一次採訪中，他譴責了高齡人口帶來的「銀色海嘯」（silver tsunami），他說，「將會有一群痴呆的老年人，就像可怕的移民入侵一樣，把餐館、咖啡館和商店搞得臭氣熏天。我可以想像在十年或十五年後，老少世代之間會爆發一場內戰」。他輕率地呼籲在每個街角設立「安樂死亭」。在文學節上，他將衰老過程描述為自己主演的「低成本恐怖電影，把最壞的保留到最後」[13]。寧可死亡，也比健康地老化更好，對於老年人，很難想像會有比這個更嚴厲的看法了。

正如當時的文學評論家指出的，艾米斯的小說長期以來表達了對衰老的恐懼和厭惡，充滿對老一輩人的負面刻板印象（他在自己第一部小說中宣稱，二十歲代表青春的終結[14]）。隨著艾米斯年歲漸增，他常常對自己的命運充滿恐懼。他對《史密森尼雜誌》（*Smithsonian*）說：「到了四十出頭照鏡子時，青春就煙消雲散了，然後，就變成整天努力假裝自己不會死」[15]。他到了六十多歲時，已經看到自己的才華逐漸衰退，描述個人作品中喪失了「精神活力和音樂性」，他過去「源源不絕」的創造力正在枯竭[16]。

根據科學研究，艾米斯的經驗代表了一個共同的軌跡。我們在年輕時接受了一般對老年人的負面看法，當初都是針對別人。然而，到了某個階段，我們自己的人生發生變化，年齡到達了一個里程碑、退休了、或是頭髮變灰白了，這下才領悟到刻板印象正套用在我們身上。此時，我們開始活在自我實現預言中，因為刻板印象「充份體現」，加速了自己的身體和認知衰退[17]。

刻板印象的體現有多種途徑，同時存在、但可能互有關聯。第一種純粹是心理上的。以明顯的記憶喪失為例，抱持著負面刻板印象時，老年人往往對自己的心智能力沒有信心，反而喜歡依靠人工輔助，例如利用購物清單或汽車導航，而不是把事情記在腦海裡。然而，有研究證明，**如果被迫只能依靠個人的記憶力，他們通常能夠記住很多東西，遠超乎自我的想像，而一心努力地鍛鍊自己的大腦應該可以延緩記憶力衰退**[18]。

注意力不集中的問題同樣可能源於負面期望；一個人越是害怕分心，怕證明負面的刻板印象，就越難真正集中注意力。對許多人來說，注意力持續時間縮短是一種錯覺，不一定反映生物現實[19]。荷蘭特溫特大學（University of Twente）的格本・韋斯特霍夫（Gerben Westerhof）已經證明，一些無關緊要的事情，比如看到年齡歧視的電視廣告，都會對人的思維產生這些影響：看到一個老年人表現失能，會導致老年觀眾的認知能力受損。這種期望效應一開始或許只是暫時的，但久而久之可能會變得根深蒂固，造成更持久的衰退[20]。

第二種途徑是行為和動機。如果我們認定身體將會變得虛弱、而生活環境好像真的變得更令人生畏，由於本身這種負面期望，我們就會害怕從事劇烈運動，也會覺得所做的任何運動都更累人。即使是日常活動（如步行速度），當人們心理預期會急劇下降時，也會變得行動更緩慢、缺乏活力[21]。這或許可以解釋為什麼萊維發現人對衰老的態度與隨著年齡增長的肥胖風險之間，存在強烈的相關性[22]。

第三點，也是最後一點，還有一種心身途徑會促成我們所害怕的刻板印象。我們對虛弱的預期心理可能會放大身體的疼痛，或增加噁心和頭暈等感覺，這種反安慰劑效應可能會造成許多老年人普遍回報「感覺不適」[23]。由於呼吸和新陳代謝的改變，體力活動實際上可能變得更加困難。（畢竟，我們已經看到，對自己健康狀況持悲觀態度的人，往往更不容易去運動，因此也不太可能從運動中獲益）。

消極帶來連鎖反應

更重要的是，我們的負面預期可能會引發不健康的壓力反應，對身體的長期健康產生深遠影響。請記住，預測機制會仔細衡量我們因應新威脅或挑戰的能力，並利用這些估計來調節腎上腺素和皮質醇等激素的釋放，這些激素會讓我們做好準備以犧牲長期健康為代價來應對眼前的威脅；當人面臨到積極的挑戰事件時，涉及組織維護和修復的DHEA也會被大量釋放。預測機制還會控制心血管反應，確定血管是要收縮（在面臨威脅時防止失血）、還是擴張（讓大腦和四肢充氧，以迎接挑戰）、是否應該保存能量、或是應該釋放儲備能量來應付眼前的情況。如果因為年齡的關係，你認為自己更脆弱、更遲鈍、更容易受傷害，你就更可能將困難視為消極威脅而不是積極挑戰，導致更具破壞性的壓力反應，長久下來，可能會對身體造成嚴重傷害。

這在實驗室的測試中是明顯可見的。受到年齡負面刻板印象影響的老年人在面對壓力挑戰時，收縮壓往往會比較高，而那些態度比較正面的老年人則表現出更溫和的反應[24]。從長期看來，萊維發現，對老齡化抱持消極態度的人，他們從五十歲到八十歲之間的皮質醇濃度，顯示穩定上升約四〇%。反之，抱持積極觀點的人，安於人生的下一個階段，他們在同一時期的皮質醇濃度下降一〇%[25]。那種慢性壓力反應會引發慢性炎症，進而導致身體組織的普遍耗損，是衍生各種疾病的成因，包括關節炎、心臟病和阿茲海默症。毫無疑問，萊維最近的一項研究發現，**對衰老抱持消極態度可以預測四年後炎症加劇，進而增加未來兩年的死亡風險**[26]。

負面期望的後果甚至可以在儲存基因藍圖的各別細胞的細胞核內看到。人的基因緊緊地包裹在每個細胞的染色體，上面有微小的保護帽，稱之為端粒（telomeres），可以保持DNA穩定、防止磨損和傷害（正因為如此，端粒經常被比作是鞋帶末端的塑膠護套——這個比喻就技術而言或許很貼切，但是考慮到端粒對人生存的重要程度，就有點欠缺詩意了）。人剛出生時，端粒又長又結實，但可能會因為長期壓力而磨損，在一生中變得更短。較短的端粒會降低細胞準確複製的能力，如果端粒不夠長，細胞可能根本無法分裂[27]。

端粒的長度在同一年齡階層的人之間可能會有所不同，取決於生活習慣因素，包括炎症和壓力，這似乎可以預測人的壽命和患病風險。萊維的刻板印象體現理論預測，對衰老抱有負面期望的人端粒應該會比較短，而事實確實如此[28]。

透過壓力和炎症等因素，人對衰老的態度也會影響染色體中個別的基因表達。在每一個細胞內，都有與DNA微妙的連接，可以「開啟」或「關閉」個別基因。這種光控制決定細胞會產生哪些蛋白質、及其最終的功能。隨著年齡的增長，某些啟動或關閉模式變得越來越普遍，或許能夠解釋與老年相關的許多變化，包括比較容易生病。重要的是，對老年持消極態度的人表現出更多與年齡相關的特徵變化，而持積極態度的人**「表觀遺傳時鐘」（epigenetic clock）**則比較慢[29]。

萊維推測，這或許能說明為什麼對衰老持積極看法的人，即使帶有高風險的APOE基因變體，似乎也不太容易患癡呆症。更嚴重的壓力可能會導致表觀遺傳變化，進而增強基因對持有負面觀點之人的影響，更容易生病，而對衰老過程有更積極期望的人來說，影響可能會減弱[30]。

其中一些變化或許是可逆的[31]，有一種酶叫做**端粒酶（telomerase）**可以幫助修復染色體末端的保護帽——激發這種酶似乎可以逆轉過早衰老的一些影響。也許，在未來會找到藥物來防止身體細胞累積任何磨損。目前看來，**似乎至少可以透過更健康的生活方式、和改變對老化的預期心理而減緩衰老過程。**

八十歲的鐵人三項選手

如果想重新評估隨著年齡增長而來的真正極限，不妨先認識更多的人，他們像帕迪・瓊斯一樣，顛覆了社會預期，打破人老之後成就有限的年齡歧視。

以日本千葉縣的稻田弘（Hiromu Inada）為例。他十八年前開始游泳、跑步、騎自行車，一年後參加了他生平第一次的鐵人三項賽。這項運動成了一種癡迷，他最終發展到挑戰夏威夷凱魯阿科納（Kailua-Kona）的鐵人項目，這是一項極限耐力比賽，參賽者必須游完三・八六公里，騎完一百八十公里，然後跑完四十二公里的馬拉松。為了達成目標，稻田弘制定了嚴格的訓練計畫，每天早上四點半起床，六點去健身房，通常一直持續訓練到日落後，每週只休息一天。

到二〇二〇年，稻田弘已經完成了三次鐵人賽，全程時間大約為十六小時五十分鐘。對於任何年齡階層的大多數人來說，只要能在鐵人錦標賽中走到終點線就已經算是了不起的成就了。而稻田弘在六十多歲時從新聞記者的工作中退休後才開始接受培訓，幾年後，他第一次參加了奧林匹克距離鐵人三項，直到八十出頭才開始參加鐵人三項全能比賽。他的最新紀錄出現在二〇一八年，當時距離他八十六歲生日只有一個多月。

正如關於主觀年齡的研究所預測的，稻田弘保持著年輕的外表，也並不認為年齡是取得卓越成就的障礙。他說，即使到了七十歲時，他還是覺得自己「非常年輕」，而他的訓練有助於避免年老的衰退。

同樣令人印象深刻的還有瑞士選手阿爾伯特・史崔克（Albert Stricker），他九十五歲時在瑞士巴塞爾（Basel）完成了一場超級馬拉松。他和稻田弘一樣，在六十五歲退休後才開始運動，九十歲時才參加第一次全程馬拉松。他的訓練包括平日每週跑步五到十公里。在巴塞爾馬拉松中，目標是盡全力連續跑十二個小時；史崔克全程總共跑了五十三公里（三十三英里）。你可以想像，這種勞累程度對此年齡階層的人會造成嚴重的身體傷害，但根據蘇黎世大學（University of Zurich）初級保健研究所的比特・肯內克特（Beat Knechtle）醫療檢驗顯示，史崔克在五天內就完全恢復了[32]。

說實在的，瓊斯、稻田弘和史崔克在短期內不會威脅到年輕運動員的成績；在所有其他條件相同的情況下，年輕人還是擁有身體優勢。然而，這三人證明了即使到了晚年也是可以達到極高的健康水準，甚至是極限耐力。

保養的重要性大於年齡

肯內克特針對男性超級馬拉松的分析發現，運動員的表現每過十年下降大約八%左右[33]，而隨著年齡較大的運動員變得更具競爭力、也找到更好的訓練方式，這種表現下降的趨勢也可能在減少當中。例如，在一九八〇年代，六十至六十四歲的運動員在鐵人錦標賽中的參賽能力，約為四十歲以下運動員的六〇%；如今，這個比例已超過七〇%[34]。事實上，我們仍然不知道人到老年之後的體能究竟能維持到什麼程度，因為很少有人試圖將身體推向這些極限。但有足夠的證據顯示，隨著年齡的增長，人的潛力遠遠大於人們普遍所認定的。這種模式與針對不怎麼積極的運動者的研究相吻合，這些研究表明，**如果好好保養，而且採取了正確的生活方式和心態，那麼身體對年紀漸長的適應能力會比大多數人想像的要強得多。**

大器晚成的藝術家

在評估衰老對認知的影響時，我們應該記住有些藝術家到了平均退休年齡時表現出的驚人創造力。以英國小說家潘妮洛普・費茲傑羅（Penelope Fitzgerald）為例，她從事過各種工作，包括教學在內，六十歲時才出版了她的第一部小說，兩年後贏得了布克獎。八十歲時，她的最後一部小說《藍色花》（*The Blue Flower*）獲得美國國家書評人協會獎。這部作品一般公認是她的傑作

[35]，《紐約客》（*New Yorker*）評論家詹姆斯・伍德（James Wood）寫道，「隨著年齡的增長，可以看到她成為一名更好的作家，變得更嚴肅、更開闊、更自信、更靈活」[36]，幾乎不像是馬丁・艾米斯所描述的創造力枯竭。

在視覺藝術方面，巴勃羅・畢卡索（Pablo Picasso）和亨利・馬諦斯（Henri Matisse）都是在晚年時找到了新的靈感。畢卡索在六十歲左右轉向陶瓷領域，創作了三千五百多件融合繪畫、版畫和雕塑的作品[37]。同時期，馬諦斯拿起剪刀和彩色紙創作出令人驚訝的「剪紙」藝術，他稱之為「用剪刀繪畫」，至今仍是他最著名的作品之一[38]。

這些非比尋常的故事都值得銘記在心，因為**光是透過了解人控制衰老的能力，無論是心態調整還是生活方式的改變，本身就像是一種對抗衰老的負面刻板印象的解咒良方**。

以哥倫比亞大學（Columbia University）的大衛・魏斯（David Weiss）發表於二〇一八年的一項針對六十至九十歲族群的研究為例。他首先測試了參與者是否贊同本質主義的觀念，例如：

> 從生物學的角度來看，年齡大大地決定了一個人的能力。
>
> 還是認為老化是一個可延長的過程，反而認同以下這類的說法：
>
> 無論在人生哪個階段，你總是能夠影響自己的衰老過程。

請注意，這些信念本身並不一定代表對衰老是「好」或「壞」的看法，只是反映了此一過程是否可控制。

在完成調查後，魏斯要求參與者進行與癡呆症和身體殘疾問題相關的測驗，這項練習旨在喚起老年人普遍的刻板印象。最後，再要求他們完成一項記憶測試，並測量壓力反應。他發現，將衰老視為生物必然發展的人，更有可能受到癡呆症測驗中消極刻板印象的影響，在測試中表現出更大的壓力和較差的記憶力。這是有道理的：如果你相信無法控制自己的生理狀態，那麼你只要一想到衰老，就會覺得更加可怕。

然而，認為比較能夠掌控自身命運的人卻表現出完全相反的反應，被那些脆弱和衰退的想法激發之後，他們在測試中往往表現得更好[39]，這種激勵的能量使他們能夠證明自己是對老化悲觀預測的例外，因此，面對負面刻板印象的挑戰時，其實更激發了他們的表現。

你不需要有成為鐵人三項運動員、獲獎小說家、或多產藝術家的雄心壯志，也能明白年紀漸長有更令人興奮的前景，並不像馬丁·艾米斯等人所描繪的充滿厄運和陰霾；他們的故事正好展示了無限的可能性。**「人的衰老方式絕對在自己的掌控之中」**越是牢記這個事實，就越容易對抗社會所強加的負面期望，而走出自己的路。正如稻田弘在二〇一九年對《日本時報》（*Japan Times*）所說的：「我希望每個人都能看到、並受到鼓舞，老人也是可以老當益壯，像年輕人一樣活躍」[40]。

除了長壽，更要健康

對於與年齡相關的期望效應更全面的認知，還來得不夠快。二〇一五年，六十歲以上的人口約為九・零一億，占全球人口的一二・三%。到了二〇三〇年，這個數目將增至十四億（占全球人口的一六・四%）。而到二〇五〇年時，將增至二十一億（占全球人口的二一・三%）[41]，按照目前的診斷率，到本世紀中葉，可能會有一・五二億人口患有癡呆症[42]。

如今醫生經常談論健康壽命（亦即沒有嚴重殘疾或疾病的人生），而不僅只是生存壽命——真正目標是要過無病無痛的好生活，而非只想要延長生存年限[43]。而透過提高人們對衰老過程的期望，發現了能夠又健康又長壽的驚人可能性，難怪科學家們一直在研究大規模應用這項研究的最佳方法。

萊維持續研究年齡歧視所造成的影響，她邀請了年齡在六十一歲至九十九歲之間的老年人參與者玩簡單的電腦遊戲，在螢幕上會閃現與年齡相關的積極詞彙，如「睿智」、「敏捷」和「有創意」等。儘管參與者不可能有意識地感知這些詞語，但他們一定已經吸收了潛在訊息，因為萊維發現，經過四個星期的遊戲活動後，他們對衰老的態度有了顯著的改善。這種新發現的樂觀情緒也大大地改善了身體的健康狀況：行動變得更加敏捷、步伐和姿勢也變得比較年輕。令人驚訝的是，從這些隱性資訊中獲得的好處，甚至超過了鼓勵每週三次的適度活動、持續六個月的體能訓練方案成效[44]。

萊維的實驗是很重要的概念驗證，證明了無意識的暗示對於改變人的期望、及所帶來的益處有多麼強大。有鑑於這些結果，一些研究人員推測，類似的暗示或許可以添加到一些電影或電視節目中，雖然這種訊息傳遞免不了要因應有些人會對操縱潛意識的想法感到不自在[45]。

目前，專注於有意識的改變，而不用任何潛在暗示，可能是比較務實的做法。最令人興奮的介入措施是結合對於衰老刻板印象的教育與體能訓練活動，讓人們測試自身的能力，得到親身體驗，證明預期心理可能限制了自己的生活。

心理、行為、生理三管齊下

好處是很明顯的，例如，洛杉磯的老年居民每週都會接受一次課程，學習老年後的身體和大腦生理潛能，以及負面的刻板印象可能對他們造成的阻礙，然後再上一小時的體育課來強化學習。課程結束後，他們的活動能力大大提高，根據計步器上的讀數，從每週二萬四千七百四十九步增加到三萬零七百零七步，提升了二四%。最重要的是，身體益處似乎是伴隨著對衰老態度的改變而來的，他們的想法越積極，人就越活躍。參與者還報告了生活機能的改善、以及減緩了慢性疾病（如關節炎）所帶來的疼痛[46]。

這些結果已經在許多人群中重複實驗多次。在有些案例中，還發現改變期望使參與者的體能活動增加一倍，即使在介入措施結束許久之後，而且改善的程度遠超過沒有刻意針對改變參與者衰老預期的標準健身方案[47]。雖然很難區分這種改善的確切原因，但介入措施似乎對「刻板印象體現」的三個要素——心理、行為和心身因素——都發揮了作用。積極預期使參與者減少與年齡相關的壓力，改善了他們的身體和精神感受，進而使他們更有可能從事運動。

理想情況下，這類介入措施將盡快由世界各地的衛生服務機構提供。同時，我們也可以開始對自己的想法進行一些批判思考。如果你覺得自己可能太老了，不適合從事某項活動，不妨開始質疑這種預期的基礎，這是因為你此時此刻真正感覺到的身體殘疾嗎？抑或是受到他人資訊的影響呢？現在是不是該去嘗試你曾經害怕的新活動，鼓勵自己走出舒適區呢？關於所謂的認知能力下降，如今也已有充份的證據顯示，**在中老年學習新技能有助於保持記憶力和注意力，而且，很重要的是，建立對自己能力的信心，扭轉一些更消極的期望，並引發良性循環**[48]。

我在和帕迪．瓊斯對談時，她慎重地強調自己那麼健康可能是運氣很好，但她也同意，許多人對自己的能力、和對未來可能的黃金歲月抱持不必要的悲觀看法，她鼓勵大家質疑這些觀點。自從她成名以來，收到了許多人的來信，這些人都說受到了激勵，開始從事新的活動，她希望其他人也能效仿：「如果你覺得有什麼想要做的事情，激勵著你，不妨去試試吧！如果發現自己做不到，那就去尋找其他你能做到的事情」。

當你面臨重大的人生轉折時（例如退休），重新評估你對年齡和衰老的態度尤其重要。帕迪．瓊斯和超耐力運動員稻田弘和阿爾伯特．史崔克，都是在結束早期職業生涯後開始從事體育運動的。在許多人對自己的年長衰老悲觀不已時，他們找到了方法挑戰這些態度、並且不斷證明自己的能力——我們都可以從他們的經歷中學習，不管自己的抱負有多麼偉大、或多麼渺小。

一個不老的社會

二〇一九年十一月，我有幸訪問薩丁尼亞島（Sardinia）東海岸的努奧羅（Nuoro），崎嶇的山脈從地中海陡然升起，二十萬名居民居住在遍佈山谷的小村莊和城鎮中[49]，飼養山羊和豬仍然是主要的生活方式。

在過去，努奧羅最著名的是諾貝爾文學獎得主格拉齊亞·黛萊達（Grazia Deledda）的出生地，如今，可能是以世界上百歲老人最集中的地方之一而聞名。如果根據總人口規模進行估算，他們一百歲以上的人口大約是薩丁尼亞島其他地區的三倍，是美國的十倍[50]。

對於他們令人難以置信的長壽，有許多科學理論的解釋。薩丁尼亞島的人口在歷史上很長一段時間一直處於孤立狀態，因此具有獨特的遺傳特徵。然而，正如我們已經看到的，人的基因無法決定自身的命運；二〇一八年的一項研究發現，只有七%的差異可以歸因於基因[51]。此外，還有斯巴達式的飲食因素，營養豐富，富含抗氧化劑，可以防止細胞損傷；以及運動因素，有一些農民一直工作到七、八十歲。

然而，考慮到我們對期望效應的了解、及其對個人生活的影響，我不禁懷疑，薩丁尼亞島居民驚人的壽命是否絕大部分歸因於當地的文化，因為他們非常尊重社區中的老年人。阿紮納小鎮的醫生拉斐爾・塞斯圖（Dr Raffaele Sestu）肯定是這麼認為的。他在診所與數十位百歲老人共事過，大多數人身為一家之主，一直到晚年都受到尊敬。他告訴我說，**「一個知道自己的角色定位、對自己有信心的人，生活會過得更好，更容易活到一百歲以上」**[52]。

健康看待老化

可悲的是，這種態度在美洲、歐洲和亞洲的許多工業化國家似乎都消失了。在這些國家，越來越少人生活在跨世代共居的家庭中，老年人往往被視為負擔，而不是有價值的家庭成員[53]，這種心態對於孩子、孫輩、以及祖父母都是不利的：各種研究證明，經常與老年人接觸可以使年輕人對老齡化形成更積極的看法。當孩子進入成年和中年時，這些經歷將幫助他們記住什麼是健康的老化。相較之下，沒有經常接觸的人更容易受到媒體中年齡歧視刻板印象的影響[54]。當你不常看到特定族群的人時，就很容易會嘲笑或貶低他們。令人悲哀的諷刺是，如今的醫療保健已經能夠提高預期壽命，然而，由於其他的社會變化，已經有人開始將這些長壽的長者視為討厭的麻煩，而不是值得珍視和尊敬之人。

像努奧羅這樣的地方，將年齡視為一種優勢，如今可能比過去罕見許多，但不一定得這樣，在個人層面上，我們或許可以嘗試建立世代之間的橋樑，多多與比自己年長或年輕的人交朋友。而在社會層面上則需要更進一步解決年齡歧視的問題，一如對抗種族主義、同性戀恐懼症和其他類型的偏見一樣。每當我們不假思索地提到這些刻板印象時，實際上就是在傳播一種致命的病原體，最終不只會傷害到別人，也會傷害到自己。

當談到與衰老相關的期望效應時，我們都可以有所選擇，不是延續這些有害的想法，就是幫助改變它們。我們需要現在就採取行動；自己的人生、以及所愛之人的人生，可能真的都靠這種改變了。

關於抗老化的日常練習題

- 與其將年輕過於理想化，不如關注可以從長壽中獲得的一切好處——包括經驗、知識、更好的情緒調節、和決策能力。
- 切記，對於衰老的各種聯想（例如身體變差）都是在自己的掌控之中，可以透過更健康的生活方式得到改善。
- 切忌將生病視為年紀大的關係，這樣只會強化不可避免的衰弱心態。比起對年齡老化抱持消極期望的那些人，持積極看法的人往往從疾病中恢復得更快。
- 效法挑戰社會期望的好榜樣，例如最高齡的騷莎舞者帕迪．瓊斯或八十七歲鐵人三項跑者稻田弘。
- 留意媒體灌輸的觀念，有很多電影和電視劇會強化對老年人負面的刻板印象。在看年齡老化相關的故事或紀錄片時，不妨更警覺一些，或是至少對所觀看的內容更具批判性思考。

- 如果你是年輕人或是中年人，不妨多與自己年齡層以外的人交朋友。根據研究顯示，光是這麼做就能夠改善對衰老的預期心理。

後記／三大策略運用心念的力量

「事情本無好與壞，全在自己的一念之間。」

——《哈姆雷特》，莎士比亞

讓我們回顧美國的苗族和 *dab tsog* 的邪魔所造成的突發性夜間猝死綜合病症。在一九八〇年代問題最嚴重的時刻，對自己即將遭逢厄運的信念增加了實際的死亡風險，這點似乎令人難以置信。然而，這種有害的預期完全符合出現在二十一世紀對期望效應及其強大力量的最新理解。

受這種研究的啟發，一些醫生已經開始採取行動，例如，加州梅西醫療中心（Mercy Medical Center）積極地與薩滿祭師合作，以改善該地區龐大苗族社區的治療。

這是從一個案例研究開始，當時一名苗族男子幾乎快死於腸壞疽，他所接受的治療似乎都沒有發揮作用，而社區的祈福者要求醫護人員允許苗族治療師提供幫助，醫院最終讓步了，薩滿祭師執行了他的儀式，包括在病房門口上放置一把劍驅邪。儘管最初病情預測不樂觀，但該名男子後來完全康復，還成了當地苗族社區的活躍成員。

梅西醫療中心的一位發言人解釋說，「醫生們不時經歷這些『奇蹟』，但這個案例確實展現了這些儀式的力量，治療不僅只是與藥物有關，人也很重要」。該中心隨後培訓了一百四十名薩滿祭師與院內醫生一起合作，利用他們的儀式支持標準的醫療程序。這項政策鼓勵了更多人到醫院尋求治療，而且據說改善了患者對醫療護理的反應❶。

多運用心念的力量

我希望大家在讀完本書之後，現在可以很明白，我們都是以這種方式受個人信念的影響。雖然這類事件看起來很不可思議，但對於各種信仰、或是完全沒有宗教信仰的人來說，真的是司空見慣之事。

無論是在接受手術、保護自己的體能健康、應付長期的壓力，還是在巨大的壓力下工作，個人的期望都會影響到對環境的心理和生理反應。**大腦進化到可以利用自己以前的經驗、對他人的觀察、和社會文化規範而做出預測——這過程是我們對現實感知的基礎，讓身體和心理準備好面**

對任何事情。我們現在知道該如何重新評估這些期望，以創造個人的自我實現預言。

在這些章節中，我一直試圖清楚表明，對於期望效應日益增長的理解，絕對無法淡化整個社會如今所面臨、甚至未來必須因應的巨大挑戰。我們無法單靠希望讓經濟不確定性或社會不公憑空消失：期望效應並非解決一切問題的萬靈丹，然而，卻可以成為建立個人韌性的有用工具，有時甚至可以讓我們在困難中茁壯成長，為自己帶來真正改變的力量。

最好是要多練習這些技能，使之成為一種習慣，如此一來，無論我們做什麼、接收到什麼新資訊，我們都會深入探究並質疑該說法，看看自己是不是在無意間形成了沒有理性基礎的消極自我實現預言。我真的發現，自從我第一次理解到抗抑鬱藥副作用的成因之後，徹底改變了我自己的生活。對期望效應的認識改變了我的飲食和運動方式、對睡眠的態度、以及對衰老的看法。這本書大部分的內容都是在新冠肺炎全球大流行期間所寫的，我發現這裡介紹的技巧是非常寶貴的，幫助了我因應持續封城帶來的孤獨和壓力。

我希望你發現對大腦突破性的理解對你個人的生活一樣很有幫助。你或許也已經看到了一些好處；知識就是力量，**光是了解關於期望效應的科學及其後果，就足以改變心態，並對生活產生相當大的影響**。然而，如果你發現自己難以應用這種研究的某些要素，或許可以考慮以下三種策略，敦促自己擺脫舊習慣。如同本書中所有其他建議，最後的策略技巧也是受到可靠的科學證據啟發，綜合起來，將能夠解決最常見的問題。

擺脫舊心念的三大策略

一、抱持開放心態

讓我們從**神經可塑性（neuroplasticity）**的概念開始，亦即大腦重新規畫線路和改變的能力，這本身可能受到期望效應的影響。

在神經科學早期的發展，大腦被認為是靜態實體。雖然兒童的大腦在某種程度上或許是可形塑的，但神經變化的能力在青春期後就會消失，使人要改變個人能力和個性特徵變得更加困難。現代神經科學的創始人聖地牙哥・拉蒙・卡哈爾（Santiago Ramón y Cajal）在一九二八年寫道，「在成人中樞，神經通路是固定的、終止的、不可變的」[2]。這對於改變人既有的思維習慣來說，確實是個壞消息。每當我在討論期望效應時，一些懷疑論者總會問，我們是否「天生固定」以某種方式看待世界、某些期望是否過於根深柢固而無法改變。

值得慶幸的是，我們現在知道並沒有必要對自我轉變的能力如此悲觀。神經科學家透過嚴謹的研究，已經證明大腦的線路是不斷變化的，它會加強一些連接，刪減其他連接，有時還會根據所處的情境添加全新的網絡，而這些線路連接將決定你的能力。在最極端的情況下，這個過程使天生失聰或失明的人得以適應人工耳蝸或視網膜植入；雖然他們的大腦一開始無法理解新訊息，但很快就會重新規畫線路，以建構聲音和影像。而每當學習一項新技能時，就會出現所謂的神經可塑性。甚至有些性格特徵，如神經質或內向，過去曾經被認為是完全不可改變的，也可能在一生中發生變化。

無論目前的情況如何，大腦可能比自己所想像的更具可塑性。如果抱持特定態度，做出改變會更容易。史丹佛大學的卡蘿・德威克（Carol Dweck）發現，有些人認為自己的能力是固定無法改變的：無論是擅長、或不擅長某事。而有些人則相信自己有能力改進，無論最初能力如何。一般來說，**「成長型思維模式」（growth mindset）的人，往往會比「僵固型思維模式」（fixed mindset）的人進步得更快。**

成長型思維模式在教育界是眾所周知的，但如今已經很明顯了，人們對大腦本身可塑性的理解，也會對許多其他種類的個人變化產生深遠的影響。比方說，焦慮或抑鬱症患者如果具有成長型思維模式，會比僵固型思維模式的人更有可能從認知行為療法等治療中獲益[3]。有鑑於這些結果，研究人員目前正在探索在一系列情境中能夠鼓勵成長型思維模式的介入措施。他們發現，光是教導參與者了解大腦的改變能力，就足以改善其身心健康，因為他們會意識到自己沒必要執著於當前的思維模式[4]。

在你嘗試應用某個特定的期望效應、努力想要更有成效或更積極地重塑事件觀念時，如果發現自己又陷入了舊習慣，不妨試著提醒自己大腦的可塑性。你在學習以新方式看待世界時，與其假設註定會一再落入同樣的陷阱，不如想像一下自己的大腦正在重新規畫線路。當你親身經歷改變時，會更容易相信成長型思維模式，因此可能還會發現，**先專注於微小又可實現的目標，以證明個人的轉變能力，然後再逐步提高你的抱負，將會有所幫助；而在這個過程中，試著將任何失**

敗視為有用的學習經歷。

畢竟，你花了大半輩子的時間才建立了目前的世界觀，所以積極改變當然是需要時間的。套用探討成長型思維模式一個研究團隊的話來說：「每個人的大腦都是不斷在發展的！」[5]

二、站在局外人的角度思考

即使具備成長型思維模式，有時也會發現，在特別具挑戰性的時刻很難應用期望效應。重新定義自身的痛苦、焦慮、或疲勞，理論上聽起來很容易，但是，在已經感覺很不舒服、努力讓自己振作起來的時候，這要困難得多。

在這種情況下，首先要記住的是，不必忽視身體不舒服的感覺，這是很不容易辦到的事，而且會適得其反。期望效應是透過調整對感覺的意義和後果的假想而發揮作用，並不是要立即改變感覺本身。例如，可以提醒自己身體症狀是快要康復的跡象，而不必刻意壓制真實的疼痛感覺；同樣的，可以記住這個事實，亦即焦慮可以使人在感抑壓力的同時，也能激發活力。在這兩種情況下，思維的轉變都能帶來更健康的反應，而不需要否認、忍受、或改變自己的感受。

為了使觀念重塑過程更容易，還可以嘗試一種所謂**「自我疏離」（self-distancing）**的技術，這是由密歇根大學（University of Michigan）心理學家伊森．克羅斯（Ethan Kross）所開發的。根據克羅斯的研究，我們的情緒往往過於直接，以至於無法客觀地思考自己的處境；反而會把我們拖入負面的沉思當中，一直在恐懼或不快樂的想法中打轉，使我們感覺更糟、更不理性。

然而，他認為，**迫使自己站在局外人的角度思考情勢**，就可以終結這種負面思緒的循環。

有很多方法可以保持自我疏離。可以針對當下的事件，想像一下在未來的某個時間，幾個月或幾年後的自己。或是，想像你是一個旁觀者，站在局外人的角度觀察事態發展。我認為最有用的技巧是，**想像我正在給相同處境的朋友提供建議**。

如今已有大量證據顯示，這些自我疏離策略可以舒緩人在各種情況下的痛苦，進而使他們能夠更有建設性地重新定義當下情況。例如，面對像公開演講這樣的壓力事件時，自我疏離的人更可能將之視為積極的挑戰和證明自己的好機會，而不是可能導致尷尬和失敗的潛在威脅[6]。正如我們所見，這種信念的轉變會促使身體產生更健康的壓力反應[7]。

這個公開演講的例子只是眾多範例之一，證明自我疏離能將信念從消極沉思轉變為對當下情勢更具建設性的重新評估，使之成為非常有用的自我轉變工具。例如，如果試圖重塑對疾病的痛苦感覺，我可能會想，該如何安撫處於相同困境的朋友，比方說，提醒他們身體復原的好機會、以及接受治療的好處——當你感覺脫離當下情境時，這些想法會更容易表達。我對衰老的看法也是如此；如果想像我在對別人說話，而不是面對自己，就不太可能對未來產生悲觀的看法，反而會熱衷於強調人生各種的發展機會。

無論試圖應用哪一種期望效應，片刻的自我疏離都會讓你處於更具建設性的心態，使你更容易認清之前的偏見，並將個人信念調整成更健康的思考方式。

三、善待自己

我的最後一條建議與責任感有關。對於預測機制的瞭解、以及透過觀念重塑等策略因應各種事件的能力，可能是令人驚歎的，但也存在危險性，也就是這種意識可能會令人產生內疚或責備感。如果在演講中過於緊張表現不好，你可能會想，相信壓力會使人表現減弱是你的錯。如果累了，無法再繼續撐一個小時，那是因為對意志力的看法是錯誤的！如果你不再像以前那麼健康，你就會覺得自己老了！

這些觀點與我本人或探索期望效應的科學家的觀點，相差甚遠，在我看來，這些想法的傳播將是最糟糕的結果。與任何工具一樣，本書中所描述的策略，其適用程度會因人而異，也會因各種情況而有所不同。**如果你發現某項策略對你沒有效，那就先不管它，也許等到你覺得準備好**了，以後再運用。最不該做的事就是苛責自己、或是將無法改變信念視為個人失敗的象徵。

全世界的心理學家都逐漸明白，**「自我關愛」（self-compassion）**的態度對於任何個人轉變都是很重要的。這種心態包括承認和接受可能導致自身困難的許多其他因素，同時體認到很多人都遭遇到相同的困難，你在掙扎的過程中並不孤單。

自我同情本身有益於個人的身心健康——但同樣重要的是，它會帶給我們一種安全感，使我們更容易養成新習慣，並為自己的生活帶來積極的改變，包括在全書中看到的重新評估技巧的運用[8]。關鍵訣竅在於承認自己的進步潛力，而不要過度批判，就像你可能會給家人建議一樣。

每當應用期望效應時，都應該採取自我同情的態度。每個人可能都一直持有不健康或有害的信念，這個事實不應該令人覺得羞恥。此外，**有時候免不了會覺得個人信念難以改變，就像任何技能一樣，只要多練習就能帶來永久的改變。**

無論你希望達成何種期望效應，**在測試不同的策略技巧時，試著保持開放的心態，原諒任何的失敗，慶祝一切的成功。**如果你認為自己有能力實現個人轉變——並且願意原諒自己的錯誤——你就可以達成個人的自我實現預言。

莎士比亞在四百多年前已經將這點表達得淋漓盡致了，正如哈姆雷特所言：**「事情本無好與壞，全在自己的一念之間」**。有了這一層體認，人人都可以掌握自己的命運。

致謝

《心念的力量》一書源於許多人的慷慨協助。首先要感謝我的經紀人嘉莉・普利特（Carrie Plitt），謝謝她對我最初想法的熱情回應、在初稿撰寫期間敏銳而機智的意見回饋、在全書發展過程中表現的熱忱。我也要感謝費利西蒂・布萊恩出版代理商（Felicity Bryan Associates）的團隊成員，以及紐約的柔伊・帕格納門塔（Zoë Pagnamenta）為本書在美國找到一個歸宿。

我衷心感謝我的兩位編輯，卡農蓋特出版商（Canongate）的西蒙・索羅戈德（Simon

Thorogood）、和亨利・霍爾特出版商（Henry Holt）的康納・明澤（Conor Mintzer），感謝他們的智慧和善良（很高興有機會與你們合作共事）。還要感謝我的文案編輯黛比・華納（Debs Warner）和海倫・卡爾（Helen Carr），挽救了我無數次缺陷。同時也要感謝卡農蓋特出版商和亨利・霍爾特出版商的生產、行銷、文宣和銷售團隊，特別是薇姬・盧瑟福（Vicki Rutherford）、凱特琳・西爾伯薩克（Catryn Silbersack）、和露西・周（Lucy Zhou）。

我將永遠感激本書中所引用的那些科學家，特別感謝所有花時間與我討論的研究人員，講述他們在信念和期望效應方面的研究，按字母順序排列：摩西・巴爾（Moshe Bar）、安迪・克拉克（Andy Clark）、盧安娜・科洛卡（Luana Colloca）、艾莉亞・克魯姆（Alia Crum）、格蕾絲・賈爾斯（Grace Giles）、蘇珊・希格斯（Suzanne Higgs）、傑洛米・詹米森（Jeremy Jamieson）、維洛妮卡・賈伯（Veronika Job）、約翰尼斯・拉弗頓（Johannes Laferton）、凱莉・萊博維茨（Kari Leibowitz）、貝卡・萊維（Becca Levy）、艾麗斯・莫斯（Iris Mauss）、提摩西・諾克斯（Timothy Noakes）、基思・皮特里（Keith Petrie）、克麗絲汀・魯比-戴維斯（Christine Rubie-Davies）、阿尼爾・賽斯（Anil Seth）、和喬恩・史東（Jon Stone）。也感謝帕迪・瓊斯（Paddy Jones）與我分享她的人生故事。

我對《心念的力量》最初的構想來自《新科學家》（*New Scientist*）的凱特・道格拉斯（Kate Douglas）委託撰寫的一篇文章，謝謝妳接受我的推銷、形塑雛型、並推動此書的進展。理查・費舍爾（Richard Fisher）早期針對一些特別麻煩的章節提供意見回饋——你的評論幫助我看清整體全貌。感謝梅麗莎・霍根博姆（Melissa Hogenboom）經常與我會面，在我感到沮喪或缺乏動力時，給我完美的精神喊話，讓寫作過程不那麼孤獨。

感謝我的朋友和同事，包括：莎莉・阿迪（Sally Adee）、琳賽・貝克（Lindsay Baker）、艾米・查爾斯（Amy Charles）、愛琳和彼得・戴維斯（Eileen and Peter Davies）、凱莉・戴恩斯（Kerry Daynes）、史蒂芬・道林（Stephen Dowling）、娜塔莎和山姆・芬威克（Natasha and Sam Fenwick）、菲利普・福格帝（Philippa Fogarty）、西蒙・弗蘭茨（Simon Frantz）、艾莉森・喬治（Alison George）、扎里亞・戈維特（Zaria Gorvett）、理查・格雷（Richard Gray）、克里斯蒂安・賈雷特（Christian Jarrett）、凱瑟琳・德蘭格（Catherine de Lange）、麗蓓嘉・勞倫斯（Rebecca Laurence）、菲奧娜・麥克唐納（Fiona Macdonald）、達米亞諾・米里利亞諾（Damiano Mirigliano）、威爾・派克（Will Park）、艾瑪和山姆・帕丁頓（Emma and Sam Partington）、喬・佩里（Jo Perry）、米圖・斯托羅尼（Mithu Storoni）、尼爾和蘿倫・蘇利文（Neil and Lauren Sullivan）、伊恩・塔克（Ian Tucker）、梅麗迪斯・圖里茨（Meredith Turits）、蓋亞・文斯（Gaia Vince）、詹姆斯・沃爾曼（James Wallman）、理查・韋伯（Richard Webb）、和克萊兒・威爾遜（Clare Wilson）。

我的父母瑪格麗特（Margaret）和艾爾伯特（Albert）對我的恩情難以言喻。我也深切感謝羅伯特・戴維斯（Robert Davies）在我人生中每一步和每一個階段對我的支持。沒有你，我不可能完成這本書。

引用圖片授權

p. 27: Cow Illusion. From McCrone, J. (1991). *The ape that spoke: Language and the evolution of the human mind*. William Morrow & Company.

p. 28: Dog, high contrast, unreadable. Courtesy of Nava Rubin. From: Ludmer, R., Dudai, Y., & Rubin, N. (2011). Uncovering camouflage: amygdala activation predicts long-term memory of induced perceptual insight. *Neuron*, 69(5), 1002-14.

p. 29: Duck/rabbit. From *Fliegende Blätter*, 23 October 1892.

p. 46: Dog, standard greyscale. Courtesy of Nava Rubin. From: Ludmer, R., Dudai, Y., & Rubin, N. (2011). Uncovering camouflage: amygdala activation predicts long-term memory of induced perceptual insight. *Neuron*, 69(5), 1002-14.

p. 139: 110: Change in arm strength. Based on: Yao, W. X., Ranganathan, V. K., Allexandre, D., Siemionow, V., & Yue, G. H. (2013). Kinesthetic imagery training of forceful muscle contractions increases brain signal and muscle strength. *Frontiers in Human Neuroscience,* 7, 561.

p. 154: Hunger after 'tasty' and 'healthy' choc bar. Based on: Finkelstein, S. R., & Fishbach, A. (2010). When healthy food makes you hungry. *Journal of Consumer Research,* 37(3), 357–67.

p. 245: Self-affirmation reduces gender difference in spatial reasoning. Based on: Martens, A., Johns, M., Greenberg, J., & Schimel, J. (2006). Combating stereotype threat: The effect of self- affirmation on women's intellectual performance. *Journal of Experimental Social Psychology,* 42(2), 236–43.

p. 246: Self-affirmation reduces gender difference in physics performance. Based on: Miyake, A., Kost- Smith, L.E., Finkelstein, N.D., Pollock, S.J., Cohen, G.L., & Ito, T.A. (2010). Reducing the gender achievement gap in college science: A classroom study of values affirmation. *Science,* 330(6008), 1234–7.

p. 258: Effects of age beliefs on dementia incidence. Based on: Levy, B.R., Slade, M.D., Pietrzak, R.H., & Ferrucci, L. (2018). Positive age beliefs protect against dementia even among elders with high-risk gene. *PLoS One,* 13(2), e0191004.

資料引用

前言

1. Crum, A.J., and Langer, E.J. (2007). Mind-set matters: Exercise and the placebo effect. *Psychological Science*, 18(2), 165–71.
2. Sharpless, B.A., and Barber, J. P. (2011). Lifetime prevalence rates of sleep paralysis: a systematic review. *Sleep Medicine Reviews*, 15(5), 311–15.
3. For a fascinating and in- depth discussion of the many factors that contributed to the Hmong deaths in the USA, see: Adler, S.R. (2011). *Sleep Paralysis: Nightmares, Nocebos, and the Mind-Body Connection*. New Brunswick, NJ: Rutgers University Press.
4. Zheng, J., Zheng, D., Su, T., and Cheng, J. (2018). Sudden unexplained nocturnal death syndrome: The hundred years' enigma. *Journal of the American Heart Association*, 7(5), e007837.
5. Alia Crum described the implications of mindsets at the World Economic Forum in January 2018: https://sparq.stanford.edu/sparq-health-director-crum-discusses-mindsets-world-economic-forum- video.

第 1 章

1. These descriptions of the drone attacks are indebted to Shackle, S. (2020). The mystery of the Gatwick drone. *Guardian*, 1 December. https://www.theguardian.com/uk-news/2020/dec/01/the- mystery-of-the-gatwick- drone. See also: Jarvis, J. (2018). Gatwick drone latest. *Evening Standard*, 23 December. https://www.standard.co.uk/news/uk/Gatwick drone- latest-police- say-it-is-a-possibility- there-was-never-a-drone-a4024626.html.
2. The term 'prediction machine' was introduced by Professor Andy Clark in his book *Surfing Uncertainty: Prediction, Action, and the Embodied Mind*. Others refer to it as the 'prediction engine' – but for clarity and consistency, I shall use Clark's term throughout.
3. von Helmholtz, H. (1925). *Treatise on Physiological Optics*, vol. 3, ed. James P.C. Southall, 1–37. Birmingham, AL: Optical Society of America. 'It may often be rather hard to say how much of our apperceptions (Anschuuuwen) as derived by the sense of sight is due directly to sensation, and how muchof them, on the other hand, is due to experience and training.' See also: Meyering, T.C. (1989). *Helmholtz's Theory of Unconscious Inferences. Historical Roots of Cognitive Science*, 181–208. doi:10.1007/978- 94- 009-2423- 9_10.
4. Foa, M. (2015). *Georges Seurat: The Art of Vision*, 21. New Haven, CT: Yale University Press.
5. For an in-depth discussion of predictive coding and its many implications, see Clark, A. (2016). *Surfing Uncertainty: Prediction, Action, and the Embodied Mind*. Oxford: Oxford University Press; Hohwy, J. (2013). *The Predictive Mind*. Oxford: Oxford University Press. See also: De Lange, F.P., Heilbron, M., and Kok, P. (2018). How do expectations shape perception? *Trends in Cognitive Sciences*, 22(9), 764–79; O'Callaghan, C., Kveraga, K., Shine, J.M., Adams Jr, R.B., and Bar, M. (2017). Predictions penetrate perception: Converging insights from brain, behaviour and disorder. *Consciousness and Cognition*, 47, 63–74.
6. Barrett, L.F. (2017). *How Emotions Are Made: The Secret Life of the Brain*, 60. London: Pan Macmillan.
7. Fenske, M.J., Aminoff, E., Gronau, N., and Bar, M. (2006). Top- down facilitation of visual object recognition: Object-based and context- based contributions. *Progress in Brain Research*, 155, 3–21.
8. Bar, M., Kassam, K.S., Ghuman, A.S., Boshyan, J., Schmid, A.M., Dale, A.M., . . . and Halgren, E. (2006). Top-down facilitation

of visual recognition. *Proceedings of the National Academy of Sciences,* 103(2), 449–54.

9. Madrigal, A. (2014). Things you cannot unsee. *Atlantic,* 5 May. https://www.theatlantic.com/technology/archive/2014/05/10- things-you-cant-unsee-and-what-that- says-about-your- brain/361335.
10. Brugger, P., and Brugger, S. (1993). The Easter bunny in October: Is it disguised as a duck? *Perceptual and Motor Skills,* 76(2), 577–8. See the following for a discussion of this paper's interpretation in light of modern theories of predictive processing: Seriès, P., and Seitz, A. (2013). Learning what to expect (in visual perception). *Frontiers in Human Neuroscience,* 7, 668.
11. Liu, J., Li, J., Feng, L., Li, L., Tian, J., and Lee, K. (2014). Seeing Jesus in toast: Neural and behavioral correlates of face pareidolia. Cortex, 53, 60–77. See also: Aru, J., Tulver, K., and Bachmann, T. (2018). It's all in your head: Expectations create illusory perception in a dual- task setup. *Consciousness and Cognition,* 65, 197–208; Barik, K., Jones, R., Bhattacharya, J., and Saha, G. (2019). Investigating the influence of prior expectation in face pareidolia using spatial pattern. In *Machine Intelligence and Signal Analysis,* 437–51. Singapore: Springer.
12. Merckelbach, H., and van de Ven, V. (2001). Another White Christmas: fantasy proneness and reports of 'hallucinatory experiences' in undergraduatestudents. *Journal of Behavior Therapy and Experimental Psychiatry,* 32(3), 137–44; Crowe, S.F., Barot, J., Caldow, S., d'Aspromonte, J., Dell'Orso, J., Di Clemente, A., . . . and Sapega, S. (2011). The effect of caffeine and stress on auditory hallucinations in a non-clinical sample. *Personality and Individual Differences,* 50(5), 626–30.
13. As noted above, when we hallucinate something, the brain activity is very similar to the responses to actual physical images. Summerfield, C., Egner, T., Mangels, J., and Hirsch, J. (2006). Mistaking a house for a face: Neural correlates of misperception in healthy humans. *Cerebral Cortex,* 16(4), 500–8.
14. These details come from Huntford, R. (2000). *Scott and Amundsen: Their Race to the South Pole,* 567. London: Abacus.
15. Hartley-Parkinson, R. (2019). Mum claims she can see Jesus in flames of Notre Dame Cathedral. *Metro,* 17 April. https://metro.co.uk/2019/04/17/mum-claims-can-see-jesus-flames-notre-dame-cathedral-9225760.
16. Dunning, D., and Balcetis, E. (2013). Wishful seeing: How preferences shape visual perception. *Current Directions in Psychological Science,* 22(1), 33–7. See also: Balcetis, E. (2014). Wishful seeing. https://thepsychologist.bps.org.uk/volume-27/january- 2014/wishful- seeing.
17. Greene, B. (2017). How does consciousness happen? https://blog.ted.com/how-does-consciousness-happen-anil-seth-speaks-at-ted2017.
18. https://rarediseases.org/rare- diseases/fnd/
19. This case study is described in detail in the following paper: Yeo, J.M., Carson, A., and Stone, J. (2019). Seeing again: treatment of functional visual loss. *Practical Neurology,* 19(2), 168–72. Enormous thanks to Jon Stone for clarifying some details.
20. For a description of this kind of process, see: Pezzulo, G. (2014). Why do you fear the bogeyman? An embodied predictive coding model of perceptual inference. *Cognitive, Affective, and Behavioral Neuroscience,* 14(3), 902–11.
21. Teachman, B.A., Stefanucci, J.K., Clerkin, E.M., Cody, M.W., and Proffitt, D.R. (2008). A new mode of fear expression: Perceptual bias in height fear. Emotion, 8(2), 296.
22. Vasey, M.W., Vilensky, M.R., Heath, J.H., Harbaugh, C.N., Buffington, A.G., and Fazio, R.H. (2012). It was as big as my head, I swear! Biased spider size estimation in spider phobia. *Journal of Anxiety Disorders,* 26(1), 20–4; Basanovic, J., Dean, L., Riskind, J.H., and MacLeod, C. (2019). High spider- fearful and low spider-fearful individuals differentially perceive the speed of approaching, but not receding, spider stimuli. *Cognitive Therapy and Research,* 43(2), 514–21.
23. Jolij, J., and Meurs, M. (2011). Music alters visual perception. PLoS One, 6(4), e18861. See also: Siegel, E.H., Wormwood, J.B., Quigley, K.S., and Barrett, L.F. (2018). Seeing what you feel: Affect drives visual perception of structurally neutral faces. *Psychological Science,* 29(4), 496–503; Wormwood, J.B., Siegel, E.H., Kopec, J., Quigley, K.S., and Barrett, L.F. (2019). You are what I feel: A test of the affective realism hypothesis. Emotion, 19(5), 788–98. 'The present findings are consistent with recent empirical work demonstrating that one's affective state may influence how positive or negative a neutral target face looks to the perceiver in a very literal way (Siegel et al., 2018): neutral faces were perceived as looking more smiling when presented concur-rent with suppressed affectively positive stimuli and as looking more scowling when presented con- current with suppressed affectively negative stimuli.' Otten, M., Seth, A.K., and Pinto, Y. (2017). A social Bayesian brain: How social knowledge can shape visual perception. *Brain and Cognition,* 112, 69–77. O'Callaghan, C., Kveraga, K., Shine, J.M., Adams Jr, R.B., and Bar, M. (2016). Convergent evidence for top-down effects from the 'predictive brain'. *Behavioral and Brain Sciences,* 39, e254.
24. Bangee, M., Harris, R.A., Bridges, N., Rotenberg, K.J., and Qualter, P. (2014). Loneliness and attention to social threat in young adults: Findings from an eye tracker study. *Personality and Individual Differences,* 63, 16–23.
25. Prinstein, M. (2018). *The Popularity Illusion,* Kindle edition, location 2110. London: Ebury.

26. See the following for a summary of these perceptual effects, their implica-tions for issues like anxiety and depression, and the potential treatment: Herz, N., Baror, S., and Bar, M. (2020). Overarching states of mind. *Trends in Cognitive Sciences,* 24(3), 184–99; Kube, T., Schwarting, R., Rozenkrantz, L., Glombiewski, J.A., and Rief, W. (2020). Distorted cognitive processes in major depression: A predictive processing perspective. *Biological Psychiatry,* 87(5), 388–98; Sussman, T.J., Jin, J., and Mohanty, A. (2016). Top-down and bottom-up factors in threat-related perception and attention in anxiety. Biological Psychology, 121, 160–72.
27. Shiban, Y., Fruth, M.B., Pauli, P., Kinateder, M., Reichenberger, J., and Mühlberger, A. (2016). Treatment effect on biases in size estimation in spider phobia. *Biological Psychology,* 121, 146–52.
28. Dennis, T.A., and O'Toole, L.J. (2014). Mental health on the go: Effects of a gamified attention- bias modification mobile application in trait-anxious adults. *Clinical Psychological Science,* 2(5), 576–90; Mogg, K., and Bradley, B.P. (2016). Anxiety and attention to threat: Cognitive mechanisms and treatment with attention bias modification. *Behaviour Research and Therapy,* 87, 76–108; Kress, L., and Aue, T. (2019). Learning to look at the bright side of life: Attention bias modification training enhances optimism bias. *Frontiers in Human Neuroscience,* 13, 222; Kuckertz, J.M., Schofield, C.A., Clerkin, E.M., Primack, J., Boettcher, H., Weisberg, R.B., . . . and Beard, C. (2019). Attentional bias modification for social anxiety disorder: What do patients think and why does it matter? *Behavioural and Cognitive Psychotherapy,* 47(1), 16–38; Abado, E., Aue, T., and Okon- Singer, H. (2020). The missing pieces of the puzzle: A review on the interactive nature of a-priori expectancies and attention bias toward threat. *Brain Sciences,* 10(10), 745; Jones, E.B., and Sharpe, L. (2017). Cognitive bias modification: A review of meta-analyses. *Journal of Affective Disorders,* 223, 175–83; Gober, C. D., Lazarov, A., and Bar-Haim, Y. (2021). From cognitive targets to symptom reduction: overview of attention and interpretation bias modification research. *Evidence- Based Mental Health,* 24(1), 42–6.
29. See the following for a thorough description of gustatory expectation effects and their relation to predictive coding: Piqueras- Fiszman, B., and Spence, C. (2015). Sensory expectations based on product-extrinsic food cues: An interdisciplinary review of the empirical evidence and theoretical accounts. *Food Quality and Preference,* 40, 165–79.
30. Spence, C., and Piqueras-Fiszman, B. (2014). *The Perfect Meal: The Multisensory Science of Food and Dining.* Chichester: John Wiley and Sons.
31. Lee, L., Frederick, S., and Ariely, D. (2006). Try it, you'll like it: The influence of expectation, consumption, and revelation on preferences for beer. *Psychological Science,* 17(12), 1054–8.
32. Plassmann, H., O'Doherty, J., Shiv, B., and Rangel, A. (2008). Marketing actions can modulate neural representations of experienced pleasantness. *Proceedings of the National Academy of Sciences,* 105(3), 1050–4.
33. Clark, A. (2016). *Surfing Uncertainty: Prediction, Action, and the Embodied Mind,* 55–6. Oxford: Oxford University Press.
34. Grabenhorst, F., Rolls, E.T., and Bilderbeck, A. (2007). How cognition modulates affective responses to taste and flavor: Top-down influences on the orbitofrontal and pregenual cingulate cortices. *Cerebral Cortex,* 18(7), 1549–59.
35. Herz, R.S., and von Clef, J. (2001). The influence of verbal labeling on the perception of odors: Evidence for olfactory illusions? *Perception,* 30(3), 381–91.
36. Fuller, T. (2013). A love letter to a smelly fruit. *New York Times,* 3 December. https://www.nytimes.com/2013/12/08/travel/a- love-letter-to-a-smelly-fruit.html.
37. Amar, M., Ariely, D., Bar-Hillel, M., Carmon, Z., and Ofir, C. (2011). *Brand Names Act Like Marketing Placebos.* Available at: http://www.ratio.huji.ac.il/sites/default/files/publications/dp566.pdf.
38. Langer, E., Djikic, M., Pirson, M., Madenci, A., and Donohue, R. (2010). Believing is seeing: Using mindlessness (mindfully) to improve visual acuity. *Psychological Science,* 21(5), 661–6. See also: Pirson, M., Ie, A., and Langer, E. (2012). Seeing what we know, knowing what we see: Challenging the limits of visual acuity. *Journal of Adult Development,* 19(2), 59–65.

第 2 章

1. Blease, C., Annoni, M., and Hutchinson, P. (2018). Editors' introduction to special section on meaning response and the placebo effect. *Perspectives in Biology and Medicine,* 61(3), 349–52. See also: letter from Thomas Jefferson to Caspar Wistar, 21 June 1807.
2. Available at: http://memory.loc.gov/service/mss/mtj/mtj1/038/038_0687_0692.pdf. Raglin, J., Szabo, A., Lindheimer, J.B., and Beedie, C. (2020). Understanding placebo and nocebo effects in the context of sport: A psychological perspective. *European Journal of Sport Science,* 1–9; Aronson, J. (1999). Please, please me. *BMJ,* 318(7185), 716; Kaptchuk, T.J. (1998). Powerful placebo: The dark side of the randomised controlled trial. *The Lancet,* 351(9117), 1722–5; De Craen,

A.J., Kaptchuk, T.J., Tijssen, J.G., and Kleijnen, J. (1999). Placebos and placebo effects in medicine: historical overview. *Journal of the Royal Society of Medicine,* 92(10), 511–15.

3. Details of Beecher's wartime experiments, and his overall influence in medicine, can be found in the following: Beecher, H.K. (1946). Pain in men wounded in battle. *Annals of Surgery,* 123(1), 96; Benedetti, F. (2016). Beecher as clinical investigator: Pain and the placebo effect. *Perspectives in Biology and Medicine,* 59(1), 37–45; Gross, L. (2017). Putting placebos to the test. *PLoS Biology,* 15(2), e2001998; Evans, D. (2004). *Placebo.* London: HarperCollins; Best, M., and Neuhauser, D. (2010). Henry K. Beecher: Pain, belief and truth at the bedside. The powerful placebo, ethical research and anaesthesia safety. *BMJ Quality and Safety,* 19(5), 466–8.
4. Colloca, L. The placebo effect in pain therapies. *Annual Review of Pharmacology and Toxicology* 59 (2019), 191–211.
5. https://www.apdaparkinson.org/article/the-placebo-effect-in-clinical-trials-in-parkinsons-disease.
6. Lidstone, S.C., Schulzer, M., Dinelle, K., Mak, E., Sossi, V., Ruth, T.J., . . . and Stoessl, A.J. (2010). Effects of expectation on placebo- induced dopa-mine release in Parkinson disease. *Archives of General Psychiatry,* 67(8), 857–65; Quattrone, A., Barbagallo, G., Cerasa, A., and Stoessl, A.J. (2018). Neurobiology of placebo effect in Parkinson's disease: What we have learned and where we are going. *Movement Disorders,* 33(8), 1213–27.
7. Vits, S., Cesko, E., Benson, S., Rueckert, A., Hillen, U., Schadendorf, D., and Schedlowski, M. (2013). Cognitive factors mediate placebo responses in patients with house dust mite allergy. *PLoS One,* 8(11), e79576. It's worth noting that various factors may influence the placebo responses here, including the patient's existing beliefs and the attitude of the physician. See Howe, L.C., Goyer, J.P., and Crum, A.J. (2017). Harnessing the placebo effect: Exploring the influence of physician characteristics on placebo response. *Health Psychology,* 36(11), 1074; Leibowitz, K.A., Hardebeck, E.J., Goyer, J.P., and Crum, A.J. (2019). The role of patient beliefs in open- label placebo effects. *Health Psychology,* 38(7), 613; Darragh, M., Chang, J.W., Booth, R.J., and Consedine, N.S. (2015). The placebo effect in inflammatory skin reactions: The influence of verbal suggestion on itch and weal size. *Journal of Psychosomatic Research,* 78(5), 489–94; Pfaar, O., Agache, I., Bergmann, K.C., Bindslev- Jensen, C., Bousquet, J., Creticos, P.S., . . . and Frew, A.J. (2021). Placebo effects in allergen immunotherapy: An EAACI Task Force Position Paper. *Allergy,* 76(3), 629–47.
8. Kemeny, M.E., Rosenwasser, L.J., Panettieri, R.A., Rose, R.M., Berg- Smith, S.M., and Kline, J.N. (2007). Placebo response in asthma: A robust and objective phenomenon. *Journal of Allergy and Clinical Immunology,* 119(6), 1375–81. Placebos seem to have very large effects on patients' subjective distress, but the differences can also be noted in objective measures of their breathing. See Luc, F., Prieur, E., Whitmore, G.A., Gibson, P.G., Vandemheen, K.L., and Aaron, S.D. (2019). Placebo effects in clinical trials evaluating patients with uncontrolled persistent asthma. *Annals of the American Thoracic Society,* 16(9), 1124–30.
9. Al-Lamee, R., Thompson, D., Dehbi, H.M., Sen, S., Tang, K., Davies, J., . . . and Nijjer, S.S. (2018). Percutaneous coronary intervention in stable angina (ORBITA): A double-blind, randomised controlled trial. *The Lancet,* 391(10115), 31–40.
10. Horwitz, R.I., Viscoli, C.M., Donaldson, R.M., Murray, C.J., Ransohoff, D.F., Berkman, L., . . . and Sindelar, J. (1990). Treatment adherence and risk of death after a myocardial infarction. *The Lancet,* 336(8714), 542–5; for a discussion, see: Brown, W.A. (1998). Harnessing the placebo effect. *Hospital Practice,* 33(7), 107–16.
11. See, for instance: Simpson, S.H., Eurich, D.T., Majumdar, S.R., Padwal, R.S., Tsuyuki, R.T., Varney, J., and Johnson, J.A. (2006). A meta- analysis of the association between adherence to drug therapy and mortality. *BMJ,* 333(7557), 15; Pressman, A., Avins, A.L., Neuhaus, J., Ackerson, L., and Rudd, P. (2012). Adherence to placebo and mortality in the Beta Blocker Evaluation of Survival Trial (BEST). *Contemporary Clinical Trials,* 33(3), 492–8.
12. This argument has been proposed by numerous scientists. See: Moerman, D.E. (2002). *Meaning, Medicine, and the 'Placebo Effect',* 116–21. Cambridge: Cambridge University Press; Chewning, B. (2006). The healthy adherer and the placebo effect. *BMJ,* 333(7557), 18; Wilson, I.B. (2010). Adherence, placebo effects, and mortality. Journal of General Internal Medicine, 25(12), 1270–2; Yue, Z., Cai, C., Ai- Fang, Y., Feng-Min, T., Li, C., and Bin, W. (2014). The effect of placebo adherence on reducing cardiovascular mortality: A meta-analysis. *Clinical Research in Cardiology,* 103(3), 229–35.
13. The preceding three paragraphs synthesise various explanations for theplacebo effect, including: Petrie, K.J., and Rief, W. (2019). Psychobiological mechanisms of placebo and nocebo effects: Pathways to improve treatments and reduce side effects. *Annual Review of Psychology,* 70, 599–625; Colloca, L., and Barsky, A.J. (2020). Placebo and nocebo effects. *New England Journal of Medicine,* 382(6), 554–61; Colagiuri, B., Schenk, L.A., Kessler, M.D., Dorsey, S.G., and Colloca, L. (2015). The placebo effect: From concepts to genes. *Neuroscience,* 307, 171–90; Ongaro, G., and Kaptchuk, T.J. (2019). Symptom perception, placebo effects, and the Bayesian brain. *Pain,* 160(1), 1; Koban, L., Jepma, M., López-Solà, M., and Wager, T.D. (2019). Different brain networks mediate the effects of social and conditioned expectations on pain. *Nature Communications,* 10(1), 1–13; Miller, F.G., Colloca, L., and Kaptchuk, T.J. (2009). The placebo effect: Illness and interpersonal healing. *Perspectives in Biology and Medicine,* 52(4), 518; Trimmer, P.C., Marshall, J.A., Fromhage, L., McNamara, J.M., and Houston, A.I. (2013). Understanding the placebo effect from an evolutionary perspective.

Evolution and Human Behavior, 34(1), 8–15; Meissner, K. (2011). The placebo effect and the autonomic nervous system: Evidence for an intimate relationship. *Philosophical Transactions of the Royal Society B: Biological Sciences,* 366(1572), 1808–17.

14 Crum, A.J., Phillips, D.J., Goyer, J.P., Akinola, M., and Higgins, E.T. (2016). Transforming water: Social influence moderates psychological, physiological, and functional response to a placebo product. *PLoS One,* 11(11), e0167121. See also: https://sparq.stanford.edu/director-crum-publishes-intriguing-study- placebo-effects.

15. Ho, J.T., Krummenacher, P., Lesur, M.R., and Lenggenhager, B. (2020). Real bodies not required? Placebo analgesia and pain perception in immer-sive virtual and augmented reality. bioRxiv. https://www.biorxiv.org/content/10.1101/2020.12.18.423276v1.abstract.

16. Buckalew, L.W., and Ross, S. (1981). Relationship of perceptual character-istics to efficacy of placebos. *Psychological Reports,* 49(3), 955–61.

17. Faasse, K., and Martin, L.R. (2018). The power of labeling in nocebo effects. *International Review of Neurobiology,* 139, 379–406.

18. Faasse, K., Martin, L.R., Grey, A., Gamble, G., and Petrie, K.J. (2016). Impact of brand or generic labeling on medication effectiveness and side effects. *Health Psychology,* 35(2), 187.

19. Walach, H., and Jonas, W.B. (2004). Placebo research: The evidence base for harnessing self- healing capacities. *Journal of Alternative and Complementary Medicine,* 10 (Supplement 1), S-103.

20. Howe, L.C., Goyer, J.P., and Crum, A.J. (2017). Harnessing the placebo effect: Exploring the influence of physician characteristics on placebo response. *Health Psychology,* 36(11), 1074.

21. Howick, J., Bishop, F.L., Heneghan, C., Wolstenholme, J., Stevens, S., Hobbs, F.R., and Lewith, G. (2013). Placebo use in the United Kingdom: Results from a national survey of primary care practitioners. *PLoS One,* 8(3), e58247.

22. Silberman, S. (2009). Placebos are getting more effective. Drug makers are desperate to know why. *Wired Magazine,* 17, 1–8.

23. Walsh, B.T., Seidman, S.N., Sysko, R., and Gould, M. (2002). Placebo response in studies of major depression: variable, substantial, and growing. *JAMA,* 287(14), 1840–7; Dunlop, B.W., Thase, M.E., Wun, C.C., Fayyad, R., Guico-Pabia, C.J., Musgnung, J., and Ninan, P.T. (2012). A meta-analysis of factors impacting detection of antidepressant efficacy in clinical trials: The importance of academic sites. *Neuropsychopharmacology,* 37(13), 2830–6.

24. Tuttle, A.H., Tohyama, S., Ramsay, T., Kimmelman, J., Schweinhardt, P., Bennett, G.J., and Mogil, J.S. (2015). Increasing placebo responses over time in US clinical trials of neuropathic pain. *Pain,* 156(12), 2616–26. For a breakdown of the statistics, see Marchant, J. (2015). Strong placebo response thwarts painkiller trials. *Nature News.* https://www.nature.com/news/strong-placebo-response-thwarts-painkiller-trials-1.18511?WT.mc_id=TWT_NatureNews.

25. Bennett, G.J. (2018). Does the word 'placebo' evoke a placebo response? *Pain,* 159(10), 1928–31.

26. Beecher, H.K. (1955). The powerful placebo. *Journal of the American Medical Association,* 159(17), 1602–6. (The emphasis, within the quote, is my own.)

27. For evidence that an explanation can heighten the effects of open-label placebos, see: Locher, C., Nascimento, A.F., Kirsch, I., Kossowsky, J., Meyer, A., and Gaab, J (2017). Is the rationale more important than deception? A randomized controlled trial of open-label placebo analgesia. *Pain,* 158(12), 2320–8; Wei, H., Zhou, L., Zhang, H., Chen, J., Lu, X., and Hu, L. (2018). The influence of expectation on nondeceptive placebo and nocebo effects. *Pain Research and Management.*
doi: 10.1155/2018/8459429

28. Carvalho, C., Caetano, J.M., Cunha, L., Rebouta, P., Kaptchuk, T.J., and Kirsch, I. (2016). Open-label placebo treatment in chronic low back pain: A randomized controlled trial. *Pain,* 157(12), 2766.

29. Carvalho, C., Pais, M., Cunha, L., Rebouta, P., Kaptchuk, T.J., and Kirsch, I. (2020). Open-label placebo for chronic low back pain: A 5- year follow-up. *Pain,* 162(5), 1521–7.

30. Kaptchuk, T.J., and Miller, F.G. (2018). Open label placebo: Can honestly prescribed placebos evoke meaningful therapeutic benefits? *BMJ,* 363.

31. Schaefer, M., Sahin, T., and Berstecher, B. (2018). Why do open-label placebos work? A randomized controlled trial of an open-label placebo induction with and without extended information about the placebo effect in allergic rhinitis. *PLoS One,* 13(3), e0192758.

32. Bernstein, M.H., Magill, M., Beaudoin, F.L., Becker, S.J., and Rich, J.D. (2018). Harnessing the placebo effect: A promising method for curbing the opioid crisis? *Addiction,* 113(11), 2144–5.

33. CDC, Opioid data analysis and resources, https://www.cdc.gov/drugoverdose/data/ analysis.html.

34. Morales- Quezada, L., Mesia- Toledo, I., Estudillo-Guerra, A., O'Connor, K.C., Schneider, J.C., Sohn, D.J., . . . and Zafonte, R.

(2020). Conditioning open- label placebo: A pilot pharmacobehavioral approach for opioid dose reduction and pain control. *Pain Reports,* 5(4).

35. Laferton, J.A., Mora, M.S., Auer, C.J., Moosdorf, R., and Rief, W. (2013). Enhancing the efficacy of heart surgery by optimizing patients' preoperative expectations: Study protocol of a randomized controlled trial. *American Heart Journal,* 165(1), 1–7. See the following for a more elaborate description of the theory behind these kinds of interventions: Doering, B.K., Glombiewski, J.A., and Rief, W. (2018). Expectation- focused psychotherapy to improve clinical outcomes. *International Review of Neurobiology,* 138, 257–70.
36. Auer, C.J., Laferton, J.A., Shedden- Mora, M.C., Salzmann, S., Moosdorf, R., and Rief, W. (2017). Optimizing preoperative expectations leads to a shorter length of hospital stay in CABG patients: Further results of the randomized controlled PSY- HEART trial. *Journal of Psychosomatic Research,* 97, 82–9.
37. Rief, W., Shedden- Mora, M.C., Laferton, J.A., Auer, C., Petrie, K.J., Salzmann, S., ··· and Moosdorf, R. (2017). Preoperative optimization of patient expectations improves long- term outcome in heart surgery patients: Results of the randomized controlled PSY- HEART trial. *BMC medicine,* 15(1), 1–13.
38. For further evidence of the potential for people's expectations to shape the success of surgical procedures, see: Auer, C.J., Glombiewski, J.A., Doering, B.K., Winkler, A., Laferton, J.A., Broadbent, E., and Rief, W. (2016). Patients' expectations predict surgery outcomes: A meta-analysis. *International Journal of Behavioral Medicine,* 23(1), 49–62; Kube, T., Glombiewski, J.A., and Rief, W. (2018). Using different expectation mechanisms to optimize treatment of patients with medical conditions: A systematic review. *Psychosomatic Medicine,* 80(6), 535–43; Van Der Meij, E., Anema, J.R., Leclercq, W.K., Bongers, M.Y., Consten, E.C., Koops, S.E.S., . . . and Huirne, J.A. (2018). Personalised perioperative care by e-health after intermediate-grade abdominal surgery: A multicentre, single-blind, randomised, placebo-controlled trial. *The Lancet,* 392(10141), 51–9; Laferton, J.A., Oeltjen, L., Neubauer, K., Ebert, D.D., and Munder, T. (2020). The effects of patients' expectations on surgery outcome in total hip and knee arthro-plasty: A prognostic factor meta- analysis. *Health Psychology Review,* 1–17.
39. Akroyd, A., Gunn, K.N., Rankin, S., Douglas, M., Kleinstäuber, M., Rief, W., and Petrie, K.J. (2020). Optimizing patient expectations to improve therapeutic response to medical treatment: A randomized controlled trial of iron infusion therapy. *British Journal of Health Psychology,* 25(3), 639–51.
40. Leibowitz, K.A., Hardebeck, E.J., Goyer, J.P., and Crum, A.J. (2018). Physician assurance reduces patient symptoms in US adults: An experi-mental study. *Journal of General Internal Medicine,* 33(12), 2051–2.
41. Rakel, D., Barrett, B., Zhang, Z., Hoeft, T., Chewning, B., Marchand, L., and Scheder, J. (2011). Perception of empathy in the therapeutic encounter: Effects on the common cold. *Patient Education and Counseling,* 85(3), 390–7.

第 3 章

1. Rose, R. (1956). *Living Magic: The Realities Underlying the Psychical Practices and Beliefs of Australian Aborigines,* 28–47. New York: Rand McNally.
2. See also: Cannon, W.B. (1942). 'Voodoo' death. *American Anthropologist,* 44(2), 169–81; Benson, H. (1997). The nocebo effect: History and physi-ology. *Preventive Medicine,* 26(5), 612–15; Byard, R. (1988). Traditional medicine of aboriginal Australia. *CMAJ: Canadian Medical Association Journal,* 139(8), 792. For a discussion of alternative explanations of these deaths: Lester, D. (2009). Voodoo death. *OMEGA: Journal of Death and Dying,* 59(1), 1–18.
3. For a summary of medical theories of voodoo death, see: Samuels, M.A. (2007). 'Voodoo' death revisited: The modern lessons of neurocardiology. *Cleveland Clinic Journal of Medicine,* 74(Suppl 1), S8–S16; Morse, D.R., Martin, J., and Moshonov, J. (1991). Psychosomatically induced death relative to stress, hypnosis, mind control, and voodoo: Review and possible mechanisms. *Stress Medicine,* 7(4), 213–32.
4. Meador, C.K. (1992). Hex death: Voodoo magic or persuasion? *Southern Medical Journal,* 85(3), 244–7.
5. Milton, G.W. (1973). Self-willed death or the bone-pointing syndrome. *The Lancet,* 301(7817), 1435–6. For many similar accounts, see: Benson, H. (1997). The nocebo effect: History and physiology. *Preventive Medicine,* 26(5), 612–15.
6. The potential link between the nocebo effect and voodoo death is very widely recognised. See, for example: Edwards, I.R., Graedon, J., and Graedon, T. (2010). Placebo harm. *Drug Safety,* 33(6), 439–41; Benedetti, F. (2013). Placebo and the new physiology of the doctor–patient relation-ship. *Physiological Reviews,* 93(3), 1207–46; Cheyne, J.A., and Pennycook, G. (2013). Sleep paralysis postepisode distress: Modeling potential effects of episode characteristics, general psychological distress, beliefs, and cogni-tive style. *Clinical Psychological Science,* 1(2), 135–48.
7. Mackenzie, J.N. (1886). The production of the so-called 'rose cold' by means of an artificial rose, with remarks and

historical notes. *American Journal of the Medical Sciences,* 91(181), 45. While this is based on a single anecdote, modern research shows that the mere expectation of a hay fever attack can indeed bring about symptoms in sufferers: Besedovsky, L., Benischke, M., Fischer, J., Yazdi, A.S., and Born, J. (2020). Human sleep consolidates allergic responses conditioned to the environmental context of an allergen exposure. *Proceedings of the National Academy of Sciences,* 117(20), 10983–8. See also: Jewett, D.L., Fein, G., and Greenberg, M.H. (1990). A double-blind study of symptom provocation to determine food sensitivity. *New England Journal of Medicine,* 323(7), 429–33.

8. Beecher, H.K. (1955). The powerful placebo. *Journal of the American Medical Association,* 159(17), 1602–6.
9. Howick, J., Webster, R., Kirby, N., and Hood, K. (2018). Rapid overview of systematic reviews of nocebo effects reported by patients taking placebos in clinical trials. Trials, 19(1), 1–8. See also: Mahr, A., Golmard, C., Pham, E., Iordache, L., Deville, L., and Faure, P. (2017). Types, frequencies, and burden of nonspecific adverse events of drugs: Analysis of randomized placebo-controlled clinical trials. *Pharmacoepidemiology and Drug Safety,* 26(7), 731–41.
10. https://www.nhs.uk/medicines/finasteride.
11. Mondaini, N., Gontero, P., Giubilei, G., Lombardi, G., Cai, T., Gavazzi, A., and Bartoletti, R. (2007). Finasteride 5 mg and sexual side effects: How many of these are related to a nocebo phenomenon? *Journal of Sexual Medicine,* 4(6), 1708–12.
12. Myers, M.G., Cairns, J.A., and Singer, J. (1987). The consent form as a possible cause of side effects. *Clinical Pharmacology and Therapeutics,* 42(3), 250–3.
13. Varelmann, D., Pancaro, C., Cappiello, E.C., and Camann, W.R. (2010). Nocebo- induced hyperalgesia during local anesthetic injection. *Anesthesia and Analgesia,* 110(3), 868–70.
14. Tinnermann, A., Geuter, S., Sprenger, C., Finsterbusch, J., and Büchel, C. (2017). Interactions between brain and spinal cord mediate value effects in nocebo hyperalgesia. *Science,* 358(6359), 105–8.
15. Aslaksen, P.M., Zwarg, M.L., Eilertsen, H.-I.H., Gorecka, M.M., and Bjørkedal, E. (2015). Opposite effects of the same drug. *Pain,* 156(1), 39–46; Flaten, M.A., Simonsen, T., and Olsen, H. (1999). Drug- related information generates placebo and nocebo responses that modify the drug response. *Psychosomatic Medicine,* 61(2), 250–5.
16. Scott, D.J., Stohler, C.S., Egnatuk, C.M., Wang, H., Koeppe, R.A., and Zubieta, J.K. (2008). Placebo and nocebo effects are defined by opposite opioid and dopaminergic responses. *Archives of General Psychiatry,* 65(2), 220–31.
17. Enck, P., Benedetti, F., and Schedlowski, M. (2008). New insights into the placebo and nocebo responses. *Neuron,* 59(2), 195–206.
18. Planès, S., Villier, C., and Mallaret, M. (2016). The nocebo effect of drugs. *Pharmacology Research and Perspectives,* 4(2), e00208; Liccardi, G., Senna, G., Russo, M., Bonadonna, P., Crivellaro, M., Dama, A., . . . and Passalacqua, G. (2004). Evaluation of the nocebo effect during oral challenge in patients with adverse drug reactions. *Journal of Investigational Allergology and Clinical Immunology* 14(2), 104–7.
19. Faasse, K., Cundy, T., Gamble, G., and Petrie, K.J. (2013). The effect of an apparent change to a branded or generic medication on drug effective-ness and side effects. *Psychosomatic Medicine,* 75(1), 90–6.
20. Faasse, K., Cundy, T., and Petrie, K.J. (2009). Thyroxine: Anatomy of a health scare. *BMJ,* 339. See also: Faasse, K., Cundy, T., Gamble, G., and Petrie, K.J. (2013). The effect of an apparent change to a branded or generic medication on drug effectiveness and side effects. *Psychosomatic Medicine,* 75(1), 90–6; MacKrill, K., and Petrie, K.J. (2018). What is associated with increased side effects and lower perceived efficacy following switching to a generic medicine? A New Zealand cross- sectional patient survey. BMJ Open, 8(10), e023667. For a full analysis, see: Faasse, K., and Martin, L.R. (2018). The power of labeling in nocebo effects. *International Review of Neurobiology,* 139, 379–406.
21. Blasini, M., Corsi, N., Klinger, R., and Colloca, L. (2017). Nocebo and pain: An overview of the psychoneurobiological mechanisms. *Pain Reports,* 2(2).
22. Sciama, Y. (2017). France brings back a phased-out drug after patients rebel against its replacement. Science, 27 September. https://www.sciencemag.org/news/2017/09/france-brings-back-phased-out- drug-after-patients-rebel-against-its-replacement.
23. Rippon, G. (2019). *The Gendered Brain,* 29. London: Bodley Head; Ruble, D.N. (1977). Premenstrual symptoms: A reinterpretation. *Science,* 197(4300), 291–2.
24. Horing, B., Weimer, K., Schrade, D., Muth, E.R., Scisco, J.L., Enck, P., and Klosterhalfen, S. (2013). Reduction of motion sickness with an enhanced placebo instruction: An experimental study with healthy participants. *Psychosomatic Medicine,* 75(5), 497–504; Eden, D., and Zuk, Y. (1995). Seasickness as a self- fulfilling prophecy: Raising self- efficacy to boost perform ance at sea. *Journal of Applied Psychology,* 80(5), 628.
25. Ferrari, R., Obelieniene, D., Darlington, P., Gervais, R., and Green, P. (2002). Laypersons' expectation of the sequelae of whiplash injury: A cross-cultural comparative study between Canada and Lithuania. *Medical Science Monitor,* 8(11), CR728–CR734; Buchbinder, R., and Jolley, D. (2005). Effects of a media campaign on back beliefs is sustained three

years after its cessation. *Spine,* 30(11), 1323–30; Polich, G., Iaccarino, M.A., Kaptchuk, T.J., Morales- Quezada, L., and Zafonte, R. (2020). Nocebo effects in concus-sion: Is all that is told beneficial? *American Journal of Physical Medicine and Rehabilitation,* 99(1), 71–80.

26. Whittaker, R., Kemp, S., and House, A. (2007). Illness perceptions and outcome in mild head injury: a longitudinal study. *Journal of Neurology, Neurosurgery and Psychiatry,* 78(6), 644–6. See also: Hou, R., Moss- Morris, R., Peveler, R., Mogg, K., Bradley, B.P., and Belli, A. (2012). When a minor head injury results in enduring symptoms: A prospective investigation of risk factors for postconcussional syndrome after mild traumatic brain injury. *Journal of Neurology, Neurosurgery and Psychiatry,* 83(2), 217–23.

27. Polich, G., Iaccarino, M.A., Kaptchuk, T.J., Morales- Quezada, L., and Zafonte, R. (2020). Nocebo effects in concussion: Is all that is told bene-ficial? *American Journal of Physical Medicine and Rehabilitation,* 99(1), 71–80.

28. Reeves, R.R., Ladner, M.E., Hart, R.H., and Burke, R.S. (2007). Nocebo effects with antidepressant clinical drug trial placebos. *General Hospital Psychiatry,* 29(3), 275–7.

29. Usichenko, T.I., Hacker, H., and Hesse, T. (2016). Nocebo effect of informed consent: Circulatory collapse before elective caesarean section. *International Journal of Obstetric Anesthesia,* 27, 95–6.

30. Samuels, M.A. (2007). Voodoo death revisited: The modern lessons of neurocardiology. *Cleveland Clinic Journal of Medicine,* 74 (Suppl 1), S8–S16. See also: Amanzio, M., Howick, J., Bartoli, M., Cipriani, G.E., and Kong, J. (2020). How do nocebo phenomena provide a theoretical framework for the COVID–19 pandemic? *Frontiers in Psychology,* 11.

31. Eaker, E.D., Pinsky, J., and Castelli, W.P. (1992). Myocardial infarction and coronary death among women: Psychosocial predictors from a 20-year follow-up of women in the Framingham Study. *American Journal of Epidemiology,* 135(8), 854–64. See also: Olshansky, B. (2007). Placebo and nocebo in cardiovascular health: Implications for healthcare, research, and the doctor–patient relationship. *Journal of the American College of Cardiology,* 49(4), 415–21.

32. Barefoot, J.C., Brummett, B.H., Williams, R.B., Siegler, I.C., Helms, M.J., Boyle, S.H., . . . and Mark, D.B. (2011). Recovery expectations and long- term prognosis of patients with coronary heart disease. *Archives of Internal Medicine,* 171(10), 929–35.

33. Carey, I.M., Shah, S.M., DeWilde, S., Harris, T., Victor, C.R., and Cook, D.G. (2014). Increased risk of acute cardiovascular events after partner bereavement: A matched cohort study. *JAMA Internal Medicine,* 174(4), 598–605.

34. Shimizu, M., and Pelham, B.W. (2008). Postponing a date with the grim reaper: Ceremonial events and mortality. *Basic and Applied Social Psychology,* 30(1), 36–45; Wilches- Gutiérrez, J.L., Arenas- Monreal, L., Paulo-Maya, A., Peláez-Ballestas, I., and Idrovo, A.J. (2012). A 'beautiful death': Mortality, death, and holidays in a Mexican municipality. *Social Science and Medicine,* 74(5), 775–82; Ajdacic- Gross, V., Knöpfli, D., Landolt, K., Gostynski, M., Engelter, S.T., Lyrer, P.A., . . . and Rössler, W. (2012). Death has a preference for birthdays: An analysis of death time series. *Annals of Epidemiology,* 22(8), 603–6; Kelly, G.E., and Kelleher, C.C. (2018). Happy birthday? An observational study. *Journal of Epidemioliogy and Community Health,* 72(12), 1168–72. See also: Phillips, D.P., and Feldman, K.A. (1973). A dip in deaths before ceremonial occasions: Some new relationships between social integration and mortality. *American Sociological Review,* 678–96; Byers, B., Zeller, R.A., and Byers, P.Y. (1991). Birthdate and mortality: An evaluation of the death-dip/death-rise phenomenon. Sociological Focus, 24(1), 13–28; Phillips, D.P., Van Voorhees, C.A., and Ruth, T.E. (1992). The birthday: Lifeline or deadline? *Psychosomatic Medicine,* 54(5), 532–42.

35. National Constitution Center. (2020). Three presidents die on July 4th: Just a coincidence? https://constitutioncenter.org/blog/three- presidents- die-on- july- 4th- just- a- coincidence.

36. See the following for a broad discussion of all these phenomena: Ray, O. (2004). How the mind hurts and heals the body. *American Psychologist,* 59(1), 29.

37. Pan, Y., Kinitz, T., Stapic, M., and Nestoriuc, Y. (2019). Minimizing drug adverse events by informing about the nocebo effect: An experimental study. *Frontiers in Psychiatry,* 10, 504.

38. Howick, J. (2020). Unethical informed consent caused by overlooking poorly measured nocebo effects. *Journal of Medical Ethics.* doi: 10.1136/medethics-2019-105903. See also: Colloca, L. (2017). Tell me the truth and I will not be harmed: Informed consents and nocebo effects. *American Journal of Bioethics,* 17(6), 46–8.

39. Faasse, K., Huynh, A., Pearson, S., Geers, A.L., Helfer, S.G., and Colagiuri, B. (2019). The influence of side effect information framing on nocebo effects. *Annals of Behavioral Medicine,* 53(7), 621–9.

40. James, L.K., and Till, S.J. (2016). Potential mechanisms for IgG4 inhibition of immediate hypersensitivity reactions. *Current Allergy and Asthma Reports,* 16(3), 1–7; Couzin- Frankel, J. (2018). A revolutionary treatment for aller-gies to peanuts and other foods is going mainstream. *Science,* 18 October. https://www.sciencemag.org/news/2018/10/revolutionary-treatment-allergies-peanuts-and-other-foods-going-mainstream-do-benefits.

41. Howe, L.C., Leibowitz, K.A., Perry, M.A., Bitler, J.M., Block, W., Kaptchuk, T.J., . . . and Crum, A.J. (2019). Changing patient mindsets about non-life-threatening symptoms during oral immunotherapy: A randomized clinical trial. *Journal of*

Allergy and Clinical Immunology: In Practice, 7(5), 1550–9; Positive mindset about side effects of peanut-allergy treatment improves outcomes. https://med.stanford.edu/news/all-news/2019/02/positive-mindset-about-side-effects-of-peanut- allergy-treatment.html. See the following for a broader discussion of these mindset effects and their therapeutic potential: Leibowitz, K.A., Howe, L.C., and Crum, A.J. (2021). Changing mindsets about side effects. *BMJ Open*, 11(2), e040134.

42. For evidence of pain catastrophising's effects on opioid signalling, see King, C.D., Goodin, B., Kindler, L.L., Caudle, R.M., Edwards, R.R., Gravenstein, N., . . . and Fillingim, R.B. (2013). Reduction of conditioned pain modu-lation in humans by naltrexone: An exploratory study of the effects of pain catastrophizing. *Journal of Behavioral Medicine*, 36(3), 315–27; Vögtle, E., Barke, A., and Kröner- Herwig, B. (2013). Nocebo hyperalgesia induced by social observational learning. *Pain*, 154(8), 1427–33.
43. Granot, M., and Ferber, S.G. (2005). The roles of pain catastrophizing and anxiety in the prediction of postoperative pain intensity: A prospective study. *Clinical Journal of Pain*, 21(5), 439–45; Witvrouw, E., Pattyn, E., Almqvist, K.F., Crombez, G., Accoe, C., Cambier, D., and Verdonk, R. (2009). Catastrophic thinking about pain as a predictor of length of hospital stay after total knee arthroplasty: A prospective study. *Knee Surgery, Sports Traumatology, Arthroscopy*, 17(10), 1189–94.
44. Drahovzal, D.N., Stewart, S.H., and Sullivan, M.J. (2006). Tendency to catastrophize somatic sensations: Pain catastrophizing and anxiety sensitivity in predicting headache. *Cognitive Behaviour Therapy*, 35(4), 226–35; Mortazavi Nasiri, F.S., Pakdaman, S., Dehghani, M., and Togha, M. (2017). The relationship between pain catastrophizing and headache- related disa-bility: The mediating role of pain intensity. *Japanese Psychological Research*, 59(4), 266–74; Martinez-Calderon, J., Jensen, M.P., Morales- Asencio, J.M., and Luque- Suarez, A. (2019). Pain catastrophizing and function in individuals with chronic musculoskeletal pain. *Clinical Journal of Pain*, 35(3), 279–293.
45. Darnall, B.D., and Colloca, L. (2018). Optimizing placebo and minimizing nocebo to reduce pain, catastrophizing, and opioid use: A review of the science and an evidence-informed clinical toolkit. *International Review of Neurobiology*, 139, 129–57.
46. Darnall, B.D., and Colloca, L. (2018). Optimizing placebo and minimizing nocebo to reduce pain, catastrophizing, and opioid use: A review of the science and an evidence-informed clinical toolkit. *International Review of Neurobiology*, 139, 129–57.
47. Seng, E.K. (2018). Using cognitive behavioral therapy techniques to treat migraine. *Journal of Health Service Psychology*, 44(2), 68–73.
48. Ehde, D.M., and Jensen, M.P. (2004). Feasibility of a cognitive restructuring intervention for treatment of chronic pain in persons with disabilities. *Rehabilitation Psychology*, 49(3), 254.
49. Lumley, M.A., and Schubiner, H. (2019). Psychological therapy for central-ized pain: An integrative assessment and treatment model. *Psychosomatic Medicine*, 81(2), 114–24.
50. Lumley, M.A., and Schubiner, H. (2019). Psychological therapy for central-ized pain: An integrative assessment and treatment model. *Psychosomatic Medicine*, 81(2), 114–24. Similar results can be found for people with auto-immune disorders: Karademas, E.C., Dimitraki, G., Papastefanakis, E., Ktistaki, G., Repa, A., Gergianaki, I., . . . and Simos, P. (2018). Emotion regulation contributes to the well-being of patients with autoimmune diseases through illness-related emotions: A prospective study. *Journal of Health Psychology*, 1359105318787010; Nahman- Averbuch, H., Schneider, V.J., Chamberlin, L.A., Van Diest, A.M.K., Peugh, J.L., Lee, G.R., . . . and King, C.D. (2021). Identification of neural and psychophysical predictors of headache reduction after cognitive behavioral therapy in adolescents with migraine. *Pain*, 162(2), 372–81.
51. Adamczyk, A.K., Ligeza, T.S., and Wyczesany, M. (2020). The dynamics of pain reappraisal: The joint contribution of cognitive change and mental load. *Cognitive, Affective, and Behavioral Neuroscience*, 1–18.
52 De Peuter, S., Lemaigre, V., Van Diest, I., and Van den Bergh, O. (2008). Illness- specific catastrophic thinking and over-perception in asthma. *Health Psychology*, 27(1), 93.
53 Brown, R.L., Shahane, A.D., Chen, M.A., and Fagundes, C.P. (2020). Cognitive reappraisal and nasal cytokine production following experimental rhinovirus infection. *Brain, Behavior, and Immunity-Health*, 1, 100012.
54 Dekker, R.L., Moser, D.K., Peden, A.R., and Lennie, T.A. (2012). Cognitive therapy improves three-month outcomes in hospitalized patients with heart failure. *Journal of Cardiac Failure*, 18(1), 10–20. See also Norlund, F., Olsson, E.M., Pingel, R., Held, C., Svärdsudd, K., Gulliksson, M., and Burell, G. (2017). Psychological mediators related to clinical outcome in cognitive behavioural therapy for coronary heart disease: A sub-analysis from the SUPRIM trial. *European Journal of Preventive Cardiology*, 24(9), 917–925. See the following for the proposed physiological and behavioural mechanisms: Celano, C.M., Villegas, A.C., Albanese, A.M., Gaggin, H.K., and Huffman, J.C. (2018). Depression and anxiety in heart failure: A review. *Harvard Review of Psychiatry*, 26(4), 175.

第 4 章

1. Escola encerra devido a alergis. CM, 18 May 2006. https://www.cmjornal.pt/portugal/detalhe/escola- encerra-devido-a-alergias; Televírus volta a atacar. CM, 18 May 2006. https://www.cmjornal.pt/portugal/detalhe/televirus-volta-a-atacar.
2. Bartholomew, R.E., Wessely, S., and Rubin, G.J. (2012). Mass psychogenic illness and the social network: Is it changing the pattern of outbreaks? *Journal of the Royal Society of Medicine,* 105(12), 509–12.
3. Kilner, J.M., Friston, K.J., and Frith, C.D. (2007). Predictive coding: An account of the mirror neuron system. Cognitive Processing, 8(3), 159–66.
4. See Di Pellegrino, G., Fadiga, L., Fogassi, L., Gallese, V., and Rizzolatti, G. (1992). Understanding motor events: A neurophysiological study. *Experimental Brain Research,* 91(1), 176–80; Lametti, D. (2009). Mirroring behavior. *Scientific American*, 9 June. https://www.scientificamerican.com/article/mirroring-behavior; Rizzolatti, G., Fogassi, L., and Gallese, V. (2006). Mirrors in the mind. *Scientific American*, 295(5), 54–61; and Blakeslee, S. (2006). Cells that read minds. *New York Times,* 10 January.

   https://www.nytimes.com/2006/01/10/science/cells- that- read- minds.html.
5. Bentivoglio, L. (2012). Rizzolati: 'Ecco perchè i sentimenti sono contagiosi'. *La Repubblica,* 27 August. https://parma.repubblica.it/cronaca/2012/08/27/news/rizzolatti_ecco_perch_i_sentimenti_sono_contagiosi- 41547512.
6. Bastiaansen, J.A., Thioux, M., and Keysers, C. (2009). Evidence for mirror systems in emotions. *Philosophical Transactions of the Royal Society B: Biological Sciences,* 364(1528), 2391–404.
7. Much of the research discussed in this section is covered in the following review paper: Hatfield, E., Carpenter, M., and Rapson, R.L. (2014). Emotional contagion as a precursor to collective emotions. *Collective Emotions,* 108–22. For additional details, see: Laird, J.D., Alibozak, T., Davainis, D., Deignan, K., Fontanella, K., Hong, J., . . . and Pacheco, C. (1994). Individual differences in the effects of spontaneous mimicry on emotional contagion. *Motivation and Emotion,* 18(3), 231–47; Carsten, T., Desmet, C., Krebs, R.M., and Brass, M. (2018). Pupillary contagion is independent of the emotional expression of the face. *Emotion,* 19(8), 1343–52.
8. Likowski, K.U., Mühlberger, A., Gerdes, A., Wieser, M.J., Pauli, P., and Weyers, P. (2012). Facial mimicry and the mirror neuron system: Simultaneous acquisition of facial electromyography and functional magnetic resonance imaging. *Frontiers in Human Neuroscience,* 6, 214.
9. Neal, D.T., and Chartrand, T.L. (2011). Embodied emotion perception: Amplifying and dampening facial feedback modulates emotion perception accuracy. *Social Psychological and Personality Science,* 2(6), 673–8. For a recent replication, see: Borgomaneri, S., Bolloni, C., Sessa, P., and Avenanti, A. (2020). Blocking facial mimicry affects recognition of facial and body expressions. *PLoS One,* 15(2), e0229364. See also the following meta-analysis, which confirms the subtle effect of facial feedback on partic-ipants' emotions: Coles, N.A., Larsen, J.T., and Lench, H.C. (2019). A meta-analysis of the facial feedback literature: Effects of facial feedback on emotional experience are small and variable. *Psychological Bulletin,* 145(6), 610.
10. Havas, D.A., Glenberg, A.M., and Rinck, M. (2007). Emotion simulation during language comprehension. *Psychonomic Bulletin and Review,* 14(3), 436–41; Foroni, F., and Semin, G.R. (2009). Language that puts you in touch with your bodily feelings: The multimodal responsiveness of affective expressions. *Psychological Science,* 20(8), 974–80.
11. Rizzolatti, G., Fogassi, L., and Gallese, V. (2006). Mirrors in the mind. *Scientific American*, 295(5), 54–61.
12. Christakis, N.A., and Fowler, J.H. (2009). *Connected: The Surprising Power of Our Social Networks and How they Shape Our Lives,* 50–2. New York: Little, Brown Spark.
13. Faasse, K., and Petrie, K.J. (2016). From me to you: The effect of social modeling on treatment outcomes. *Current Directions in Psychological Science,* 25(6), 438–43.
14. Mazzoni G., Foan L., Hyland M.E., Kirsch I. (2010). The effects of obser-vation and gender on psychogenic symptoms. *Health Psychology* 29, 181–5; Lorber, W., Mazzoni, G., and Kirsch, I. (2007). Illness by suggestion: Expectancy, modeling, and gender in the production of psychosomatic symptoms. *Annals of Behavioral Medicine,* 33(1), 112–16.
15. Broderick, J.E., Kaplan- Liss, E., and Bass, E. (2011). Experimental induction of psychogenic illness in the context of a medical event and media exposure. *American Journal of Disaster Medicine,* 6(3), 163.
16. Ditto, B., Byrne, N., Holly, C., and Balegh, S. (2014). Social contagion of vasovagal reactions in the blood collection clinic: A possible example of mass psychogenic illness. *Health Psychology,* 33(7), 639.
17. Faasse, K., Yeom, B., Parkes, B., Kearney, J., and Petrie, K.J. (2018). The influence of social modeling, gender, and empathy on treatment side effects. *Annals of Behavioral Medicine,* 52(7), 560–70.
18. Colloca, L., and Benedetti, F. (2009). Placebo analgesia induced by social observational learning. *Pain,* 144(1–2), 28–34;

Swider, K., and Bąbel, P. (2013). The effect of the sex of a model on nocebo hyperalgesia induced by social observational learning. *Pain,* 154(8), 1312–17.

19. Benedetti, F., Durando, J., and Vighetti, S. (2014). Nocebo and placebo modulation of hypobaric hypoxia headache involves the cyclooxygenase-prostaglandins pathway. *Pain,* 155(5), 921–8.
20. Caporael, L.R. (1976). Ergotism: The Satan loosed in Salem? *Science,* 192(4234), 21–6.
21. Hatfield, E., Carpenter, M., and Rapson, R.L. (2014). Emotional contagion as a precursor to collective emotions. *Collective Emotions,* 108–22. Some further details (including the true location of the mill) come from Baloh, R.W., and Bartholomew, R.E. (2020). A short history of spider, insect, and worm scares. In *Havana Syndrome: Mass Psychogenic Illness and the Real Story Behind the Embassy Mystery and Hysteria,* 151–66. Cham: Copernicus.
22. Baloh, R.W., and Bartholomew, R.E. (2020). A short history of spider, insect, and worm scares. In Havana Syndrome, 151–66. Cham: Copernicus.
23. Talbot, M. (2002). Hysteria hysteria. *New York Times Magazine.* https://www.nytimes.com/2002/06/02/magazine/hysteria- hysteria.html.
24. Koran, L., and Oppmann, P. (2018). US embassy in Cuba to reduce staff indefinitely after 'health attacks'. CNN, 2 March. https://edition.cnn.com/2018/03/02/politics/us-embassy-cuba-staff- reductions- ttacks/index.html.
25. See Baloh and Bartholomew's *Havana Syndrome* (Cham) for a full descrip-tion of its psychogenic origins. See also: Stone, R. (2018). Sonic attack or mass paranoia. Science, doi:10.1126/science.aau5386; Hitt, J. (2019). The real story behind the Havana embassy mystery. *Vanity Fair,* 6 January. https://www.vanityfair.com/news/2019/01/the-real-story-behind-the-havana-embassy-mystery; Leighton, T.G. (2018). Ultrasound in air – Guidelines, applications, public exposures, and claims of attacks in Cuba and China. *Journal of the Acoustical Society of America,* 144(4), 2473–89; Bartholomew, R.E., and Baloh, R.W. (2020). Challenging the diagnosis of 'Havana Syndrome' as a novel clinical entity. Journal of the Royal Society of Medicine, 113(1), 7–11. The possibility that psychogenic contagion was amplifying and prolonging symptoms is discussed in: National Academies of Sciences, Engineering, and Medicine (2020). *An Assessment of Illness in US Government Employees and Their Families at Overseas Embassies.* Although this report raises the possibility of a real weapon, other scientists remain unconvinced: see Vergano, D. (2020). Scientists are slamming a report saying microwave attacks could have caused 'Havana syndrome' in US diplomats. BuzzFeed, 7 December. https://www.buzzfeednews.com/article/danvergano/microwave-attacks-havana-syndrome-diplomats.
26. Entous, A., and Anderson, J.L. (2018). The mystery of the Havana syndrome. *New Yorker,* 9 November.https://www.newyorker.com/maga-zine/2018/11/19/the-mystery-of-the-havana-syndrome.
27. Cited in Baloh, R.W., and Bartholomew, R.E. (2020). *Havana Syndrome: Mass Psychogenic Illness and the Real Story Behind the Embassy Mystery and Hysteria,* 21. Cham: Copernicus.
28. The telephone as a cause of ear troubles (1889). *British Medical Journal,* 2(1499), 671–72.
29. Rubin, G.J., Burns, M., and Wessely, S. (2014). Possible psychological mechanisms for 'wind turbine syndrome': On the windmills of your mind. *Noise and Health,* 16(69), 116.
30. Andrianome, S., De Seze, R., Braun, A., and Selmaoui, B. (2018). Descriptive self- reporting survey of people with idiopathic environmental intolerance attributed to electromagnetic fields (IEI- EMF): Similarities and comparisons with previous studies. Journal of Public Health, 26(4), 461–73.
31. Rubin, G.J., Hahn, G., Everitt, B.S., Cleare, A.J., and Wessely, S. (2006). Are some people sensitive to mobile phone signals? Within participants double blind randomised provocation study. *British Medical Journal,* 332(7546), 886–91.
32. Verrender, A., Loughran, S.P., Dalecki, A., Freudenstein, F., and Croft, R.J. (2018). Can explicit suggestions about the harmfulness of EMF exposure exacerbate a nocebo response in healthy controls? *Environmental Research,* 166, 409–17.
33. Nyhan, B., and Reifler, J. (2015). Does correcting myths about the flu vaccine work? An experimental evaluation of the effects of corrective information. *Vaccine,* 33(3), 459–64.
34. Nichol, K.L., Margolis, K.L., Lind, A., Murdoch, M., McFadden, R., Hauge, M., . . . and Drake, M. (1996). Side effects associated with influenza vacci-nation in healthy working adults: A randomized, placebo- controlled trial. *Archives of Internal Medicine,* 156(14), 1546–50; World Health Organization (2012). Information sheet: observed rate of vaccine reactions: influenza vaccine. https://www.who.int/vaccine_safety/initiative/tools/Influenza_Vaccine_rates_information_sheet.pdf?ua=1.
35. CDC. Misconceptions about seasonal flu and flu vaccines. https://www.cdc.gov/flu/prevent/misconceptions.htm.
36. World Health Organization. (2012). Information sheet: observed rate of vaccine reactions: influenza vaccine. https://www.who.int/vaccine_safety/initiative/tools/Influenza_Vaccine_rates_information_sheet.pdf?ua=1; Tosh, P.K., Boyce, T.G., and Poland, G.A. (2008). Flu myths: Dispelling the myths associated with live attenuated influenza vaccine.

Mayo Clinic Proceedings 83(1), 77–84.

37. Huang, W.T., Hsu, C.C., Lee, P.I., and Chuang, J.H. (2010). Mass psycho-genic illness in nationwide in- school vaccination for pandemic influenza A (H1N1) 2009, Taiwan, November 2009 – January 2010. *Eurosurveillance,* 15(21), 19575.
38. Simas, C., Munoz, N., Arregoces, L., and Larson, H.J. (2019). HPV vaccine confidence and cases of mass psychogenic illness following immunization in Carmen de Bolivar, Colombia. *Human Vaccines and Immunotherapeutics,* 15(1), 163–6.
39. Matthews, A., Herrett, E., Gasparrini, A., Van Staa, T., Goldacre, B., Smeeth, L., and Bhaskaran, K. (2016). Impact of statin-related media coverage on use of statins: Interrupted time series analysis with UK primary care data. *BMJ,* 353, i3283. doi: 10.1136/bmj.i3283.
40. See, for example, Rogers, L. (2015). Crippled by statins. *Daily Mail,* 3 November. https://www.dailymail.co.uk/health/article-3300937/Crippled-statins-Cholesterol-busting-drugs-left-David-wheelchair-doctors-insisted-taking-them.html.
41. Finegold, J.A., Manisty, C.H., Goldacre, B., Barron, A.J., and Francis, D.P. (2014). What proportion of symptomatic side effects in patients taking statins are genuinely caused by the drug? Systematic review of randomized placebo-controlled trials to aid individual patient choice. *European Journal of Preventive Cardiology,* 21(4), 464–74.
42. Newman, C.B., Preiss, D., Tobert, J.A., Jacobson, T.A., Page, R.L., Goldstein, L.B., . . . and Duell, P.B. (2019). Statin safety and associated adverse events: A scientific statement from the American Heart Association. *Arteriosclerosis, Thrombosis, and Vascular Biology,* 39(2), e38–e81.
43. Khan, S., Holbrook, A., and Shah, B.R. (2018). Does Googling lead to statin intolerance? *International Journal of Cardiology,* 262, 25–7.
44. Singh, P., Arora, A., Strand, T.A., Leffler, D.A., Catassi, C., Green, P.H., . . . and Makharia, G.K. (2018). Global prevalence of celiac disease: Systematic review and meta- analysis. *Clinical Gastroenterology and Hepatology,* 16(6), 823–36.
45. https://www.nhs.uk/conditions/coeliac- disease.
46. Cianferoni, A. (2016). Wheat allergy: Diagnosis and management. *Journal of Asthma and Allergy,* 9, 13.
47. Servick, K. (2018). The war on gluten. Science. https://www.sciencemag.org/news/2018/05/what- s-really-behind-gluten-*sensitivity*.
48. Molina- Infante, J., and Carroccio, A. (2017). Suspected nonceliac gluten sensitivity confirmed in few patients after gluten challenge in double- blind, placebo- controlled trials. *Clinical Gastroenterology and Hepatology,* 15(3), 339–48. See the following for a separate meta- analysis showing a large nocebo effect: Lionetti, E., Pulvirenti, A., Vallorani, M., Catassi, G., Verma, A.K., Gatti, S., and Catassi, C. (2017). Re-challenge studies in non- celiac gluten sensitivity: A systematic review and meta- analysis. *Frontiers in Physiology,* 8, 621. The role of expectation in gluten sensitivity is described in the following: Petrie, K.J., and Rief, W. (2019). Psychobiological mech-anisms of placebo and nocebo effects: Pathways to improve treatments and reduce side effects. *Annual Review of Psychology,* 70, 599–625. The following link contains the British Nutrition Foundation's interpretation of the study: https://www.nutrition.org.uk/bnfevents/events/252-nutritionscience/researchspotlight/1043- 2017issue3.html.
49. Croall, I.D., Trott, N., Rej, A., Aziz, I., O'Brien, D.J., George, H.A., . . . and Hadjivassiliou, M. (2019). A population survey of dietary attitudes towards gluten. *Nutrients,* 11(6), 1276.
50. Unalp-Arida, A., Ruhl, C.E., Brantner, T.L., Everhart, J.E., and Murray, J.A. (2017). Less hidden celiac disease but increased gluten avoidance without a diagnosis in the United States: Findings from the National Health and Nutrition Examination Surveys from 2009 to 2014. *Mayo Clinic Proceedings* 92(1), 30–8; Cabrera- Chávez, F., Dezar, G.V., Islas-Zamorano, A.P., Espinoza- Alderete, J.G., Vergara-Jiménez, M.J., Magaña- Ordorica, D., and Ontiveros, N. (2017). Prevalence of self-reported gluten sensitivity and adherence to a gluten-free diet in Argentinian adult population. *Nutrients,* 9(1), 81.
51. Crichton, F., Dodd, G., Schmid, G., Gamble, G., and Petrie, K.J. (2014). Can expectations produce symptoms from infrasound associated with wind turbines? Health Psychology, 33(4), 360; Crichton, F., Chapman, S., Cundy, T., and Petrie, K.J. (2014). The link between health complaints and wind turbines: Support for the nocebo expectations hypothesis. *Frontiers in Public Health,* 2, 220.
52. Crichton, F., and Petrie, K.J. (2015). Health complaints and wind turbines: The efficacy of explaining the nocebo response to reduce symptom reporting. *Environmental Research,* 140, 449–55.
53. Framing can also help. See, for instance: Mao, A., Barnes, K., Sharpe, L., Geers, A.L., Helfer, S.G., Faasse, K., and Colagiuri, B. (2021). Using posi-tive attribute framing to attenuate nocebo side effects: A cybersickness study. *Annals of Behavioral Medicine.* doi: 10.1093/abm/kaaa115

第 5 章

1. Voet, W. (2001). *Breaking the Chain,* 104. London: Yellow Jersey.
2. Bannister, R. (2014). *Twin Tracks: The Autobiography,* Kindle edition, location 828. London: Robson Press.
3. https://www.olympicchannel.com/en/stories/features/detail/eliud-kipchoge-marathon-olympics- world-record.
4. Gonzalez, R. (2019) How Eliud Kipchoge pulled off his epic, sub-2-hour marathon. Wired, 14 October. https://www.wired.com/story/how-eliud-kipchoge-pulled-off-his-epic-sub-2-hour- marathon.
5. Giulio, C.D., Daniele, F., and Tipton, C.M. (2006). Angelo Mosso and muscular fatigue: 116 years after the first Congress of Physiologists: IUPS commemoration. *Advances in Physiology Education,* 30(2), 51–7.
6. Noakes, T.D.O. (2012). Fatigue is a brain- derived emotion that regulates the exercise behavior to ensure the protection of whole body homeostasis. *Frontiers in Physiology,* 3, 82.
7. Cairns, S. P. (2006). Lactic acid and exercise performance. *Sports Medicine,* 36(4), 279–91. See also: https://www.livescience.com/lactic-acid.html.
8. Corbett, J., Barwood, M.J., Ouzounoglou, A., Thelwell, R., and Dicks, M. (2012). Influence of competition on performance and pacing during cycling exercise. *Medicine and Science in Sports and Exercise,* 44(3), 509–15. *Applied Physiology,* 112(1), 377–85.
9. Iodice, P., Porciello, G., Bufalari, I., Barca, L., and Pezzulo, G. (2019). An interoceptive illusion of effort induced by false heart-rate feedback. *Proceedings of the National Academy of Sciences,* 116(28), 13897–902.
10. McMorris, T., Barwood, M., and Corbett, J. (2018). Central fatigue theory and endurance exercise: Toward an interoceptive model. *Neuroscience and Biobehavioral Reviews,* 93, 93–107; Holgado, D., and Sanabria, D. (2020). Does self-paced exercise depend on executive processing? A narrative review of the current evidence. *International Review of Sport and Exercise Psychology,* 1–24; Hyland- Monks, R., Cronin, L., McNaughton, L., and Marchant, D. (2018). The role of executive function in the self- regulation of endurance performance: A critical review. In *Progress in Brain Research,* 240, 353–70.
10. Broelz, E.K., Wolf, S., Schneeweiss, P., Niess, A.M., Enck, P., and Weimer, K. (2018). Increasing effort without noticing: A randomized controlled pilot study about the ergogenic placebo effect in endurance athletes and the role of supplement salience. *PLoS One,* 13(6), e0198388.
11. Pollo, A., Carlino, E., and Bened behavioural mechanisms: Celano, C.M., Villegas, A.C., Albanese, A.M., Gaggin, H.K., and Huffman, J.C. (2018). Depression and anxiety in heart failure: A review. *Harvard Review of Psychiatry,* 26(4), 175.
12. Marcora, S.M., Staiano, W., and Manning, V. (2009). Mental fatigue impairs physical performance in humans. *Journal of Applied Physiology,* 106(3), 857–64.
12. For a thorough discussion of the traditional model of fatigue, and the need to separate the psychological sense of effort from the physiological changes, see: Noakes T.D. (2012)
 The Central Governor Model in 2012: Eight new papers deepen our understanding of the regulation of human exercise performance. *British Journal of Sports Medicine* 46, 1–3. There has been controversy over the exact formulation of the psychobiological theory of fatigue, though the description in the text describes the common features. See Venhorst, A., Micklewright, D., and Noakes, T.D. (2018). Towards a three-dimensional framework of centrally regulated and goal- directed exercise behaviour: A narrative review. *British Journal of Sports Medicine,* 52(15), 957–66.
12. For some direct evidence of this part of the process, see Piedimonte, A., Benedetti, F., and Carlino, E. (2015). Placebo-induced decrease in fatigue: Evidence for a central action on the preparatory phase of movement. *European Journal of Neuroscience,* 41(4), 492–7.
12. Morton, R.H. (2009). Deception by manipulating the clock calibration influences cycle ergometer endurance time in males. *Journal of Science and Medicine in Sport,* 12, 332–7. fatigue in humans. *Medicine and Science in Sports and Exercise,* 44(3), 534–41.
13. Stone, M., Thomas, K., Wilkinson, M., Jones, A., St Clair Gibson, A., and Thompson, K. (2012). Effects of deception on exercise performance: Implications for determinants of fatigue in humans. *Medicine and Science in Sports and Exercise,* 44(3), 534–41.
14. Castle, P.C., Maxwell, N., Allchorn, A., Mauger, A.R., and White, D.K. (2012). Deception of ambient and body core temperature improves self paced cycling in hot, humid conditions. *European Journal of Applied Physiology,* 112(1), 377–85.
15. Iodice, P., Porciello, G., Bufalari, I., Barca, L., and Pezzulo, G. (2019). An interoceptive illusion of effort induced by false heart-rate feedback. *Proceedings of the National Academy of Sciences,* 116(28), 13897–902.
16. McMorris, T., Barwood, M., and Corbett, J. (2018). Central fatigue theory and endurance exercise: Toward an

interoceptive model. *Neuroscience and Biobehavioral Reviews,* 93, 93–107; Holgado, D., and Sanabria, D. (2020). Does self-paced exercise depend on executive processing? A narrative review of the current evidence. *International Review of Sport and Exercise Psychology,* 1–24; Hyland- Monks, R., Cronin, L., McNaughton, L., and Marchant, D. (2018). The role of executive function in the self- regulation of endurance performance: A critical review. In *Progress in Brain Research,* 240, 353–70.

17. Broelz, E.K., Wolf, S., Schneeweiss, P., Niess, A.M., Enck, P., and Weimer, K. (2018). Increasing effort without noticing: A randomized controlled pilot study about the ergogenic placebo effect in endurance athletes and the role of supplement salience. PLoS One, 13(6), e0198388.
18. Pollo, A., Carlino, E., and Benedetti, F. (2008). The top-down influence of ergogenic placebos on muscle work and fatigue. *European Journal of Neuroscience,* 28(2), 379–88.
19. Hurst, P., Schipof- Godart, L., Szabo, A., Raglin, J., Hettinga, F., Roelands, B., . . . and Beedie, C. (2020). The placebo and nocebo effect on sports performance: A systematic review. *European Journal of Sport Science,* 20(3), 279–92.
20. Ibid.
21. Montes, J., Wulf, G., and Navalta, J.W. (2018). Maximal aerobic capacity can be increased by enhancing performers' expectancies. *Journal of Sports Medicine and Physical Fitness,* 58(5), 744–9.
22. Stoate, I., Wulf, G., and Lewthwaite, R. (2012). Enhanced expectancies improve movement efficiency in runners. *Journal of Sports Sciences,* 30(8), 815–23.
23. Turnwald, B.P., Goyer, J.P., Boles, D.Z., Silder, A., Delp, S.L., and Crum, A.J. (2019). Learning one's genetic risk changes physiology independent of actual genetic risk. *Nature Human Behaviour,* 3(1), 48–56.
24. Saito, T., Barreto, G., Saunders, B., and Gualano, B. (2020). Is open- label placebo a new ergogenic aid? A commentary on existing studies and guide-lines for future research. Sports Medicine, 50(7), 1231–2. See also: Broelz, E.K., Wolf, S., Schneeweiss, P., Niess, A.M., Enck, P., and Weimer, K. (2018). Increasing effort without noticing: A randomized controlled pilot study about the ergogenic placebo effect in endurance athletes and the role of supplement salience. PLoS One, 13(6), e0198388.
25. Giles, G.E., Cantelon, J.A., Eddy, M.D., Brunyé, T.T., Urry, H.L., Taylor, H.A., . . . and Kanarek, R.B. (2018). Cognitive reappraisal reduces perceived exertion during endurance exercise. *Motivation and Emotion,* 42(4), 482–96. Some of the advice given here is based on an interview with Giles, and my own experience of practising cognitive reappraisal. For another example of cognitive reappraisal, see: Arthur, T.G., Wilson, M.R., Moore, L.J., Wylie, L.J., and Vine, S.J. (2019). Examining the effect of challenge and threat states on endurance exercise capabilities. *Psychology of Sport and Exercise,* 44, 51–9. And see the following for a discussion of emotional intelligence and its relation to psychological basis of fatigue: Rubaltelli, E., Agnoli, S., and Leo, I. (2018). Emotional intelligence impact on half marathon finish times. *Personality and Individual Differences,* 128, 107–12.
26. Orvidas, K., Burnette, J.L., and Russell, V.M. (2018). Mindsets applied to fitness: Growth beliefs predict exercise efficacy, value and frequency. *Psychology of Sport and Exercise,* 36, 156–61.
27. Morris, J.N., Heady, J.A., Raffle, P.A.B., Roberts, C.G., and Parks, J.W. (1953). Coronary heart-disease and physical activity of work. *The Lancet,* 262(6796), 1111–20; Kuper, S. (2009). The man who invented exercise. *Financial Times,* 12 September. https://www.ft.com/content/e6ff90ea-9da2-11de- 9f4a- 00144feabdc0; Paffenbarger Jr, R.S., Blair, S.N., and Lee, I.M. (2001). A history of physical activity, cardiovascular health and longevity: The scientific contributions of Jeremy N. Morris, DSc, DPH, FRCP. *International Journal of Epidemiology,* 30(5), 1184–92.
28. Source: https://sites.google.com/site/compendiumofphysicalactivities/home. See also: Wilson, C. (2010). The truth about exercise. *New Scientist,* 205(2742), 34–7.
29. Patterson, R., Webb, E., Millett, C., and Laverty, A.A. (2018). Physical activity accrued as part of public transport use in England. *Journal of Public Health.*
30. Crum, A.J., and Langer, E.J. (2007). Mind-set matters: Exercise and the placebo effect. *Psychological Science,* 18(2), 165–71.
31. Zahrt, O.H., and Crum, A.J. (2017). Perceived physical activity and mortality: Evidence from three nationally representative US samples. *Health Psychology,* 36(11), 1017. A similar study, looking at people's health complaints: Baceviciene, M., Jankauskiene, R., and Emeljanovas, A. (2019). Self- perception of physical activity and fitness is related to lower psycho-somatic health symptoms in adolescents with unhealthy lifestyles. *BMC Public Health,* 19(1), 980.
32. Lindheimer, J.B., O'Connor, P.J., and Dishman, R.K. (2015). Quantifying the placebo effect in psychological outcomes of exercise training: A meta-analysis of randomized trials. *Sports Medicine,* 45(5), 693–711; Jones, M.D., Valenzuela, T., Booth, J., Taylor, J.L., and Barry, B.K. (2017). Explicit education about exercise- induced hypoalgesia influences pain responses to acute exercise in healthy adults: A randomized controlled trial. *Journal of Pain,* 18(11), 1409–16; Vaegter, H.B., Thinggaard, P., Madsen, C.H., Hasenbring, M., and Thorlund, J.B. (2020). Power of words: Influence of preexercise

information on hypoalgesia after exercise- randomized controlled trial. *Medicine and Science in Sports and Exercise,* 52(11), 2373–9.

33. Zahrt, O.H., and Crum, A.J. (2019). Effects of physical activity recommen-dations on mindset, behavior and perceived health. *Preventive Medicine Reports,* 101027.
34. Wen, C.P., Wai, J.P.M., Tsai, M.K., Yang, Y.C., Cheng, T.Y.D., Lee, M.C., . . . and Wu, X. (2011). Minimum amount of physical activity for reduced mortality and extended life expectancy: A prospective cohort study. *The Lancet,* 378(9798), 1244–53. See also: Curfman, G. (2015). Exercise: You may need less than you think. https://www.health.harvard.edu/blog/how-much-exercise-do-you-really-need-less-than- you-think-201512088770.
35. Prichard, I., Kavanagh, E., Mulgrew, K.E., Lim, M.S., and Tiggemann, M. (2020). The effect of Instagram #fitspiration images on young women's mood, *body image,* and exercise behaviour. *Body Image,* 33, 1–6. See also: Robinson, L., Prichard, I., Nikolaidis, A., Drummond, C., Drummond, M., and Tiggemann, M. (2017). Idealised media images: The effect of fitspira-tion imagery on body satisfaction and exercise behaviour. Body Image, 22, 65–71.
36. Phelps, M., with Abrahamson, A. (2008). No Limits: The Will to Succeed, 8. New York: Free Press. Cited in: Moran, A., Campbell, M., Holmes, P., and MacIntyre, T. (2012). Mental imagery, action observation and skill learning. *Skill Acquisition in Sport: Research, Theory and Practice,* 94.
37. Moran, A., Campbell, M., Holmes, P., and MacIntyre, T. (2012). Mental imagery, action observation and skill learning. *Skill Acquisition in Sport: Research, Theory and Practice,* 94. See also: Slimani, M., Tod, D., Chaabene, H., Miarka, B., and Chamari, K. (2016). Effects of mental imagery on muscular strength in healthy and patient participants: A systematic review. *Journal of Sports Science and Medicine,* 15(3), 434.
38. Yao, W.X., Ranganathan, V.K., Allexandre, D., Siemionow, V., and Yue, G.H. (2013). Kinesthetic imagery training of forceful muscle contractions increases brain signal and muscle strength. *Frontiers in Human Neuroscience,* 7, 561. See the following for a comparison of physical and mental practice, and various combinations of both styles of training: Reiser, M., Büsch, D., and Munzert, J. (2011). Strength gains by motor imagery with different ratios of physical to mental practice. *Frontiers in Psychology,* 2, 194.
39. While this has been the view for many decades, the latest evidence suggests that the size of our muscles and muscular strength are largely independent. Loenneke, J.P., Buckner, S.L., Dankel, S.J., and Abe, T. (2019). Exercise-induced changes in muscle size do not contribute to exercise-induced changes in muscle strength. *Sports medicine,* 49(7), 987–91.
40. Ridderinkhof, K.R., and Brass, M. (2015). How kinesthetic motor imagery works: A predictive- processing theory of visualization in sports and motor expertise. *Journal of Physiology – Paris,* 109(1–3), 53–63. See the following for a discussion of its relation to the psychobiological model of exercise: Slimani, M., Tod, D., Chaabene, H., Miarka, B., and Chamari, K. (2016). Effects of mental imagery on muscular strength in healthy and patient participants: A systematic review. *Journal of Sports Science and Medicine,* 15(3), 434.
41. Lebon, F., Collet, C., and Guillot, A. (2010). Benefits of motor imagery training on muscle strength. *Journal of Strength and Conditioning Research,* 24(6), 1680–7.
42. Clark, B.C., Mahato, N.K., Nakazawa, M., Law, T.D., and Thomas, J.S. (2014). The power of the mind: The cortex as a critical determinant of muscle strength/weakness. *Journal of Neurophysiology,* 112(12), 3219–26.
43. See, for example: Najafabadi, M.G., Memari, A.H., Kordi, R., Shayestehfar, M., and Eshghi, M A. (2017). Mental training can improve physical activity behavior in adolescent girls. *Journal of Sport and Health Science,* 6(3), 327–32; Cooke, L.M., Duncan, L.R., Deck, S.J., Hall, C.R., and Rodgers, W.M. (2020). An examination of changes in exercise identity during a mental imagery intervention for female exercise initiates. *International Journal of Sport and Exercise Psychology,* 18(4), 534–50; Robin, N., Toussaint, L., Coudevylle, G.R., Ruart, S., Hue, O., and Sinnapah, S. (2018). Text messages promoting mental imagery increase self- reported physical activity in older adults: A randomized controlled study. *Journal of Aging and Physical Activity,* 26(3), 462–70.
44. Newcomb, A. (2012). Super strength: Daughter rescues dad trapped under car. ABC News, 1 August. https://abcnews.go.com/US/superhero-woman-lifts-car-off-dad/story?id=16907591#.UMay9Hfeba4. See also: Hadhazy, A. (2016). How it's possible for an ordinary person to lift a car. BBC Future, 2 May. https://www.bbc.com/future/article/20160501-how- its- possible-for-an-ordinary-person-to-lift-a-car.
45. Oregon man pinned under 3,000- pound tractor saved by teen daughters. Fox News, 11 April 2013. https://www.foxnews.com/us/oregon-man-pinned-under-3000-pound-tractor-saved-by-teen-daughters; Septuagenarian superhero? Man lifts car off son-in-law. NPR, 22 July 2013. https://www. npr.org/2013/07/22/204444515/septuagenarian-superhero-man-lifts-car-off-son-in-law.
46. Liptak, A. (2015). The Incredible Hulk was inspired by a woman saving her baby. Gizmodo, 30 August. https://io9.gizmodo.com/the- incredible-hulk-was-inspired-by-a-woman-saving-her-1727562968.

47. Evans, D.R., Boggero, I.A., and Segerstrom, S.C. (2016). The nature of self- regulatory fatigue and 'ego depletion': Lessons from physical fatigue. *Personality and Social Psychology Review,* 20(4), 291–310.

第 6 章

1. Calorie content: avocado toast (501 kcal); smoothie (209 kcal); tuna niçoise salad (455 kcal); orange juice (105 kcal); chicken and asparagus braise (480 kcal); fruit-and-nut granola bar (279 kcal). Sources: www.bbcgood.food.com, www.pret.co.uk.
2. Calorie content: croissant (291 kcal); hot chocolate (260 kcal); spaghetti alla puttanesca (495 kcal); fruit salad (111 kcal); fish pie (455 kcal); salad (20 kcal); mini doughnuts (110 kcal). Sources: www.pret.co.uk, www.bbcgoodfood.com, www.sainsburys.co.uk.
3. In the discussion of Henry Molaison's life that follows, I am indebted to Corkin, S. (2014) *Permanent Present Tense.* London: Penguin.
4. Ibid., 210.
5. For descriptions of this experiment and its implications for the role of memory in appetite, see Rozin, P., Dow, S., Moscovitch, M., and Rajaram, S. (1998). What causes humans to begin and end a meal? A role for memory for what has been eaten, as evidenced by a study of multiple meal eating in amnesic patients. *Psychological Science,* 9(5), 392–6; and Higgs, S. (2005). Memory and its role in appetite regulation. *Physiology and Behavior,* 85(1), 67–72.
6. Berthoud, H.R. (2008). Vagal and hormonal gut–brain communication: From satiation to satisfaction. *Neurogastroenterology and Motility,* 20, 64–72.
7. Desai, A.J., Dong, M., Harikumar, K.G., and Miller, L.J. (2016). Cholecystokinin-induced satiety, a key gut servomechanism that is affected by the membrane microenvironment of this receptor. *International Journal of Obesity Supplements,* 6(1), S22–S27.
8. Martin, A.A., Davidson, T.L., and McCrory, M.A. (2018). Deficits in episodic memory are related to uncontrolled eating in a sample of healthy adults. *Appetite,* 124, 33–42.
9. Higgs, S. (2002). Memory for recent eating and its influence on subsequent food intake. *Appetite,* 39(2), 159–66. Higgs has also found that the effect of memory depends on someone's overall level of inhibition. See Higgs, S., Williamson, A.C., and Attwood, A.S. (2008). Recall of recent lunch and its effect on subsequent snack intake. *Physiology and Behavior,* 94(3), 454–62.
10. Brunstrom, J.M., Burn, J.F., Sell, N.R., Collingwood, J.M., Rogers, P.J., Wilkinson, L.L., . . . and Ferriday, D. (2012). Episodic memory and appe-tite regulation in humans. PLoS One, 7(12), e50707.
11. Brown, S.D., Duncan, J., Crabtree, D., Powell, D., Hudson, M., and Allan, J.L. (2020). We are what we (think we) eat: The effect of expected satiety on subsequent calorie consumption. Appetite, 104717.
12. Higgs, S., and Woodward, M. (2009). Television watching during lunch increases afternoon snack intake of young women. Appetite, 52(1), 39–43; Higgs, S. (2015). Manipulations of attention during eating and their effects on later snack intake. Appetite, 92, 287–94. See the following for a review of these findings: Higgs, S., and Spetter, M.S. (2018). Cognitive control of eating: The role of memory in appetite and weight gain. *Current Obesity Reports,* 7(1), 50–9.
13. Brunstrom, J.M., Brown, S., Hinton, E.C., Rogers, P.J., and Fay, S.H. (2011). Expected satiety' changes hunger and fullness in the inter- meal interval. *Appetite,* 56(2), 310–15.
14. Vadiveloo, M., Morwitz, V., and Chandon, P. (2013). The interplay of health claims and taste importance on food consumption and self-reported satiety. *Appetite,* 71, 349–56.
15. Finkelstein, S.R., and Fishbach, A. (2010). When healthy food makes you hungry. *Journal of Consumer Research,* 37(3), 357–67.
16. Abizaid, A., and Horvath, T.L. (2012). Ghrelin and the central regulation of feeding and energy balance. *Indian Journal of Endocrinology and Metabolism,* 16 (Suppl 3), S617.
17. Crum, A.J., Corbin, W.R., Brownell, K.D., and Salovey, P. (2011). Mind over milkshakes: Mindsets, not just nutrients, determine ghrelin response. *Health Psychology,* 30(4), 424. See the following for a peer commentary on the results and their poten-tial implications for weight management: Tomiyama, A.J., and Mann, T. (2011). Commentary on Crum, Corbin, Brownell, and Salovey (2011). *Health Psychology,* 30(4), 430–1.
18. I spoke to Alia Crum for the following article: Robson, D. (2018). Mind over matter. *New Scientist,* 239(3192), 28–32.
19. Veldhuizen, M.G., Nachtigal, D.J., Flammer, L.J., de Araujo, I.E., and Small, D.M. (2013). Verbal descriptors influence hypothalamic response to low- calorie drinks. *Molecular Metabolism,* 2(3), 270–80.

20. Cassady, B.A., Considine, R.V., and Mattes, R.D. (2012). Beverage consumption, appetite, and energy intake: What did you expect? *American Journal of Clinical Nutrition,* 95(3), 587–93.
21. Yeomans, M.R., Re, R., Wickham, M., Lundholm, H., and Chambers, L. (2016). Beyond expectations: The physiological basis of sensory enhance-ment of satiety. *International Journal of Obesity,* 40(11), 1693–8; Zhu, Y., Hsu, W.H., and Hollis, J.H. (2013). The impact of food viscosity on eating rate, subjective appetite, glycemic response and gastric emptying rate. *PLoS One,* 8(6), e67482.
22. Hallberg, L., Björn- Rasmussen, E., Rossander, L., and Suwanik, R. (1977). Iron absorption from Southeast Asian diets. II. Role of various factors that might explain low absorption. *American Journal of Clinical Nutrition,* 30(4), 539–48.
23. Björn-Rasmussen, E., Halberg, L., Magnusson, B., Rossander, L., Svanberg, B., and Arvidsson, B. (1976). Measurement of iron absorption from composite meals. *American Journal of Clinical Nutrition,* 29(7), 772–8; Hallberg, L., Björn- Rasmussen, E., Rossander, L., and Suwanik, R. (1977). Iron absorption from Southeast Asian diets. II. Role of various factors that might explain low absorption. *American Journal of Clinical Nutrition,* 30(4), 539–48. For a more recent analysis of these results, see: Satter, E. (2007). Eating compe-tence: Definition and evidence for the Satter Eating Competence model. *Journal of Nutrition Education and Behavior,* 39(5), S142–S153.
24. Todes, D.P. (2014). Ivan Pavlov in 22 surprising facts. https://blog.oup.com/2014/11/ivan-pavlov- surprising- facts.
25. Jonas, W.B., Crawford, C., Colloca, L., Kaptchuk, T.J., Moseley, B., Miller, F.G., . . . and Meissner, K. (2015). To what extent are surgery and invasive procedures effective beyond a placebo response? A systematic review withmeta- analysis of randomised, sham-controlled trials. *BMJ Open,* 5(12), e009655.
26. https://www.who.int/news- room/fact- sheets/detail/obesity- and- overweight.
27. Carels, R.A., Harper, J., and Konrad, K. (2006). Qualitative perceptions and caloric estimations of healthy and unhealthy foods by behavioral weight- loss participants. *Appetite,* 46(2), 199–206.
28. Suher, J., Raghunathan, R., and Hoyer, W.D. (2016). Eating healthy or feeling empty? How the 'healthy = less filling' intuition influences satiety. *Journal of the Association for Consumer Research,* 1(1), 26–40.
29. Briers, B., Huh, Y.E., Chan, E., and Mukhopadhyay, A. (2020). The unhealthy = tasty belief is associated with BMI through reduced consump-tion of vegetables: a cross-national and mediational analysis. *Appetite,* 150, 104639. See also: Cooremans, K., Geuens, M., and Pandelaere, M. (2017). Cross-national investigation of the drivers of obesity: Re-assessment of past findings and avenues for the future. *Appetite,* 114, 360–7.
30. Raghunathan, R., Naylor, R.W., and Hoyer, W.D. (2006). The unhealthy = tasty intuition and its effects on taste inferences, enjoyment, and choice of food products. *Journal of Marketing,* 70(4), 170–84.
31. Turnwald, B.P., Jurafsky, D., Conner, A., and Crum, A.J. (2017). Reading between the menu lines: Are restaurants' descriptions of 'healthy' foods unappealing? *Health Psychology,* 36(11), 1034.
32. Turnwald, B.P., Boles, D.Z., and Crum, A.J. (2017). Association between indulgent descriptions and vegetable consumption: Twisted carrots and dynamite beets. *JAMA Internal Medicine,* 177(8), 1216–18; Turnwald, B.P., Bertoldo, J.D., Perry, M.A., Policastro, P., Timmons, M., Bosso, C., . . . and Gardner, C.D. (2019). Increasing vegetable intake by emphasizing tasty and enjoyable attributes: A randomized controlled multisite intervention for taste- focused labeling. *Psychological Science,* 30(11), 1603–15.
33. Fay, S.H., Hinton, E.C., Rogers, P.J., and Brunstrom, J.M. (2011). Product labelling can confer sustained increases in expected and actual satiety. Appetite, 57(2), 557.
34. Cheon, B.K., and Hong, Y. Y. (2017). Mere experience of low subjective socioeconomic status stimulates appetite and food intake. *Proceedings of the National Academy of Sciences,* 114(1), 72–7.
35. Sim, A.Y., Lim, E.X., Leow, M.K., and Cheon, B.K. (2018). Low subjective socioeconomic status stimulates orexigenic hormone ghrelin: A randomised trial. *Psychoneuroendocrinology,* 89, 103–12.
36. Brunstrom, J.M., Brown, S., Hinton, E.C., Rogers, P.J., and Fay, S.H. (2011).'Expected satiety' changes hunger and fullness in the inter-meal interval. *Appetite,* 56(2), 310–15.
37. https://www.health.harvard.edu/staying-healthy/the-hidden-dangers-of-protein-powders.
38. Mandel, N., and Brannon, D. (2017). Sugar, perceived healthfulness, and satiety: When does a sugary preload lead people to eat more? *Appetite,* 114, 338–49.
39. Yeomans, M.R. (2015). Cued satiety: How consumer expectations modify responses to ingested nutrients. *Nutrition Bulletin,* 40(2), 100–3.
40. Kuijer, R.G., and Boyce, J.A. (2014). Chocolate cake. Guilt or celebration? Associations with healthy eating attitudes, perceived behavioural control, intentions and weight loss. *Appetite,* 74, 48–54.
41. Cornil, Y., and Chandon, P. (2016). Pleasure as a substitute for size: How multisensory imagery can make people happier with smaller food portions. *Journal of Marketing Research,* 53(5), 847–64. The following paper found a similar

effect with food writing – the richer the description of a cake, the less people wanted to eat, and the more satisfied they felt after eating it: Policastro, P., Harris, C., and Chapman, G. (2019). Tasting with your eyes: Sensory description substitutes for portion size. *Appetite,* 139, 42–9.

42. Morewedge, C.K., Huh, Y.E., and Vosgerau, J. (2010). Thought for food: Imagined consumption reduces actual consumption. *Science,* 330(6010), 1530–3.
43. There is even evidence that the anticipation of food can alter the ghrelin suppression, after eating: Ott, V., Friedrich, M., Zemlin, J., Lehnert, H., Schultes, B., Born, J., and Hallschmid, M. (2012). Meal anticipation poten-tiates postprandial ghrelin suppression in humans. *Psychoneuroendocrinology,* 37(7), 1096–1100.
44. Bosworth, M.L., Ferriday, D., Lai, S.H.S., Godinot, N., Martin, N., Martin, A.A., . . . and Brunstrom, J.M. (2016). Eating slowly increases satiety and promotes memory of a larger portion size during the inter- meal interval. *Appetite,* 100(101), 225.
45. Raghunathan, R., Naylor, R.W., and Hoyer, W.D. (2006). The unhealthy = tasty intuition and its effects on taste inferences, enjoyment and choice of food products. *Journal of Marketing,* 70(4), 170–84.
46. Briers, B., Huh, Y.E., Chan, E., and Mukhopadhyay, A. (2020). The unhealthy = tasty belief is associated with BMI through reduced consump-tion of vegetables: A cross-national and mediational analysis. *Appetite,* 150, 104639.
47. Werle, C.O., Trendel, O., and Ardito, G. (2013). Unhealthy food is not tastier for everybody: The 'healthy = tasty' French intuition. *Food Quality and Preference,* 28(1), 116–21.
48. Rozin, P., Kabnick, K., Pete, E., Fischler, C., and Shields, C. (2003). The ecology of eating: Smaller portion sizes in France than in the United States help explain the French paradox. *Psychological Science,* 14(5), 450–4.
49. World Health Organization. (2014). *Global Status Report on Noncommunicable Diseases* 2014.
50. Rozin, P., Fischler, C., Imada, S., Sarubin, A., and Wrzesniewski, A. (1999). Attitudes to food and the role of food in life in the USA, Japan, Flemish Belgium and France: Possible implications for the diet–health debate. *Appetite,* 33(2), 163–80.

第 7 章

1. Increase of heart- disease. *British Medical Journal* 1(586) (1872), 317.
2. Theodore Seward starts 'Don't Worry' clubs. The Gazette (York, PA), 17 January 1898, 3; Don't Worry circles, *New York Times,* 19 December 1897, 7.
3. Seward, T. (1898). *The Don't Worry Movement: A Wave of Spiritual Emancipation* (self- published).
4. James, W. (1902). *The Varieties of Religious Experience,* 94. New York: Longman.
5. James, W. (1963). *Pragmatism, and Other Essays,* 237. New York: Washington Square Press.
6. Wallis, C., Mehrtens, R., and Thompson, D. (1983). Stress: Can we cope? *Time,* 121(23), 48–54.
7. https://www.merriam- webster.com/dictionary/stressed- out.
8. https://www.health.harvard.edu/staying- healthy/understanding-the-stress-response. See also: Burrows, V.L. (2015). The medicalization of stress: Hans Selye and the transformation of the postwar medical marketplace. Unpublished PhD thesis, City University of New York. https://academicworks.cuny.edu/gc_etds/877.
9. The preceding paragraphs are indebted to: Jackson, M. (2014). *Stress, Shock, and Adaptation in the Twentieth Century,* esp. ch. 1. Rochester, NY: University of Rochester Press; Burrows, V.L. (2015). The medicalization of stress: Hans Selye and the transformation of the postwar medical marketplace. Unpublished PhD thesis, City University of New York. See the following for a modern description of the physiological and mental changes caused by threat: Mendes, W.B., and Park, J. (2014). Neurobiological concomitants of motivational states. *Advances in Motivation Science* 1, 233–70.
10. Jamieson, J.P., Peters, B.J., Greenwood, E.J., and Altose, A.J. (2016). Reappraising stress arousal improves performance and reduces evaluation anxiety in classroom exam situations. *Social Psychological and Personality Science,* 7(6), 579–87.
11. Jamieson, J.P., Mendes, W.B., Blackstock, E., and Schmader, T. (2010). Turning the knots in your stomach into bows: Reappraising arousal improves performance on the GRE. *Journal of Experimental Social Psychology,* 46(1), 208–12.
12. Jamieson, J.P., Nock, M.K., and Mendes, W.B. (2012). Mind over matter: Reappraising arousal improves cardiovascular and cognitive responses to stress. *Journal of Experimental Psychology: General,* 141(3), 417. Further interpretation (and information on recovery): Jamieson, J.P., Mendes, W.B., and Nock, M.K. (2013). Improving acute stress responses: The power of reappraisal. *Current Directions in Psychological Science,* 22(1), 51–6. See also: Mendes, W.B., and Park, J. (2014). Neurobiological concomitants of moti-vational states. *Advances in Motivation Science,* 1, 233–70; Trotman, G.P., Williams, S.E., Quinton, M.L., and van Zanten, J.J.V. (2018). Challenge and threat states: Examining cardiovascular, cognitive and affective responses to two distinct laboratory stress tasks. *International Journal of Psychophysiology,* 126, 42–51.

13. See the following for a thorough analysis of stress appraisals, the cardio-vascular responses and the link to performance: Behnke, M., and Kaczmarek, L.D. (2018). Successful performance and cardiovascular markers of challenge and threat: A meta- analysis. *International Journal of Psychophysiology,* 130, 73–7.

14. Crum, A.J., Salovey, P., and Achor, S. (2013). Rethinking stress: The role of mindsets in determining the stress response. *Journal of Personality and Social Psychology,* 104(4), 716.

15. Crum, A.J., Akinola, M., Martin, A., and Fath, S. (2017). The role of stress mindset in shaping cognitive, emotional, and physiological responses to challenging and threatening stress. *Anxiety, Stress, and Coping,* 30(4), 379–95; John-Henderson, N.A., Rheinschmidt, M.L., and Mendoza-Denton, R. (2015). Cytokine responses and math performance: The role of stereotype threat and anxiety reappraisals. *Journal of Experimental Social Psychology,* 56, 203–6.

16. See the following for a general description of the differences between 'threat' and 'challenge' states: Blascovich, J., and Mendes, W.B. (2010). Social psychophysiology and embodiment. In S.T. Fiske, D.T. Gilbert, and G. Lindzey (eds), *The Handbook of Social Psychology,* 5th ed., 194–227. New York: Wiley.

17. Crum, A.J., Akinola, M., Martin, A., and Fath, S. (2017). The role of stress mindset in shaping cognitive, emotional, and physiological responses to challenging and threatening stress. *Anxiety, Stress, and Coping,* 30(4), 379–95.

18. Akinola, M., Fridman, I., Mor, S., Morris, M.W., and Crum, A.J. (2016). Adaptive appraisals of anxiety moderate the association between cortisol reactivity and performance in salary negotiations. *PLOS One,* 11(12), e0167977.

19. Smith, E.N., Young, M.D., and Crum, A.J. (2020). Stress, mindsets, and success in Navy SEALs special warfare training. *Frontiers in Psychology,* 10, 2962.

20. Beltzer, M.L., Nock, M.K., Peters, B.J., and Jamieson, J.P. (2014). Rethinking butterflies: The affective, physiological, and performance effects of reap-praising arousal during social evaluation. *Emotion,* 14(4), 761.

21. Strack, J., Lopes, P.N., and Esteves, F. (2015). Will you thrive under pres-sure or burn out? Linking anxiety motivation and emotional exhaustion. *Cognition and Emotion,* 29(4), 578–91. For further examples, see: Kim, J., Shin, Y., Tsukayama, E., and Park, D. (2020). Stress mindset predicts job turnover among preschool teachers. *Journal of School Psychology,* 78, 13–22; Keech, J.J., Cole, K.L., Hagger, M.S., and Hamilton, K. (2020). The association between stress mindset and physical and psychological wellbeing: Testing a stress beliefs model in police officers. *Psychology and Health,* 35(11), 1306–25; Casper, A., Sonnentag, S., and Tremmel, S. (2017). Mindset matters: The role of employees' stress mindset for day-specific reactions to workload anticipation. *European Journal of Work and Organizational Psychology,* 26(6), 798–810.

22. Keller, A., Litzelman, K., Wisk, L.E., Maddox, T., Cheng, E.R., Creswell, P.D., and Witt, W.P. (2012). Does the perception that stress affects health matter? The association with health and mortality. *Health Psychology,* 31(5), 677. See the following for a near- exact replication of this result: Nabi, H., Kivimäki, M., Batty, G.D., Shipley, M.J., Britton, A., Brunner, E.J., ⋯ and Singh- Manoux, A. (2013). Increased risk of coronary heart disease among individuals reporting adverse impact of stress on their health: The Whitehall II prospective cohort study. *European Heart Journal,* 34(34), 2697–705.

23. Szabo, A., and Kocsis, Á. (2017). Psychological effects of deep- breathing: The impact of expectancy- priming. *Psychology, Health and Medicine,* 22(5), 564–9; Cregg, D.R., and Cheavens, J.S. (2020). Gratitude interventions: Effective self- help? A meta- analysis of the impact on symptoms of depression and anxiety. *Journal of Happiness Studies,* 1–33.

24. Brady, S.T., Hard, B.M., and Gross, J.J. (2018). Reappraising test anxiety increases academic performance of first-year college students. Journal of Educational Psychology, 110(3), 395.

25. The advice in this section is based on the following paper: Keech, J.J., Hagger, M.S., and Hamilton, K. (2019). Changing stress mindsets with a novel imagery intervention: A randomized controlled trial. *Emotion.* See also the following resources: http://socialstresslab.wixsite.com/urochester/research; https://mbl.stanford.edu/interventions/rethink-stress.

26. Jentsch, V.L., and Wolf, O.T. (2020). The impact of emotion regulation on cardiovascular, neuroendocrine and psychological stress responses. *Biological Psychology,* 107893.

27. King, B.J. (2008) *Pressure is Privilege,* 102–3. New York: LifeTime.

28. I interviewed Mauss for the following article: Robson, D. (2018). Why the quickest route to happiness may be to do nothing. BBC Future, 18 December. https://www.bbc.com/future/article/20181218- whats-the-quickest-way-to-happiness-do-nothing.

29. Mauss, I.B., Tamir, M., Anderson, C.L., and Savino, N.S. (2011). Can seeking happiness make people unhappy? Paradoxical effects of valuing happiness. *Emotion,* 11(4), 807. For a review of further research, see: Gruber, J., Mauss, I.B., and Tamir, M. (2011). A dark side of happiness? How, when, and why happiness is not always good. *Perspectives on Psychological Science,* 6(3), 222–33.

30. McGuirk, L., Kuppens, P., Kingston, R., and Bastian, B. (2018). Does a culture of happiness increase rumination over failure? *Emotion,* 18(5), 755.

31. Ford, B.Q., Lam, P., John, O.P., and Mauss, I.B. (2018). The psychological health benefits of accepting negative emotions and thoughts: Laboratory, diary, and longitudinal evidence. *Journal of Personality and Social Psychology,* 115(6), 1075. See also: Shallcross, A.J., Troy, A.S., Boland, M., and Mauss, I.B. (2010). Let it be: Accepting negative emotional experiences predicts decreased negative affect and depressive symptoms. *Behaviour Research and Therapy,* 48, 921–9.
32. Luong, G., Wrzus, C., Wagner, G.G., and Riediger, M. (2016). When bad moods may not be so bad: Valuing negative affect is associated with weak-ened affect–health links. *Emotion,* 16(3), 387–401.
33. Tamir, M., and Bigman, Y.E. (2018). Expectations influence how emotions shape behavior. *Emotion,* 18(1), 15. See also: Tamir, M., and Ford, B.Q. (2012). When feeling bad is expected to be good: Emotion regulation and outcome expectancies in social conflicts. *Emotion,* 12(4), 807.
34. Ford, B.Q., and Tamir, M. (2012). When getting angry is smart: Emotional preferences and emotional intelligence. Emotion, 12(4), 685; Axt, J., and Oishi, S. (2016). When unfair treatment helps performance. *Motivation and Emotion,* 40(2), 243–57.
35. Thakral, M., Von Korff, M., McCurry, S.M., Morin, C.M., and Vitiello, M.V. (2020). Changes in dysfunctional beliefs about sleep after cognitive behavioral therapy for insomnia: A systematic literature review and meta-analysis. Sleep Medicine Reviews, 49, 101230. See also: Courtauld, H., Notebaert, L., Milkins, B., Kyle, S.D., and Clarke, P.J. (2017). Individuals with clinically significant insomnia symptoms are characterised by a negative sleep-related expectancy bias: Results from a cognitive- experimental assessment. *Behaviour Research and Therapy,* 95, 71–8.
36. Lichstein, K.L. (2017). Insomnia identity. *Behaviour Research and Therapy,* 97, 230–41. See also: Woosley, J.A., Lichstein, K.L., Taylor, D.J., Riedel, B.W., and Bush, A.J. (2016). Insomnia complaint versus sleep diary parameters: Predictions of suicidal ideation. *Suicide and Life-Threatening Behavior,* 46(1), 88–95.
37. Draganich, C., and Erdal, K. (2014). Placebo sleep affects cognitive func-tioning. *Journal of Experimental Psychology: Learning, Memory, and Cognition,* 40(3), 857; Gavriloff, D., Sheaves, B., Juss, A., Espie, C.A., Miller, C.B., and Kyle, S.D. (2018). Sham sleep feedback delivered via actigraphy biases daytime symptom reports in people with insomnia: Implications for insomnia disorder and wearable devices. *Journal of Sleep Research,* 27(6), e12726. See also: Rahman, S.A., Rood, D., Trent, N., Solet, J., Langer, E.J., and Lockley, S.W. (2020). Manipulating sleep duration perception changes cognitive performance–an exploratory analysis. *Journal of Psychosomatic Research,* 132, 109992.
38. Personal communication with Kenneth Lichstein, University of Alabama, 26 April 2018.
39. https://www.cdc.gov/mmwr/volumes/68/wr/mm6849a5.htm.
40. Espie, C.A., Broomfield, N.M., MacMahon, K.M., Macphee, L.M., and Taylor, L.M. (2006). The attention–intention–effort pathway in the devel-opment of psychophysiologic insomnia: A theoretical review. *Sleep Medicine Reviews,* 10(4), 215–45.
41. Thakral, M., Von Korff, M., McCurry, S.M., Morin, C.M., and Vitiello, M.V. (2020). Changes in dysfunctional beliefs about sleep after cognitive behavioral therapy for insomnia: A systematic literature review and meta-analysis. Sleep Medicine Reviews, 49, 101230. See also: Eidelman, P., Talbot, L., Ivers, H., Bélanger, L., Morin, C.M., and Harvey, A.G. (2016). Change in dysfunctional beliefs about sleep in *behavior therapy,* cognitive therapy, and cognitive- behavioral therapy for insomnia. Behavior Therapy, 47(1), 102–15.
42. Selye, H. (1979). The Stress of My Life: A Scientist's Memoirs, 117. New York: Van Nostrand Reinhold. For more information about Selye's inven-tion of the term 'eustress', see: Szabo, S., Tache, Y., and Somogyi, A. (2012). The legacy of Hans Selye and the origins of stress research: A retrospective 75 years after his landmark brief 'letter' to the editor of *Nature. Stress,* 15(5), 472–8.

第 8 章

1. Lewis, M. (2012). Obama's way. *Vanity Fair,* 11 September. https://www.vanityfair.com/news/2012/10/michael- lewis-profile- barack-obama.
2. Elkins, K. (2017). Billionaires Mark Zuckerberg and John Paul DeJoria use a simple wardrobe trick to boost productivity. CNBC, 5 January. https://www.cnbc.com/2017/01/05/mark-zuckerberg-and-john- paul- dejorias-simple- wardrobe-trick.html.
3. De Vita, E. (2015). Creative thinking: Why a morning routine helps conserve your brainpower. *Financial Times,* 22 February. https://www.ft.com/content/3d07fcea-b37b-11e4-9449- 00144feab7de.
4. Baumeister, R.F., Bratslavsky, E., Muraven, M., and Tice, D.M. (1998). Ego depletion: Is the active self a limited resource? *Journal of Personality and Social Psychology,* 74(5), 1252.

5. Ibid.
6. Inzlicht, M., Berkman, E., and Elkins-Brown, N. (2016). The neuroscience of 'ego depletion'. *Social Neuroscience: Biological Approaches to Social Psychology,* 101–23.
7. Baumeister, R.F., Bratslavsky, E., Muraven, M., and Tice, D.M. (1998). Ego depletion: Is the active self a limited resource? *Journal of Personality and Social Psychology,* 74(5), 1252.
8. Schmeichel, B.J., Vohs, K.D., and Baumeister, R.F. (2003). Intellectual performance and ego depletion: Role of the self in logical reasoning and other information processing. *Journal of Personality and Social Psychology,* 85(1), 33; Schmeichel, B.J. (2007). Attention control, memory updating, and emotion regulation temporarily reduce the capacity for executive control. *Journal of Experimental Psychology: General,* 136(2), 241.
9. Vohs, K.D., Baumeister, R.F., Schmeichel, B.J., Twenge, J.M., Nelson, N.M., and Tice, D.M. (2014). Making choices impairs subsequent self- control: A limited- resource account of decision making, self-regulation, and active initiative. *Motivation Science,* 1(S), 19–42.
10. Vohs, K.D., and Faber, R.J. (2007). Spent resources: Self- regulatory resource availability affects impulse buying. *Journal of Consumer Research,* 33(4), 537–47.
11. Baumeister, R.F. (2012). Self- control: The moral muscle. *The Psychologist,* 25(2), 112–15. https://thepsychologist.bps.org.uk/volume-25/edition-2/self-control- %E2%80%93-moral-muscle.
12. Hofmann, W., Vohs, K.D., and Baumeister, R.F. (2012). What people desire, feel conflicted about, and try to resist in everyday life. *Psychological Science,* 23(6), 582–8.
13. Baumeister, R.F., and Vohs, K.D. (2016). Strength model of self-regulation as limited resource: Assessment, controversies, update. *Advances in Experimental Social Psychology* 54, 67–127.
14. Parker, I. (2014). Inheritance. New Yorker, 2 June. https://www.newyorker.com/magazine/2014/06/02/inheritance.
15. Sheppes, G., Catran, E., and Meiran, N. (2009). Reappraisal (but not distraction) is going to make you sweat: Physiological evidence for self-control effort. *International Journal of Psychophysiology,* 71(2), 91–6; Wagstaff, C.R. (2014). Emotion regulation and sport performance. *Journal of Sport and Exercise Psychology,* 36(4), 401–12.
16. See the following for a description of these PET scans, and Baumeister's own research in this area: Baumeister, R.F., and Vohs, K.D. (2016). Strength model of self-regulation as limited resource: Assessment, controversies, update. *Advances in Experimental Social Psychology* 54, 67–127.
17. Gailliot, M.T., Baumeister, R.F., DeWall, C.N., Maner, J.K., Plant, E.A., Tice, D.M., . . . and Schmeichel, B.J. (2007). Self- control relies on glucose as a limited energy source: Willpower is more than a metaphor. *Journal of Personality and Social Psychology,* 92(2), 325.
18. Baumeister, R.F., and Vohs, K.D. (2016). Strength model of self-regulation as limited resource: Assessment, controversies, update. *Advances in Experimental Social Psychology* 54, 67–127.
19. For recent large-scale studies confirming the existence of ego depletion, see: Dang, J., Liu, Y., Liu, X., and Mao, L. (2017). The ego could be depleted, providing initial exertion is depleting: A preregistered experiment of the ego depletion effect. *Social Psychology,* 48(4), 242–5; Garrison, K.E., Finley, A.J., and Schmeichel, B.J. (2019). Ego depletion reduces attention control: Evidence from two high-powered preregistered experiments. *Personality and Social Psychology Bulletin,* 45(5), 728–39; Dang, J., Barker, P., Baumert, A., Bentvelzen, M., Berkman, E., Buchholz, N.,…and Zinkernagel, A. (2021). A multilab replication of the ego depletion effect. *Social Psychological and Personality Science,* 12(1), 14–24.
20. Martijn, C., Tenbült, P., Merckelbach, H., Dreezens, E., and de Vries, N.K. (2002). Getting a grip on ourselves: Challenging expectancies about loss of energy after self- control. *Social Cognition,* 20(6), 441–60. See also: Clarkson, J.J., Hirt, E.R., Jia, L., and Alexander, M.B. (2010). When perception is more than reality: The effects of perceived versus actual resource depletion on self-regulatory behavior. *Journal of Personality and Social Psychology,* 98(1), 29. The following has a review of similar studies: Klinger, J.A., Scholer, A.A., Hui, C.M., and Molden, D.C. (2018). Effortful experiences of self-control foster lay theories that self-control is limited. *Journal of Experimental Social Psychology,* 78, 1–13.
21. Job, V., Dweck, C.S., and Walton, G.M. (2010). Ego depletion: Is it all in your head? Implicit theories about willpower affect self-regulation. *Psychological Science,* 21(11), 1686–93. See also: Miller, E.M., Walton, G.M., Dweck, C.S., Job, V., Trzesniewski, K.H., and McClure, S.M. (2012). Theories of willpower affect sustained learning. PLoS One, 7(6), e38680; Chow, J.T., Hui, C.M., and Lau, S. (2015). A depleted mind feels ineffi-cacious: Ego-depletion reduces self-efficacy to exert further self-control. European *Journal of Social Psychology,* 45(6), 754–68.
22. Bernecker, K., and Job, V. (2015). Beliefs about willpower moderate the effect of previous day demands on next day's expectations and effective goal striving. *Frontiers in Psychology,* 6, 1496.
23. See the longitudinal study in: Job, V., Dweck, C.S., and Walton, G.M. (2010). Ego depletion: Is it all in your head? Implicit

theories about will-power affect self- regulation. *Psychological Science,* 21(11), 1686–93. See also: Job, V., Walton, G.M., Bernecker, K., and Dweck, C.S. (2015). Implicit theories about willpower predict self- regulation and grades in everyday life. *Journal of Personality and Social Psychology,* 108(4), 637; Bernecker, K., Herrmann, M., Brandstätter, V., and Job, V. (2017). Implicit theories about willpower predict subjective well-being. *Journal of Personality,* 85(2), 136–50.

24. Bernecker, K., and Job, V. (2015). Beliefs about willpower are related to therapy adherence and psychological adjustment in patients with type 2 diabetes. *Basic and Applied Social Psychology,* 37(3), 188–95. For a review of these findings, see also: Job, V., Sieber, V., Rothermund, K., and Nikitin, J. (2018). Age differences in implicit theories about willpower: Why older people endorse a nonlimited theory. *Psychology and Aging,* 33(6), 940.
25. A full description of these experiments, along with hypotheses about the cultural origins of these mindsets and the effects on education, can be found in: Savani, K., and Job, V. (2017). Reverse ego- depletion: Acts of self-control can improve subsequent performance in Indian cultural contexts. *Journal of Personality and Social Psychology,* 113(4), 589.
26. Scientific evidence supports the idea that trataka can improve concentration, potentially through the expectation effects that Job and Savani have described. See: Raghavendra, B.R., and Singh, P. (2016). Immediate effect of yogic visual concentration on cognitive performance. *Journal of Traditional and Complementary Medicine,* 6(1), 34–6.
27. Descriptions of the conservation theory of ego depletion, and the evidence, can be found in Baumeister, R.F., and Vohs, K.D. (2016). Strength model of self-regulation as limited resource: Assessment, controversies, update. *Advances in Experimental Social Psychology,* 54, 67–127.
28. Job, V., Walton, G.M., Bernecker, K., and Dweck, C.S. (2013). Beliefs about willpower determine the impact of glucose on self- control. *Proceedings of the National Academy of Sciences,* 110(37), 14837–42.
29. Madzharov, A., Ye, N., Morrin, M., and Block, L. (2018). The impact of coffee-like scent on expectations and performance. *Journal of Environmental Psychology,* 57, 83–6; Denson, T.F., Jacobson, M., Von Hippel, W., Kemp, R.I., and Mak, T. (2012). Caffeine expectancies but not caffeine reduce depletion-induced aggression. *Psychology of Addictive Behaviors,* 26(1), 140; Cropsey, K.L., Schiavon, S., Hendricks, P.S., Froelich, M., Lentowicz, I., and Fargason, R. (2017). Mixed-amphetamine salts expectancies among college students: Is stimulant induced cognitive enhancement a placebo effect? *Drug and Alcohol Dependence,* 178, 302–9.
30. Leach, S. (2019). How the hell has Danielle Steel managed to write 179 books? *Glamour,* 9 May. https://www.glamour.com/story/danielle- steel-books- interview; Jordan, T. (2018). Danielle Steel: 'I know an idea is right for me when it just clicks'. *New York Times,* 2 February. https://www.nytimes.com/2018/02/02/books/review/danielle-steel-fall-from-grace-best-seller.html.
31. Burkeman, O. (2019). Danielle Steel works 20 hours a day, but is that to be envied? *Guardian,* 31 May. https://www.theguardian.com/money/oliver-burkeman-column/2019/may/31/danielle-steel-work- 20-hour-day.
32. Konze, A.K., Rivkin, W., and Schmidt, K.H. (2019). Can faith move mountains? How implicit theories about willpower moderate the adverse effect of daily emotional dissonance on ego-depletion at work and its spill-over to the home-domain. *European Journal of Work and Organizational Psychology,* 28(2), 37–149. See also the following paper, for an example of the ways that ego depletion can destroy our free time: Reinecke, L., Hartmann, T., and Eden, A. (2014). The guilty couch potato: The role of ego depletion in reducing recovery through media use. *Journal of Communication,* 64(4), 569–89.
33. Bernecker, K., and Job, V. (2020). Too exhausted to go to bed: Implicit theories about willpower and stress predict bedtime procrastination. *British Journal of Psychology,* 111(1), 126–47.
34. See experiment 4 in Savani, K., and Job, V. (2017). Reverse ego- depletion: Acts of self-control can improve subsequent performance in Indian cultural contexts. *Journal of Personality and Social Psychology,* 113(4), 589.
35. Sieber, V., Flückiger, L., Mata, J., Bernecker, K., and Job, V. (2019). Autonomous goal striving promotes a nonlimited theory about willpower. *Personality and Social Psychology Bulletin,* 45(8), 1295–1307.
36. Klinger, J.A., Scholer, A.A., Hui, C.M., and Molden, D.C. (2018). Effortful experiences of self-control foster lay theories that self- control is limited. *Journal of Experimental Social Psychology,* 78, 1–13.
37. Haimovitz, K., Dweck, C.S., and Walton, G.M. (2020). Preschoolers find ways to resist temptation after learning that willpower can be energizing. *Developmental Science,* 23(3), e12905.
38. On Williams's ritual: Serena Williams sings Flashdance theme to keep her calm on court. Sky News, 12 July 2015. https://www.skysports.com/tennis/news/32498/9910795/serena-williams-sings- flashdance-theme-to-keep-her-calm-on-court. On Dr Seuss and Beethoven: Weinstein, E. (2018). Ten superstitions of writers and artists. *Paris Review,* 13 April. https://www.theparisreview.org/blog/2018/04/13/ten-superstitions-of-writers-and-artists. On Williams, Farrell and Beyoncé: Brooks, A.W., Schroeder, J., Risen, J.L., Gino, F., Galinsky, A.D., Norton, M.I., and Schweitzer, M.E. (2016). Don't stop believing: Rituals improve performance by decreasing anxiety. *Organizational Behavior and Human Decision Processes,* 137, 71–85. See also: Hobson, N.M., Schroeder, J., Risen, J.L., Xygalatas, D., and Inzlicht, M. (2018). The

psychology of rituals: An integrative review and process- based framework. *Personality and Social Psychology Review,* 22(3), 260–84.

39. Lonsdale, C., and Tam, J.T. (2008). On the temporal and behavioural consistency of pre-performance routines: An intra-individual analysis of elite basketball players' free throw shooting accuracy. *Journal of Sports Sciences,* 26(3), 259–66.
40. Damisch, L., Stoberock, B., and Mussweiler, T. (2010). Keep your fingers crossed! How superstition improves performance. *Psychological Science,* 21(7), 1014–20.
41. Friese, M., Schweizer, L., Arnoux, A., Sutter, F., and Wänke, M. (2014). Personal prayer counteracts self- control depletion. *Consciousness and Cognition,* 29, 90–5.
42. Rounding, K., Lee, A., Jacobson, J.A., and Ji, L.J. (2012). Religion replenishes self-control. *Psychological science,* 23(6), 635–42.
43. Brooks, A.W., Schroeder, J., Risen, J.L., Gino, F., Galinsky, A.D., Norton, M.I., and Schweitzer, M.E. (2016). Don't stop believing: Rituals improve performance by decreasing anxiety. *Organizational Behavior and Human Decision Processes,* 137, 71–85.
44. Tian, A.D., Schroeder, J., Häubl, G., Risen, J.L., Norton, M.I., and Gino, F. (2018). Enacting rituals to improve self- control. *Journal of Personality and Social Psychology,* 114(6), 851.

第 9 章

1. In the scientific literature, the school is known as Oak School, but an article in *Discover* magazine revealed the true location: Ellison, K. (2015). Being honest about the Pygmalion effect. Discover, 29 October. https://www.discovermagazine.com/mind/being- honest- about- the- pygmalion-effect.
2. Rosenthal, R., and Jacobson, L. (1968). *Pygmalion in the Classroom: Teacher Expectation and Pupils' Intellectual Development,* 85–93. New York: Holt, Rinehart and Winston.
3. Rosenthal, R., and Jacobson, L. (1966). Teachers' expectancies: Determinants of pupils' IQ gains. *Psychological Reports,* 19(1), 115–18.
4. See, for instance: Rudebeck, S.R., Bor, D., Ormond, A., O'Reilly, J.X., and Lee, A.C. (2012). A potential spatial working memory training task to improve both episodic memory and fluid intelligence. *PLoS One,* 7(11), e50431.
5. Boot, W.R., Simons, D.J., Stothart, C., and Stutts, C. (2013). The pervasive problem with placebos in psychology: Why active control groups are not sufficient to rule out placebo effects. Perspectives on *Psychological Science,* 8(4), 445–54.
6. Foroughi, C.K., Monfort, S.S., Paczynski, M., McKnight, P.E., and Greenwood, P.M. (2016). Placebo effects in cognitive training. *Proceedings of the National Academy of Sciences,* 113(27), 7470–4.
7. See also: Jaeggi, S.M., Buschkuehl, M., Shah, P., and Jonides, J. (2014). The role of individual differences in cognitive training and transfer. *Memory and Cognition,* 42(3), 464–80; Miller, E.M., Walton, G.M., Dweck, C.S., Job, V., Trzesniewski, K.H., and McClure, S.M. (2012). Theories of will-power affect sustained learning. *PLoS One,* 7(6), e38680.
8. Turi, Z., Bjørkedal, E., Gunkel, L., Antal, A., Paulus, W., and Mittner, M. (2018). Evidence for cognitive placebo and nocebo effects in healthy individuals. *Scientific Reports,* 8(1), 1–14; Fassi, L., and Kadosh, R.C. (2020). Is it all in our head? When subjective beliefs about receiving an intervention are better predictors of experimental results than the intervention itself. *bioRxiv.* https://www.biorxiv.org/content/10.1101/2020.12.06.411850v1.abstract.
9. How drinking vodka makes you more creative. *The Week,* 16 February 2012. https://theweek.com/articles/478116/how- drinking-vodka-makes-more-creative.
10. Lipnicki, D.M., and Byrne, D.G. (2005). Thinking on your back: Solving anagrams faster when supine than when standing. *Cognitive Brain Research,* 24(3), 719–22.
11. Lapp, W.M., Collins, R.L., and Izzo, C.V. (1994). On the enhancement of creativity by alcohol: Pharmacology or expectation? *American Journal of Psychology,* 173–206.
12. Rozenkrantz, L., Mayo, A.E., Ilan, T., Hart, Y., Noy, L., and Alon, U. (2017). Placebo can enhance creativity. *PLoS One,* 12(9), e0182466. See also: Weinberger, A.B., Iyer, H., and Green, A.E. (2016). Conscious augmentation of creative state enhances 'real' creativity in open-ended analogical reasoning. *PLoS One,* e0150773.
13. Weger, U.W., and Loughnan, S. (2013). Rapid communication: Mobilizing unused resources: Using the placebo concept to enhance cognitive performance. *Quarterly Journal of Experimental Psychology,* 66(1), 23–8.
14. Autin, F., and Croizet, J.C. (2012). Improving working memory efficiency by reframing metacognitive interpretation of task difficulty. *Journal of Experimental Psychology: General,* 141(4), 610. See also: Oyserman, D., Elmore, K., Novin, S., Fisher,

O., and Smith, G.C. (2018). Guiding people to interpret their experienced difficulty as importance highlights their academic possibilities and improves their academic performance. *Frontiers in Psychology,* 9, 781.

15. Rosenthal addresses some of the common criticisms in the following paper: Rosenthal, R. (1987). Pygmalion effects: Existence, magnitude, and social importance. *Educational Researcher,* 16(9), 37–40. See also: De Boer, H., Bosker, R.J., and van der Werf, M.P. (2010). Sustainability of teacher expectation bias effects on long-term student performance. *Journal of Educational Psychology,* 102(1), 168. For a modern review see: Timmermans, A.C., Rubie-Davies C.M., and Rjosk, C. (2018) Pygmalion's 50th anniversary: The state of the art in teacher expectation research. *Educational Research and Evaluation,* 24(3–5), 91–8.
16. Szumski, G., and Karwowski, M. (2019). Exploring the Pygmalion effect: The role of teacher expectations, academic self-concept, and class context in students' math achievement. *Contemporary Educational Psychology,* 59, 101787. See the following for a more critical review, which nevertheless finds that self-fulfilling prophecies are meaningful (and particularly high in the military): Jussim, L. (2017). Précis of social perception and social reality: Why accuracy dominates bias and self-fulfilling prophecy. *Behavioral and Brain Sciences,* 40.
17. Sorhagen, N.S. (2013). Early teacher expectations disproportionately affect poor children's high school performance. *Journal of Educational Psychology,* 105(2), 465.
18. Eden, D., and Shani, A.B. (1982). Pygmalion goes to boot camp: Expectancy, leadership, and trainee performance. *Journal of Applied Psychology,* 67(2), 194.
19. The effect size of the IDF study, and the average effect size across industries, can be found in the following paper: McNatt, D.B. (2000). Ancient Pygmalion joins contemporary management: A meta- analysis of the result. *Journal of Applied Psychology,* 85(2), 314. For a further discussion of Pygmalion effects in the workplace, see: Whiteley, P., Sy, T., and Johnson, S.K. (2012). Leaders' conceptions of followers: Implications for naturally occurring Pygmalion effects. *Leadership Quarterly,* 23(5), 822–34; and Avolio, B.J., Reichard, R.J., Hannah, S.T., Walumbwa, F.O., and Chan, A. (2009). A meta-analytic review of leadership impact research: Experimental and quasi-experimental studies. *Leadership Quarterly,* 20(5), 764–84.
20. Brophy, J.E., and Good, T.L. (1970). Teachers' communication of differential expectations for children's classroom performance: Some behavioral data. *Journal of Educational Psychology,* 61(5), 365.
21. Rubie-Davies, C.M. (2007). Classroom interactions: Exploring the practices of high- and low- expectation teachers. *British Journal of Educational Psychology,* 77(2), 289–306. For a comprehensive review, see: Wang, S., Rubie-Davies, C.M., and Meissel, K. (2018). A systematic review of the teacher expectation literature over the past 30 years. *Educational Research and Evaluation,* 24(3–5), 124–79.
22. Rosenthal, R., and Jacobson, L.F. (1968). Teacher expectations for the disadvantaged. *Scientific American* 218(4), 19–23.
23. As the following review explains, recent research shows that teacher expectations are stable over time: Timmermans, A.C., Rubie- Davies C.M., and Rjosk, C. (2018) Pygmalion's 50th anniversary: The state of the art in teacher expectation research. Educational Research and Evaluation, 24(3–5), 91–8.
24. Angelou, M. (2020). *I know why the caged bird sings,* 83. London: Folio Society.
25. *The teachers who changed Oprah's life.* (1989). https://www.oprah.com/oprah-show/the- teachers- who- changed-oprahs-life/all.
26. Coughlan, S. (2016). Stephen Hawking remembers best teacher. BBC News, 8 March. https://www.bbc.co.uk/news/education- 35754759.
27. Talamas, S.N., Mavor, K.I., and Perrett, D.I. (2016). Blinded by beauty: Attractiveness bias and accurate perceptions of academic performance. PLoS One, 11(2), e0148284. The authors make a direct connection to the expectation effect: 'Perceptions of conscientiousness, intelligence and academic performance may play a vital role in the classroom environment and in the success of a child's education.'
28. See, for example: Todorov, A., Mandisodza, A.N., Goren, A., and Hall, C.C. (2005). Inferences of competence from faces predict election outcomes. Science, 308(5728), 1623–6; Moore, F.R., Filippou, D., and Perrett, D.I. (2011). Intelligence and attractiveness in the face: Beyond the attractiveness halo effect. *Journal of Evolutionary Psychology,* 9(3), 205–17.
29. See Jæger, M.M. (2011). 'A thing of beauty is a joy forever'? Returns to physical attractiveness over the life course. *Social Forces,* 89(3), 983–1003; Frevert, T.K., and Walker, L.S. (2014). Physical attractiveness and social status. *Sociology Compass,* 8(3), 313–23.
30. Clifford, M.M., and Walster, E. (1973). The effect of physical attractiveness on teacher expectations. *Sociology of Education,* 248–58; Bauldry, S., Shanahan, M.J., Russo, R., Roberts, B.W., and Damian, R. (2016). Attractiveness compensates for low status background in the prediction of educational attainment. *PLoS One,* 11(6), e0155313.
31. Frieze, I.H., Olson, J.E., and Russell, J. (1991). Attractiveness and income for men and women in management 1. *Journal*

of Applied Social Psychology, 21(13), 1039–57. For a more in- depth discussion, see: Toledano, E. (2013). May the best (looking) man win: The unconscious role of attractiveness in employment decisions. *Cornell HR Review.* http://digitalcommons.ilr.cornell.edu/chrr/48.

32. Mayew, W.J., Parsons, C.A., and Venkatachalam, M. (2013). Voice pitch and the labor market success of male chief executive officers. *Evolution and Human Behavior,* 34(4), 243–8. Additional information, such as Skinner's earnings, comes from supplementary material attached to the paper, and an interview I conducted with William Mayew for the following video: Does the way you speak reveal how much you earn? BBC Worklife.
https://www.bbc.com/worklife/article/20180605-does-the-way-you-speak-give-away-how-much-you- earn.

33. Wang, S., Rubie-Davies, C.M., and Meissel, K. (2018). A systematic review of the teacher expectation literature over the past 30 years. *Educational Research and Evaluation,* 24(3–5), 124–79; Sorhagen, N.S. (2013). Early teacher expectations disproportionately affect poor children's high school performance. *Journal of Educational Psychology,* 105(2), 465.

34. Jamil, F.M., Larsen, R.A., and Hamre, B.K. (2018). Exploring longitudinal changes in teacher expectancy effects on children's mathematics achievement. *Journal for Research in Mathematics Education,* 49(1), 57–90.

35. Agirdag, O. (2018). The impact of school SES composition on science achievement and achievement growth: Mediating role of teachers' teachability culture. *Educational Research and Evaluation,* 24(3–5), 264–76.

36. There has been a debate over the importance of stereotype threat, with some failed attempts to replicate the phenomenon. Proponents, however, argue that there have been methodological issues with some of those replications and that the evidence for the existence of stereotype threat in many high-stakes situations is robust. Bolstering this argument, a recent metaanalysis confirmed that measures to reduce stereotype threat significantly boost performance among the people who would be at risk. For further information, see: Nussbaum, D. (2018). The replicability issue and stereo-type threat research. Medium, 1 February. https://medium.com/@davenuss79/the-replicability-issue-and-stereotype-threat-research- a988d6f8b080; and Liu, S., Liu, P., Wang, M., and Zhang, B. (2020). Effectiveness of stereotype threat interventions: A meta-analytic review. *Journal of Applied Psychology.* doi: 10.1037/apl0000770.

37. Quoted in: Ellison, K. (2015). Being honest about the Pygmalion effect. *Discover,* 29 October. https://www.discovermagazine.com/mind/being-honest- about-the-pygmalion-effect.

38. Rubie- Davies, C.M., Peterson, E.R., Sibley, C.G., and Rosenthal, R. (2015). A teacher expectation intervention: Modelling the practices of high expectation teachers. *Contemporary Educational Psychology,* 40, 72–85. The data was re-analysed in the following paper, which gives the 28 per cent improvement quoted in this paragraph: Rubie-Davies, C.M., and Rosenthal, R. (2016). Intervening in teachers' expectations: A random effects meta-analytic approach to examining the effectiveness of an intervention. *Learning and Individual Differences,* 50, 83–92.

39. De Boer, H., Timmermans, A.C., and van der Werf, M.P. (2018). The effects of teacher expectation interventions on teachers' expectations and student achievement: Narrative review and meta-analysis. *Educational Research and Evaluation,* 24(3–5), 180–200.

40. John- Henderson, N.A., Rheinschmidt, M.L., and Mendoza-Denton, R. (2015). Cytokine responses and math performance: The role of stereotype threat and anxiety reappraisals. *Journal of Experimental Social Psychology,* 56, 203–6. Similar benefits can be seen for poorer students who might find examinations particularly stressful: Rozek, C.S., Ramirez, G., Fine, R.D., and Beilock, S.L. (2019). Reducing socioeconomic disparities in the STEM pipeline through student emotion regulation. *Proceedings of the National Academy of Sciences,* 116(5), 1553–8. See also: Liu, S., Liu, P., Wang, M., and Zhang, B. (2020). Effectiveness of stereotype threat interventions: A meta-analytic review. *Journal of Applied Psychology.* doi: 10.1037/apl0000770.

41. The paper explicitly links it to research into expectation and stress. Brady, S.T., Reeves, S.L., Garcia, J., Purdie- Vaughns, V., Cook, J.E., Taborsky-Barba, S., … and Cohen, G.L. (2016). The psychology of the affirmed learner: Spontaneous self-affirmation in the face of stress. *Journal of Educational Psychology,* 108(3), 353.

42. Martens, A., Johns, M., Greenberg, J., and Schimel, J. (2006). Combating stereotype threat: The effect of self- affirmation on women's intellectual performance. *Journal of Experimental Social Psychology,* 42(2), 236–43.

43. Miyake, A., Kost- Smith, L.E., Finkelstein, N.D., Pollock, S.J., Cohen, G.L., and Ito, T.A. (2010). Reducing the gender achievement gap in college science: A classroom study of values affirmation. Science, 330(6008), 1234–7. Data on the gender gap taken from graph and supplementary material available here: www.sciencemag.org/cgi/content/full/330/6008/1234/DC1.

44. Hadden, I.R., Easterbrook, M.J., Nieuwenhuis, M., Fox, K.J., and Dolan, P. (2020). Self-affirmation reduces the socioeconomic attainment gap in schools in England. *British Journal of Educational Psychology,* 90(2), 517–36.

45. Cohen, G.L., Garcia, J., Apfel, N., and Master, A. (2006). Reducing the racial achievement gap: A social- psychological intervention. *Science,* 313(5791), 1307–10; Cohen, G.L., Garcia, J., Purdie- Vaughns, V., Apfel, N., and Brzustoski, P. (2009).

Recursive processes in self-affirmation: Intervening to close the minority achievement gap. *Science,* 324(5925), 400–3.

46. Goyer, J.P., Garcia, J., Purdie- Vaughns, V., Binning, K.R., Cook, J.E., Reeves, S.L.,··· and Cohen, G.L. (2017). Self-affirmation facilitates minority middle schoolers' progress along college trajectories. *Proceedings of the National Academy of Sciences,* 114(29), 7594–9. See also: Sherman, D.K., Hartson, K.A., Binning, K.R., Purdie-Vaughns, V., Garcia, J., Taborsky-Barba, S.,··· and Cohen, G.L. (2013). Deflecting the trajectory and changing the narrative: How self-affirmation affects academic performance and motivation under identity threat. *Journal of Personality and Social Psychology,* 104(4), 591. See the following for a summary of these studies on racial differences: Walton, G.M., and Wilson, T.D. (2018). Wise interventions: Psychological remedies for social and personal problems. *Psychological Review,* 125(5), 617.
47. For a meta- analysis of self-affirmation interventions, see: Liu, S., Liu, P., Wang, M., and Zhang, B. (2020). Effectiveness of stereotype threat interventions: A meta-analytic review. *Journal of Applied Psychology.* For a description of the virtuous cycle, see: Cohen, G.L., and Sherman, D.K. (2014). The psychology of change: Self-affirmation and social psychological intervention. *Annual Review of Psychology,* 65(1), 333–71.
48. Liu, S., Liu, P., Wang, M., and Zhang, B. (2020). Effectiveness of stereotype threat interventions: A meta-analytic review. *Journal of Applied Psychology.*

    Advance online publication. doi: 10.1037/apl0000770.

第 10 章

1. Gagliardi, S. (2018). Sanremo 2018. Huffpost, 6 February. https://www.huffingtonpost.it/entry/sanremo-2018-paddy-jones-balla-a-83-anni-e-lascia-tutti-a- bocca-aperta-questanno-sanremo-lo-vince-lei-la-vecchia-che-balla-e-come-la-scimmia-di-gabbani_it_5cc1ef3ee4b0aa856c9ea862.
2. Yaqoob, J. (2014). Simon Cowell: Controversial salsa- dancing granny can win Britain's Got Talent – and she reminds me of mum. Mirror, 12 April.

   https://www.mirror.co.uk/tv/tv- news/britains- talent- paddy- nico-simon- 3406432.
3. This may sound controversial, but it's the conclusion of many papers, such as: Stewart, T.L., Chipperfield, J.G., Perry, R.P., and Weiner, B. (2012). Attributing illness to 'old age': Consequences of a self- directed stereotype for health and mortality. *Psychology and health,* 27(8), 881–97.
4. The experiment is described in depth in: Langer, E.J. (2009). *Counter Clockwise: Mindful Health and the Power of Possibility.* New York: Ballantine. Further details, including a discussion of future work, come from: Pagnini, F., Cavalera, C., Volpato, E., Comazzi, B., Riboni, F.V., Valota, C., . . . and Langer, E. (2019). Ageing as a mindset: A study protocol to rejuvenate older adults with a counterclockwise psychological intervention. *BMJ Open,* 9(7), e030411.
5. Levy, B.R., Slade, M.D., Kunkel, S.R., and Kasl, S.V. (2002). Longevity increased by positive self-perceptions of aging. *Journal of Personality and Social Psychology,* 83(2), 261.
6. Levy, B.R., Zonderman, A.B., Slade, M.D., and Ferrucci, L. (2009). Age stereotypes held earlier in life predict cardiovascular events in later life. *Psychological Science,* 20(3), 296–8.
7. Levy, B.R., Ferrucci, L., Zonderman, A.B., Slade, M.D., Troncoso, J., and Resnick, S.M. (2016). A culture–brain link: Negative age stereotypes predict Alzheimer's disease biomarkers. *Psychology and Aging,* 31(1), 82.
8. Levy, B.R., Slade, M.D., Pietrzak, R.H., and Ferrucci, L. (2018). Positive age beliefs protect against dementia even among elders with high- risk gene. *PLoS One,* 13(2), e0191004.
9. Levy, B.R., Slade, M.D., Kunkel, S.R., and Kasl, S.V. (2002). Longevity increased by positive self- perceptions of aging. *Journal of Personality and Social Psychology,* 83(2), 261.
10. Kuper, H., and Marmot, M. (2003). Intimations of mortality: Perceived age of leaving middle age as a predictor of future health outcomes within the Whitehall II study. *Age and Ageing,* 32(2), 178–84. There is also experimental evidence for a short-term effect here: people are affected by ageist TV ads, but only if they identify as being of the same generation as the actors: Westerhof, G.J., Harink, K., Van Selm, M., Strick, M., and Van Baaren, R. (2010). Filling a missing link: The influence of portrayals of older characters in television commercials on the memory performance of older adults. *Ageing and Society,* 30(5), 897.
11. Stephan, Y., Sutin, A.R., and Terracciano, A. (2016). Feeling older and risk of hospitalization: Evidence from three longitudinal cohorts. *Health Psychology,* 35(6), 634; Stephan, Y., Caudroit, J., Jaconelli, A., and Terracciano, A. (2014). Subjective age and cognitive functioning: A 10- year prospective study. *American Journal of Geriatric Psychiatry,* 22(11), 1180–7.
12. Mock, S.E., and Eibach, R.P. (2011). Aging attitudes moderate the effect of subjective age on psychological well-being:

Evidence from a 10-year longitudinal study. *Psychology and Aging,* 26(4), 979. See the following papers for an elaboration of the link between subjective ageing, psychological wellbeing and physical health: Stephan, Y., Chalabaev, A., Kotter-Grühn, D., and Jaconelli, A. (2013). 'Feeling younger, being stronger': An experimental study of subjective age and physical functioning among older adults. *Journals of Gerontology Series B: Psychological Sciences and Social Sciences,* 68(1), 1–7; Westerhof, G.J., Miche, M., Brothers, A.F., Barrett, A.E., Diehl, M., Montepare, J.M., . . . and Wurm, S. (2014). The influence of subjective aging on health and longevity: A meta-analysis of longitudinal data. *Psychology and Aging,* 29(4), 793; Wurm, S., and Westerhof, G.J. (2015). Longitudinal research on subjective aging, health, and longevity: Current evidence and new directions for research. *Annual Review of Gerontology and Geriatrics,* 35(1), 145–65; Terracciano, A., Stephan, Y., Aschwanden, D., Lee, J.H., Sesker, A.A., Strickhouser, J.E., ⋯ and Sutin, A.R. (2021). Changes in subjective age during COVID- 19. *Gerontologist,* 61(1), 13–22.

13. Davies, C. (2010). Martin Amis in new row over 'euthanasia booths'. *Guardian,* 24 January. https://www.theguardian.com/books/2010/jan/24/martin-amis-euthanasia-booths-alzheimers; https://www.manchester.ac.uk/discover/news/writing- is- not- for- the- old-says-amis-yes-it-is-says- james.
14. 'Martin Amis always had a fear and loathing of ageing'. *Evening Standard,* 13 April 2012. https://www.standard.co.uk/news/martin-amis-always-had-a-fear-and-loathing-of-ageing- 6791926.html
15. Rosenbaum, R. (2012). Martin Amis contemplates evil. Smithsonian. https://www.smithsonianmag.com/arts- culture/martin- amis- contemplates-evil- 17857756.
16. Higgins, C. (2009). Martin Amis on ageing. Guardian, 24 January. https://www.theguardian.com/books/2009/sep/29/martin- amis- the- pregnant- widow.
17. Levy, B. (2009). Stereotype embodiment: A psychosocial approach to aging. *Current Directions in Psychological Science,* 18(6), 332–6.
18. Touron, D.R. (2015). Memory avoidance by older adults: When 'old dogs' won't perform their 'new tricks'. *Current Directions in Psychological Science,* 24(3), 170–6.
19. Robertson, D.A., King-Kallimanis, B.L., and Kenny, R.A. (2016). Negative perceptions of aging predict longitudinal decline in cognitive function. *Psychology and Aging,* 31(1), 71; Jordano, M.L., and Touron, D.R. (2017). Stereotype threat as a trigger of mind-wandering in older adults. Psychology and Aging, 32(3), 307.
20. Westerhof, G.J., Harink, K., Van Selm, M., Strick, M., and Van Baaren, R. (2010). Filling a missing link: The influence of portrayals of older characters in television commercials on the memory performance of older adults. *Ageing and Society,* 30(5), 897.
21. Robertson, D.A., Savva, G.M., King- Kallimanis, B.L., and Kenny, R.A. (2015). Negative perceptions of aging and decline in walking speed: A self-fulfilling prophecy. *PLoS One,* 10(4), e0123260.
22. Levy, B.R., and Slade, M.D. (2019). Positive views of aging reduce risk of developing later-life obesity. Preventive Medicine Reports, 13, 196–98.
23. Stewart, T.L., Chipperfield, J.G., Perry, R.P., and Weiner, B. (2012). Attributing illness to 'old age': Consequences of a self-directed stereotype for health and mortality. *Psychology and Health,* 27(8), 881–97.
24. See, for instance, Levy, B.R., Ryall, A.L., Pilver, C.E., Sheridan, P.L., Wei, J.Y., and Hausdorff, J.M. (2008). Influence of African American elders' age stereotypes on their cardiovascular response to stress. *Anxiety, Stress, and Coping,* 21(1), 85–93; Weiss, D. (2018). On the inevitability of aging: Essentialist beliefs moderate the impact of negative age stereotypes on older adults' memory performance and physiological reactivity. *Journals of Gerontology: Series B,* 73(6), 925–33.
25. Levy, B.R., Moffat, S., Resnick, S.M., Slade, M.D., and Ferrucci, L. (2016). Buffer against cumulative stress: Positive age self-stereotypes predict lower cortisol across 30 years. *GeroPsych: The Journal of Gerontopsychology and Geriatric Psychiatry,* 29(3), 141–6.
26. Levy, B.R., and Bavishi, A. (2018). Survival advantage mechanism: Inflammation as a mediator of positive self-perceptions of aging on longevity. *Journals of Gerontology: Series B,* 73(3), 409–12.
27. https://www.newscientist.com/term/telomeres. See also: Levitin, D. (2020) *The Changing Mind,* 325. London: Penguin Life.
28. Pietrzak, R.H., Zhu, Y., Slade, M.D., Qi, Q., Krystal, J.H., Southwick, S.M., and Levy, B.R. (2016). Negative age stereotypes' association with accelerated cellular aging: Evidence from two cohorts of older adults. *Journal of the American Geriatrics Society,* 64(11), e228.
29. Tamman, A.J., Montalvo- Ortiz, J.L., Southwick, S.M., Krystal, J.H., Levy, B.R., and Pietrzak, R.H. (2019). Accelerated DNA methylation aging in US military veterans: Results from the National Health and Resilience in Veterans Study. *American Journal of Geriatric Psychiatry,* 27(5), 528–32.
30. Levy, B.R., Slade, M.D., Pietrzak, R.H., and Ferrucci, L. (2018). Positive age beliefs protect against dementia even among

elders with high- risk gene. PLoS One, 13(2), e0191004.

31. Callaway, E. (2010). Telomerase reverses ageing process. *Nature,* 28 November. https://www.nature.com/news/2010/101128/full/news.2010.635.html; Ledford, H. (2020). Reversal of biological clock restores vision in old mice. Nature, 2 December. https://www.nature.com/articles/d41586-020-03403- 0?fbclid=IwAR2hB3VaqEpokcSQwoGkG5W6Jjfprw90pKfTz_A4zav2V7xkrNYlMnTs06w.
32. Knechtle, B., Jastrzebski, Z., Rosemann, T., and Nikolaidis, P.T. (2019). Pacing during and physiological response after a 12-hour ultra-marathon in a 95-year-old male runner. *Frontiers in Physiology,* 9, 1875.
33. Cited in this review paper: Lepers, R., and Stapley, P.J. (2016). Master athletes are extending the limits of human endurance. *Frontiers in Physiology,* 7, 613.
34. Ibid.
35. Harvey- Wood, H. (2000). Obituary: Penelope Fitzgerald. Guardian, 3 May. https://www.theguardian.com/news/2000/may/03/guardianobituaries.books.
36. Wood, J. (2014). Late bloom. *New Yorker,* 17 November. https://www.newyorker.com/magazine/2014/11/24/late-bloom.
37. Sotheby's (2020). Getting to know Picasso ceramics. https://www.sothebys.com/en/articles/picasso- ceramics-7-things-you-need-to-know.
38 'In pictures: Matisse's cut-outs'. BBC News, 7 October 2013. https://www.bbc.co.uk/news/in- pictures- 24402817.
39. Weiss, D. (2018). On the inevitability of aging: Essentialist beliefs moderate the impact of negative age stereotypes on older adults' memory performance and physiological reactivity. Journals of Gerontology: Series B, 73(6), 925–33.
40. Shimizu, A. (2019). For Hiromu Inada, an 86-year-old ironman triathlete, age really is just a number. *Japan Times,* 5 April: https://www.japantimes.co.jp/life/2019/04/05/lifestyle/hiromu-inada-86-year-old-ironman-triathlete-age-really-just-number/.
41. Office for National Statistics (2018). Living longer: how our population is changing and why it matters. https://www.ons.gov.uk/peoplepopulationand-community/birthsdeathsandmarriages/ageing/articles/livinglongerhowourpopulationischangingandwhyitmatters/2018- 08-13#how-do-changes-in-the-uk-population-compare-with-the-rest-of-the-world.
42. https://www.who.int/news- room/fact- sheets/detail/dementia.
43. Kaeberlein, M. (2018). How healthy is the healthspan concept? *GeroScience,* 40(4), 361–4.
44. Levy, B.R., Pilver, C., Chung, P.H., and Slade, M.D. (2014). Subliminal strengthening: Improving older individuals' physical function over time with an implicit-age-stereotype intervention. *Psychological Science,* 25(12), 2127–35.
45. See the 'Discussion" section of the following paper: Robertson, D.A., King-Kallimanis, B.L., and Kenny, R.A. (2016). Negative perceptions of aging predict longitudinal decline in cognitive function. *Psychology and Aging,* 31(1), 71–81.
46. Sarkisian, C.A., Prohaska, T.R., Davis, C., and Weiner, B. (2007). Pilot test of an attribution retraining intervention to raise walking levels in sedentary older adults. *Journal of the American Geriatrics Society,* 55(11), 1842–6.
47. See, for instance: Stephan, Y., Chalabaev, A., Kotter- Grühn, D., and Jaconelli, A. (2013). 'Feeling younger, being stronger': An experimental study of subjective age and physical functioning among older adults. *Journals of Gerontology Series B: Psychological Sciences and Social Sciences,* 68(1), 1–7; Brothers, A., and Diehl, M. (2017). Feasibility and efficacy of the AgingPLUS Program: Changing views on aging to increase physical activity. *Journal of Aging and Physical Activity,* 25(3), 402–11; Nehrkorn-Bailey, A., Forsyth, G., Braun, B., Burke, K., and Diehl, M. (2020). Improving hand-grip strength and blood pressure in adults: Results from an AgingPLUS pilot study. *Innovation in Aging,* 4 (Suppl 1), 587; Wolff, J.K., Warner, L.M., Ziegelmann, J.P., and Wurm, S. (2014). What do targeting positive views on ageing add to a physical activity intervention in older adults? Results from a randomised controlled trial. *Psychology and Health,* 29(8), 915–32; Beyer, A.K., Wolff, J.K., Freiberger, E., and Wurm, S. (2019). Are self-perceptions of ageing modifiable? Examination of an exercise programme with vs. without a self-perceptions of ageing- intervention for older adults. *Psychology and Health,* 34(6), 661–76.
48. I have written about this research previously: Robson, D. (2017). The amazing fertility of the older mind. BBC Future, 28 August. http://www.bbc.com/future/story/20170828-the-amazing-fertility-of- the-older-mind.
49. https://www.tuttitalia.it/sardegna/73- nuoro/statistiche/popolazione-andamento- demografico.
50. Kirchgaessner, S. (2016). Ethical questions raised in search for Sardinian centenarians' secrets. *Guardian,* 12 August. https://www.theguardian.com/world/2016/aug/12/ethical-questions-raised-in-search-for-sardinian-centenarians-secrets; https://www.bluezones.com/exploration/sardinia-italy.
51. Ruby, J.G., Wright, K.M., Rand, K.A., Kermany, A., Noto, K., Curtis, D., . . . and Ball, C. (2018). Estimates of the heritability of human longevity are substantially inflated due to assortative mating. Genetics, 210(3), 1109–24.

52. My short documentary on this subject can be found at:https://www.bbc.com/reel/playlist/elixir- of-life?vpid=p08blgc4.
53. North, M.S., and Fiske, S.T. (2015). Modern attitudes toward older adults in the aging world: A cross-cultural meta-analysis. *Psychological Bulletin,* 141(5), 993.
54. Levy, B.R. (2017). Age- stereotype paradox: Opportunity for social change. *Gerontologist,* 57 (Suppl 2), S118–S126.

後記

1. Anzilotti, E. (2017). This hospital bridges traditional medicine with Hmong spirituality – and gets results. *Fast Company.* https://www.fastcompany.com/3068680/this-hospital-bridges-traditional- medicine- with- hmong-spirtuality- and- gets- results.
2. Colucci- D'Amato, L., Bonavita, V., and Di Porzio, U. (2006). The end of the central dogma of neurobiology: Stem cells and neurogenesis in adult CNS. *Neurological Sciences,* 27(4), 266–70.
3. Schroder, H.S., Kneeland, E.T., Silverman, A.L., Beard, C., and Björgvinsson, T. (2019). Beliefs about the malleability of anxiety and general emotions and their relation to treatment outcomes in acute psychiatric treatment. *Cognitive Therapy and Research,* 43(2), 312–23.
4. Burnette, J.L. (2010). Implicit theories of body weight: Entity beliefs can weigh you down. Personality and Social Psychology Bulletin, 36(3), 410–22; Burnette, J.L., and Finkel, E.J. (2012). Buffering against weight gain following dieting setbacks: An implicit theory intervention. *Journal of Experimental Social Psychology,* 48(3), 721–5; Burnette, J.L., Knouse, L.E., Vavra, D.T., O'Boyle, E., and Brooks, M.A. (2020). Growth mindsets and psychological distress: A meta-analysis. *Clinical Psychology Review,* 77, 101816.
5. See the supplemental material to: Yeager, D.S., Johnson, R., Spitzer, B.J., Trzesniewski, K.H., Powers, J., and Dweck, C.S. (2014). The far-reaching effects of believing people can change: Implicit theories of personality shape stress, health, and achievement during adolescence. *Journal of Personality and Social Psychology,* 106(6), 867.
6. Kross, E., and Ayduk, O. (2017). Self-distancing: Theory, research, and current directions. Advances in Experimental Social Psychology, 55, 81–136.
7. Streamer, L., Seery, M.D., Kondrak, C.L., Lamarche, V.M., and Saltsman, T.L. (2017). Not I, but she: The beneficial effects of self-distancing on challenge/threat cardiovascular responses. *Journal of Experimental Social Psychology,* 70, 235–41.
8. Diedrich, A., Hofmann, S.G., Cuijpers, P., and Berking, M. (2016). Self-compassion enhances the efficacy of explicit cognitive reappraisal as an emotion regulation strategy in individuals with major depressive disorder. *Behaviour Research and Therapy,* 82, 1–10.

心念的力量

作者	大衛·羅布森
譯者	何玉方
商周集團執行長	郭奕伶
商業周刊	出版部
總監	林雲
責任編輯	盧珮如
封面設計	賴維明
內文排版	黃齡儀
出版發行	城邦文化事業股份有限公司商業周刊
地址	104 台北市中山區民生東路二段 141 號 4 樓
電話	(02)2505-6789　傳真：(02)2503-6399
讀者服務專線	(02)2510-8888
商周集團網站服務信箱	mailbox@bwnet.com.tw
劃撥帳號	50003033
戶名	英屬蓋曼群島商家庭傳媒股份有限公司城邦分公司
網站	www.businessweekly.com.tw
	香港發行所城邦（香港）出版集團有限公司 香港灣仔駱克道 193 號東超商業中心 1 樓 電話：(852) 2508-6231　傳真：(852) 2578-9337 E-mail：hkcite@biznetvigator.com
製版印刷	中原造像股份有限公司
總經銷	聯合發行股份有限公司　電話：(02) 2917-8022
初版 1 刷	2022 年 7 月
定價	450 元
ISBN	978-626-7099-56-8

國家圖書館出版品預行編目 (CIP) 資料

心念的力量 : 運用大腦的期望效應 , 找到扭轉人生的開關 / 大衛 . 羅布森 (David Robson) 著 ; 何玉方譯 . -- 初版 . -- 臺北市 : 城邦文化事業股份有限公司商業周刊 , 2022.07
320 面 ; 17×22 公分
譯自 : The expectation effect : how your mindset can transform your life.
ISBN 978-626-7099-56-8(平裝)

1.CST: 思考 2.CST: 自信 3.CST: 自我實現

176.47　　111008196

藍學堂

學習・奇趣・輕鬆讀